拔尖创新人才培养

BAJIAN CHUANGXIN RENCAI PEIYANG

——普通高中的研究与实践

江兴隆　孙　毓◎著

华中师范大学出版社

新出图证（鄂）字10号

图书在版编目（CIP）数据

拔尖创新人才培养：普通高中的研究与实践/江兴隆，孙毓著. -- 武汉：华中师范大学出版社，2025. 1. -- ISBN 978-7-5769-0625-7

Ⅰ. G632. 0

中国国家版本馆CIP数据核字第2024CL6600号

拔尖创新人才培养

——普通高中的研究与实践

© 江兴隆　孙　毓　著

责任编辑：宋文静　　**责任校对**：周思思　　**封面设计**：胡　灿

编辑室：基础教育分社

出版发行：华中师范大学出版社有限责任公司　　**邮编**：430079

社址：湖北省武汉市洪山区珞喻路152号

电话：027-67863426（发行部）　　027-67862387（编辑部）

网址：https：//press. ccnu. edu. cn　　**电子信箱**：press@ mail. ccnu. edu. cn

印刷：武汉市籍缘印刷厂　　**督印**：刘　敏

开本：710mm×1000mm　1/16　　**印张**：15. 25

版次：2025年1月第1版　　**印次**：2025年1月第1次印刷

字数：200千字　　**定价**：72. 00元

欢迎上网查询、购书

序

2024年9月，习近平总书记在全国教育大会上指出，要统筹实施科教兴国战略、人才强国战略、创新驱动发展战略，一体推进教育发展、科技创新、人才培养。以科技发展、国家战略需求为牵引，着眼提高创新能力，优化高等教育布局，完善高校学科设置调整机制和人才培养模式，加强基础学科、新兴学科、交叉学科建设和拔尖人才培养。可见，拔尖创新人才培养是提升国家和民族创新能力的关键。一直以来，我国拔尖创新人才培养的重心都放在高等教育阶段，但其实，基础教育，特别是普通高中阶段的教育也能发挥重要作用。

普通高中阶段是创新人才成长的“拔节孕穗期”，是个体思维、意志、能力提升的关键节点，承担着拔尖创新人才早期培养的重要使命。《国家中长期教育改革和发展规划纲要（2010—2020年）》提出，普通高中要探索发现和培养创新人才的途径，推进培养模式多样化，满足不同潜质学生的发展需要。我国普通高中为社会主义现代化建设培养了大批人才，促进了经济和社会发展，但长期受到应试教育的束缚，拔尖创新人才培养机制还未理顺，创新教育使命没有得到很好落实。

本书聚焦新时代普通高中拔尖创新人才培养，基于文献梳理、调查研究、案例分析等方法，厘清普通高中拔尖创新人才培养管理实践中存在的问题，从人才培养的起点、过程和结果三个阶段，构建起包含选拔机制、运行机制、保障机制、激励机制和评价机制五个维度的普通高中拔尖创新人才培养管理机制分析框架，旨在拓展创新人才培养研究视角，完善普通高中拔尖创新人才培养体系，助推高中教育高质量发展。

从结构上看，本书共包含八章。第一章阐述了研究背景、意义与思路等；第二章梳理了我国普通高中创新人才培养各发展阶段的演进特征及不足；第三章从国际比较视角，总结了美国、芬兰、新加坡和英国等国家在普通高中创新人才培养方面的优秀做法，为我国高中创新人才培养提供可资借鉴之处；第四章论述了本研究的理论基础，包括创造力投资理论、系统管理理论、教育评价理论；第五章就本研究问卷调查的设计与实施、量表题目的信度水平、学生和教师样本的基本特征进行描述；第六章应用主成分分析、二元 Logit 回归等方法分析了我国普通高中创新人才培养选拔机制、运行机制、保障机制及评价机制的实施现状，并进一步探究各机制对创新人才培养质量的影响；第七章将华中师范大学第一附属中学（以下简称“华中师大一附中”）作为典型个案，深入剖析其创新人才培养管理机制的主要做法及运行成效；第八章详细论述了普通高中创新人才培养管理体系的五个组成部分，并对我国普通高中创新人才培养提出对策建议。

值得关注的是，本书作者在华中师大一附中工作多年，也部分参与、见证了华中师大一附中拔尖创新人才培养的改革与实践。华中师大一附中是全国著名重点中学，自开创以来，悉心育人、成果丰硕，学校注重培养学生的核心素养、提升学生的关键能力，为国家培养了各行各业的拔尖创新人才。早在 20 世纪 80 年代中期，学校就摒弃了传统“千人一面”的教育模式，开发多样化的校本课程，致力学生创新精神和实践能力的培养。新时代，华中师大一附中确立了“培养未来世界引领者”的育人目标，积极探索具有华中师大一附中特色的拔尖创新人才培养新模式，在课程建设、教育教学、评价激励、大中小一体化培养等方面形成了一套较为成熟的体系，能够为国内普通高中拔尖创新人才培养提供借鉴。

总的来说，本书从普通高中教学实际出发，基于跨学科视野，在阐释新时代普通高中拔尖创新人才培养的理论、内涵与价值的基础上，采用实证研究方法探究普通高中拔尖创新人才培养的实践路径和影响因素，并通过个案研究总结普通高中拔尖创新人才培养的有效模式，提出可供借鉴的实施和应用建议，有助于丰富新时代拔尖创新人才培养理论，为今后普通高中拔尖创新人才培养提供框架支撑。

周鹏程

华中师范大学副校长

2024 年 9 月

前　言

党的二十大报告指出："坚持创新在我国现代化建设全局中的核心地位。"创新已成为推动时代发展的基本动力。在这个创新的时代，国家和民族拔尖创新人才的数量影响国家科技发展、经济发展能力的提升，培养大批拔尖创新人才必将为国家的科技发展、经济发展和社会发展注入强大动力。一个现代化的国家和民族，只有具备创新精神，才能在激烈的国际竞争中立于不败之地。普通高中阶段作为学生思维、意识、意志、能力等素养提升的关键节点，是学生创新素养提升的"拔节孕穗期"，因而普通高中是拔尖创新人才培养的奠基阶段。《国家中长期教育改革和发展规划纲要（2010—2020年）》提出："促进办学体制多样化，扩大优质资源。推进培养模式多样化，满足不同潜质学生的发展需要。探索发现和培养创新人才的途径。鼓励普通高中办出特色。"我国普通高中为社会主义现代化建设培养了大量人才，促进了经济和社会的发展，但部分普通高中在人才培养方面存在德智体美劳发展不够全面、创新精神与实践能力不足、可持续学习能力不强等问题。本研究从实际出发，对我国普通高中拔尖创新人才培养管理机制进行研究，为拔尖创新人才培养提供基本遵循。

本书共八章。具体内容如下：

第一章阐述了高中拔尖创新人才培养的研究背景、意义与思路。从时代需求、拔尖创新人才培养以及现实问题三个角度，论述普通高中拔尖创新人才培养的背景和意义，同时对高中拔尖创新人才培养的核心概念进行界定，并梳理拔尖创新人才培养管理机制的相关文献。

第二章从历史视角，梳理了我国高中拔尖创新人才培养的发展阶段，包括萌芽期（1949—1999 年）、艰难探索期（1999—2008 年）、快速发展期（2008—2014 年）、迈向成熟期（2014 年至今）。同时总结了我国高中拔尖创新人才培养的演进特征及不足。

第三章从国际比较的视角，总结美国、芬兰、新加坡和英国等国家在高中拔尖创新人才培养方面的做法，吸收其有益经验，助推我国拔尖创新人才培养发展与完善。

第四章主要对高中拔尖创新人才培养管理机制进行理论探讨。高中拔尖创新人才培养管理机制是一个相对复杂的系统工程，需对人才培养理念、人才选拔方式以及拔尖创新人才培养的运行机制、保障机制、激励机制与评价机制进行全方位管理，因而选择创造力投资理论、系统管理理论、教育评价理论作为本研究的理论基础。

第五章在考察我国高中拔尖创新人才培养发展历程的基础上，以国家拔尖创新人才培养的实际做法为切入点，就高中拔尖创新人才培养的运行机制开展了广泛的问卷调查，真实呈现当下高中拔尖创新人才培养工作的实施情况。

第六章聚焦更低维度，应用描述性统计、主成分分析、二元 Logit 回归等方法对普通高中拔尖创新人才培养的选拔机制、运行机制、保障机制及评价机制进行分析，并进一步探究其对拔尖创新人才培养质量的影响。

第七章将华中师范大学第一附属中学作为典型个案，细致分析其拔尖创新人才培养教育的管理机制，发挥典范引领作用，促进普通高中拔尖创新人才培养。

第八章详细论述了普通高中拔尖创新人才培养管理体系的五个组成部分，即选拔机制、运行机制、保障机制、激励机制以及评价机制，并依此为我国普通高中拔尖创新人才培养提供对策建议。

江兴隆

2024 年 9 月

目　录

图表目录

第一章　普通高中拔尖创新人才培养研究概况

党的二十大报告指出："坚持创新在我国现代化建设全局中的核心地位。"2020年，习近平总书记在科学家座谈会上强调，"要加强创新人才教育培养，把教育摆在更加重要位置，全面提高教育质量……注重培养学生创新意识和创新能力"。我国正面临着科技竞争"卡脖子"的被动局面，对创新型人才的需求十分迫切，培养拔尖创新人才也成为当前教育的重中之重。高中教育作为学生个性形成、自主发展、全面提升的重要阶段，是拔尖创新人才早期培养的关键时期。普通高中拔尖创新人才早期培养的质量将深刻影响我国现代化建设和中华民族的伟大复兴，尽管当前不少高中进行了有益、积极的探索，但选拔、运行、保障、激励、评价等管理机制尚未理顺的问题仍制约着普通高中拔尖创新人才的培养。

第一节　研究缘起

一、时代需求：现代化建设需要拔尖创新人才支撑

在这个创新的时代，国家和民族拔尖创新人才的数量和质量极大影响着国家科技实力、经济发展能力和国家综合实力的提升，培养造就大批拔尖创新人才必将为国家经济、社会发展注入强大的动力。一个现代化的国家和民族，只有具备创新精神，才能在激烈的国际竞争中立于不败之地。21世纪，

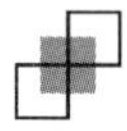

国家竞争和发展需要大量的创新型人才予以支撑，拔尖创新人才的培养已成为影响综合国力的重要因素，直接关系我国现代化强国建设以及中华民族伟大复兴的崇高事业。党的十九大以来，政府高度重视拔尖创新人才培养和创新型国家建设，从国家战略层面强调创新的地位和作用。习近平总书记指出："创新是引领发展的第一动力，是建设现代化经济体系的战略支撑。"2021年，《中华人民共和国国民经济和社会发展第十四个五年规划和2035年远景目标纲要》进一步明确，要"坚持创新在我国现代化建设全局中的核心地位"。如何构建国家创新体系，加强培育符合新时代需求、能够为国家和社会建设贡献才华的拔尖创新人才，是当前全面建设社会主义现代化国家背景下政策和教育研究关注的重点问题。

二、拔尖创新人才培养：普通高中育人育才的重要使命

教育作为国家与民族发展的重要引擎，在新时代新形势下同样被赋予了培养创新型人才的新内涵。党的十九大报告指出，要"培养造就一大批具有国际水平的战略科技人才、科技领军人才、青年科技人才和高水平创新团队"。习近平总书记在2018年两院院士大会上发出"努力成为世界主要科学中心和创新高地"的号召，强调要"牢固确立人才引领发展的战略地位，全面聚集人才，着力夯实创新发展人才基础""加快形成有利于人才成长的培养机制"；又在2020年科学家座谈会上明确表示"要把教育摆在更加重要位置，全面提高教育质量，注重培养学生创新意识和创新能力"。这一系列重要论述为新时代我国教育发展和人才培养指明了前进的方向。

拔尖创新人才培养是一项长期、系统的工程，是各级各类教育的共同任务。高中教育作为基础教育的最终阶段，具有承上启下的关键作用，其人才培养质量既关乎高等教育的顺利推进，又影响义务教育的均衡发展。作为学生心理、生理走向成熟的关键时期，高中教育是树立正确的价值观、人生观、职业观以及系统学习知识、锻造综合能力、磨炼意志品质的重要节点，

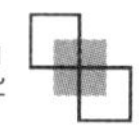

关乎每一个学生创新潜能的发挥。

2019 年国务院办公厅颁布的《关于新时代推进普通高中育人方式改革的指导意见》以及 2020 年教育部印发的《普通高中课程方案》(2017 年版 2020 年修订)等进一步明确了普通高中的基础教育定位，鼓励普通高中办学多样化、特色化；强调要回归学生自身发展需要，为学生终身发展和全面发展奠定基础。在此背景下，高中教育应当回归“教书育人”的本质，摒弃传统功利主义教育观；在素质教育普及的进程中，基于义务教育培养成效，通过特定的组织形式或培养计划，不断增强学生积极参与、主动思考、大胆质疑、实践探索等方面的能力，培养其创新精神、创新意识、创新人格、创新思维和创新能力，以期有意识地激发学生的创新潜能。

《国家教育事业发展“十三五”规划》明确提出，要从中小学做起，激发学生创新意识，培养学生创新精神与能力。尽管不少学者认为拔尖创新人才培养的重心在高等教育，但普通高中阶段作为学生思维、意识、意志、能力等素养提升的关键节点，是学生创新素养提升的“拔节孕穗期”，因而，普通高中是拔尖创新人才培养的奠基阶段，担负着重要责任。普通高中教育要培养具备初步创新能力、创新思维等创新素养的人才，为孕育拔尖创新人才打下坚实基础。从这个角度上看，拔尖创新人才培养是高中教育必须承担的重要使命，普通高中应更多地发挥创新教育功能，积极培育学生的创新素养。

三、现实问题：高中拔尖创新人才培养管理机制尚未理顺

虽然我国普通高中为社会主义现代化建设培养了大量人才，促进了经济和社会的发展，但是在长期应试教育思维的影响下，我国基础教育质量依旧不高，普通高中拔尖创新人才培养仍有待加强。基础教育尤其是普通高中教育在学生德智体美劳全面发展，创新精神与实践能力、可持续学习能力培养等方面都有待加强。

造成我国普通高中未能很好发挥其拔尖创新人才培养功能的根本原因在于普通高中拔尖创新人才培养的管理机制未能理顺，即未能按照人才培养起点、过程与结果三大阶段，从高中拔尖创新人才的选拔机制、运行机制、保障机制、激励机制及评价机制全过程的视角构建起切实可行的拔尖创新人才培养管理机制。因此，难以帮助学生习得新知识、锻造新能力，其创新潜能和创新素养无法得到发掘和提升，也就无法达到拔尖创新人才培养的预期功效。

综上所述，普通高中教育是衔接义务教育和高等教育的重要桥梁，是国民教育体系的重要一环，在创新型人才培养中起着承上启下的关键作用。在新的历史起点上，普通高中创新型人才培养既要符合人才成长规律，又要为具备创新精神和学术潜能的学生提供高质量的教育，使其前景广阔、大有可为。

鉴于此，普通高中应在国家教育方针指导下，按照拔尖创新人才培养的基本规律，结合学校发展实际，科学制定一套有效的拔尖创新人才培养管理机制，增强学生的创新素养。本研究聚焦拔尖创新人才培养这一目标导向，基于普通高中“何以担当，担当什么，如何担当”的总体框架，首先从理论研究层面厘清普通高中培养创新型人才的内涵，并从系统管理视角出发，围绕“选拔—运行—保障—激励—评价”五大机制构建起我国普通高中拔尖创新人才培养管理机制的理论分析框架；其次，综合运用调查研究、个案研究等方法，探讨具有典型性与特色性的普通高中拔尖创新人才培养实践样态，分析我国高中拔尖创新人才培养的现状与问题；最后，对本研究所提出的理论机制进行实证检验，探索出基础教育和高等教育实现拔尖创新人才培养的有效衔接机制。

第二节　核心概念界定

关于高中拔尖创新人才培养管理机制的研究，我们首先应明确何为拔尖创新人才、拔尖创新人才应具备怎样的特征、拔尖创新人才培养及管理机制

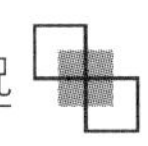

应如何界定等核心问题。

一、拔尖创新人才的内涵与特征

（一）创新

“创新”（innovation）一词最早由经济学家约瑟夫·熊彼特（Joseph Alois Schumpeter）于 1912 年在其著作 *The Theory of Economic Development*（《经济发展理论》）中提出。他从经济学的角度将创新定义为在经济活动中引入一种之前尚未出现或投入生产的要素与相应使用条件的组合，包括新产品、新技术、新市场、新来源、新组织五方面内涵。而后，学者们将创新概念引入各领域的研究中，并从不同的角度进行阐释。比如，在科技领域，约翰·L. 伊诺斯（Jonh L. Enos）（1962）在其文章“*Invention and innovation in the petroleum refining industry*”（《石油炼制工业的发明与创新》）中认为创新应是在明确发明方向后，能够确保劳动供给、资本投入、组织保障、生产计划有序推进并有效开拓市场的综合结果；在管理学领域，著名学者罗宾斯（Robbins）在其著作《管理学》（*Study Guide to Management*）中指出，创新的本质是能够将创新思想付诸有效商品、服务或是生产方式的要素集成，并将带来最优效用；在社会学领域，欧盟委员会发布的 *Green Paper on Innovation*（《创新绿皮书》）认为创新是一种社会现象，能够在经济社会中通过使用新方法进行新生事物的生产应用，以满足社会公众需求；在人类学领域，H. G. 巴尼特（H. G. Barnett）从文化变迁视角指出，创新是一种存在于心理组织中的观念，是已有文化因素经过长期量变后所引起的思想、行为、事物等的质变。

简而言之，笔者认为，创新如《现代汉语词典》（第 7 版）中“抛开旧的，创造新的”所指，是个体为满足一定的需求，在遵循客观规律的前提下，在前人发现的基础上，通过特定方法，发现新生事物或新定律，提出新见解，解决新问题，或对原有事物进行一定的修正变革，使事物状态发生转变，其内容与形式更为充实、功能更全面、结构更合理，具备相应的进步性、新颖性。具体而言，创新应包括四个方面的内涵：其一，经历从思想付诸行动的事物新生过程；其二，在已有研究基础上，基于知识、信息、方法等的应用、提升来创造价值收益；其三，具有一定的组织环境保障；其四，新事物、新思想能得到相关部门认证。

（二）拔尖创新人才的内涵

简单来说，拔尖创新人才就是能够付诸创新实践的人才，具备人才的一般特征，但其内涵更为丰富。对拔尖创新人才内涵的研究离不开对创新人才内涵的探索①。关于创新人才的界定，国内外学者说法不一，尚未形成统一意见。

从国内来看，钟秉林认为创新人才应当在拥有高超智力、扎实知识储备、自由发展个性、正确人生价值观以及健康身体的同时，兼具创新能力、创新精神与创新意识，并能取得创新成果②；刘彭芝则认为创新人才由人格、心理和能力三个维度构成，体现在创新意识、知识储备、执着于科学追求的创新精神、较强的创新与实践能力等方面，且创新人才在追求独立发展的同时，应当立足现实、面向未来，充分发挥自身潜力③；徐向东从人才生命成长视角出发，提出创新人才必须以探索欲、自主研究能力、自由心灵以及远大追求等核心素养为前提，否则难以称之为人才，其更无法产出创新成果④。

国外学者更多地从尊重个性与全面发展这一视角对创新人才内涵进行剖析。如日本强调创新人才必须独立、自由、有个性，如此才能培养个体创新能力；美国则认为创新人才是情感与智力同步发展的人才，在受教育过程中，个体的思考能力、分析能力以及问题解决能力应得到全面发展⑤；德国

① 基于此，本研究在探讨拔尖创新人才培养的相关发展历程时也绕不开创新人才培养，为保证研究的完整性，有时会将二者结合起来分析。

② 钟秉林. 国际视野中的创新型人才培养[J]. 中国高等教育，2007(Z1)：37-40.

③ 刘彭芝，周建华，张建林. 整体构建大中小学创新人才培养新模式的研究与实践[J]. 教育研究，2013，34(1)：58-64.

④ 徐向东. 大学附中培养创新人才的研究：与大学深度合作的视角[D]. 上海：华东师范大学，2016：24.

⑤ 刘智运. 培养创新型人才的新探索[J]. 教学研究，2007，30(3)：189-192.

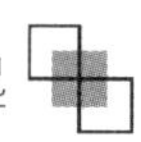

受到洪堡“完人”思想的影响，强调创新人才应具备独立的个性以及自主发现问题、解决问题并组织科研的能力。

总的来说，国内外学者对创新人才的定义都强调独立自由的个性以及身心的全面发展。而拔尖创新人才应在此基础上更加勇于探索、敢于质疑、独立自主，且理论功底扎实，知识体系健全，研究严谨，富有创造力，能够提出问题解决方案并产出创新成果。同时，创新素养作为21世纪六大核心素养之一，是拔尖创新人才的核心要素与集中表现。创新素养是在个体基础素质上形成的探索新事物、发现新事物、分析新事物、创造新事物的综合素养。从创新素养视角对拔尖创新人才的内涵进行剖析，能够很好地反映拔尖创新人才在日常活动中所形成的创新能力和创新精神。综上所述，本研究将新时代的拔尖创新人才定义为德智体美劳全面发展，并具备较强创新素养的人才。

（三）拔尖创新人才的属性

基于创新素养视角对拔尖创新人才的内涵进行剖析，可以发现，拔尖创新人才的属性包括创新意识、创新精神、创新思维、创新人格、创新能力和创新实践六个方面。具体如下：

1. 创新意识

创新意识是拔尖创新人才最根本的品质，是个体意识的积极表现形式。它是个体基于社会生活发展需要，在客观规律的引导下，自主产生创造新生事物或思想的动机、意愿和欲望，是拔尖创新人才开展创新活动的出发点与先决条件，所要解决的是“为什么”的创新动力问题。拔尖创新人才必须具备强烈的创新欲望，才能突破现有思想束缚，提出更为先进的理念、方法，从而提升创新成果的效用。思想尚处于形成阶段、求知欲旺盛的青年学生是最易接受新观念、新思想的群体，是培养创新意识的理想对象。

2. 创新精神

创新精神是拔尖创新人才产出创新成果的前提和重要保障。它包含两层含义：一是拔尖创新人才具备锲而不舍、勇于探索的意志与毅力。在创新过程中难免会遇到各类挫折和棘手的情况，此时拔尖创新人才将凭借强大的目的性和自制力，瞄准目标砥砺前行，克服创新过程中的各种桎梏，并依据目标适时调整行动。二是拔尖创新人才具备敢于质疑、勇于突破的革新精神，能够在尊重客观规律的前提下，依据已有知识与技能，对现存事物、思想进行合理的质疑批判，并付诸创新实践，创造新事物、新思想，最终转化为创新成果，推动经济社会发展。

3. 创新思维

创新思维是拔尖创新人才从事实践活动的心智基础，作为一种开拓性思维，它是直觉、思考、联想、推理等思维过程的集合，应具备灵活性、流畅性，需要经过一定程度的知识积累、技能训练与意志力磨炼，才能助推拔尖创新人才开拓新领域、形成新观念、创造新理论和新成果。已有研究更多地关注思维过程对创新思维的影响，比如心理学家华莱士(John Wallace Baird)认为创新思维与思想形成的历程相似，须经历酝酿、明晰和验证三个阶段①；吉尔福特(Joy Paul Guilford)主要从发散思维和辐合思维两个角度阐释创新思维，前者是创新思维的基础，后者是创新思维的重要补充②；胡卫平则认为创新思维一方面要能够对已有思想进行整合创新，另一方面要能够突破现有研究、提出新思想，因此创新思维应由发散思维和集中思维构成，是两者的辩证统一，且重在发散思维③。

基于前人研究，本研究认为创新思维是一种智力性要素，以构思力、想象力、记忆力、理解力、联想力等为基础，是发散思维与辐合思维、直觉思维与分析思维高度结合的产物，是拔尖创新人才的高级别认知活动，能够不断提升拔尖创新人才的认知能力，并助推其探索未知领域，具体表现为：凭借发散思维从不同方向对问题进行思考，并从多个视角探索问题解决的路

---

① 华莱士. 思想的方法[M]. 胡贻穀，译. 北京：商务印书馆，1936：29-42.

② 吉尔福特. 创造性才能：它们的性质、用途与培养[M]. 施良方，沈剑平，唐晓杰，译. 北京：人民教育出版社，1991：44.

③ 胡卫平. 青少年科学创造力的发展与培养[M]. 北京：北京师范大学出版社，2003：49-52.

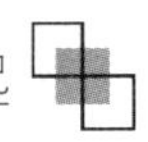

径；通过多种途径搜集各类信息，并梳理筛选出关键信息，进行系统分析，力求得到行之有效的问题解决方案；根据实际需要，对已有研究、已有事物和观念进行联想、整合，形成新思想、新成果。

4. 创新人格

创新人格对于拔尖创新人才的成长、创新成果的产生具有重要驱动作用，作为一种非智力因素，这一概念最早由美国学者吉尔福特提出，强调的是创新人才在创新过程中所展现的品格，即个性特征在创新活动中的集中体现。乔治·J. 费斯特在分析人格对个体创新能力影响时曾发现，创新人格通常具有稳定性，能够较好地反映创新人才在其专业领域的创新成就①。对于创新人格的剖析，国内外学者做了大量的研究。其中，国际主流观点主要基于吉尔福特和斯滕博格(Robert J. Sternberg)的理论展开分析，吉尔福特认为创新人格由八个要素组成，即自觉性高、求知欲旺盛、好奇心强、善于观察、追求理性和逻辑性、想象力丰富、意志力出众以及幽默感较强②。斯滕博格在其创造力三维模型中指出，创新人格由意志的坚韧程度、探索欲、冒险精神、努力程度、对他人认可的渴望程度等方面组成③。此外，自信心、风险承担意愿、内在韧性等也被认为是创新人格的重要体现。国内研究则以林崇德、董奇等学者的观点为主，林崇德在创新人才教育的相关研究中，将创新人格概括为稳定的情感、坚韧意志、个体兴趣、刚毅性格和良好习惯五个方面④。董奇认为浓厚认知兴趣、丰富情感、敢于冒险、不屈不挠、独立自主、自我意识等共同构成创新人格⑤。

综合来看，创新人格是拔尖创新人才在创新学习、创新活动中积累而成的，它具体表现为良好的信念、意志、道德情操及理想，应包含强大的自信

---

① 费斯特. 人格对艺术和科学创造力的影响[M]//斯滕博格. 创造力手册. 施建农，等译. 北京：北京理工大学出版社，2005：238-244.

② 转引自俞文钊，刘建荣. 创新与创造力：开发与培育[M]. 大连：东北财经大学出版社，2008：226.

③ 转引自汪睿. 高校拔尖创新人才培养模式研究[M]. 武汉：武汉大学出版社，2021：28.

④ 林崇德，等. 创新人才与教育创新研究[M]. 北京：经济科学出版社，2009：261.

⑤ 董奇. 儿童创造力发展心理[M]. 杭州：浙江教育出版社，1993：199-200.

心、强烈的好奇心与求知欲、开放合作的心态和视野，以及勇于冒险且能够承担不确定性风险、勇于挑战、在困难面前展现强大韧性、拥有自主判断能力等特质。

5. 创新能力

创新能力是拔尖创新人才最重要的属性，是其创新素养的直接外在表现。从已有研究看，学者们更多地将创新环境、创新成果、创新过程与创新个体相结合，视创新能力为一种智力品质，将其定义为个体在各类科学研究中合理使用已有研究成果，并在此基础上进行重新整合、突破，在某些领域提出具有经济价值、科研价值以及社会价值的新思想，找出解决问题的新方案，最终将创新思想、创新方法转化为实际成果的能力。

不过，大量研究表明，创新能力不仅仅体现在智力层面，精神、品格、个性等非智力因素同样重要。大部分个体的智力水平差异不大，决定其能否产出创新成果的关键可能在于非智力因素。因此，创新能力实际上是个体综合素质的体现，是知识、能力、态度、精神等的整合，即创新能力不仅仅是知识汲取能力、观察力、想象力、逻辑能力等智力水平的体现，还是创新精神、创新意识、创新人格、创新思维所涵盖的素养的综合体现。学生创新能力培养的背后存在一个重要的前提：创新能力是对个体全面发展、可持续发展的价值回归，是要将个体视作一个完整的人进行教育。据此，具备创新能力的拔尖创新人才应是既具备上述创新精神、创新意识、创新人格和创新思维，也具备广博的知识体系、敏锐的观察力、丰富的想象力以及较强的适应力和实践力的人才。

6. 创新实践

越来越多的研究表明，创新不仅意味着创新成果的产出，更表现为拔尖创新人才为取得创新成果所进行的一系列活动，创新活动能否产生有重要价值的新成果直接取决于拔尖创新人才是否付诸实践。因此，创新实践实际上是从创新意识到创新能力的一系列概念在特定实践场景下的综合表达，侧重于创新投入的实际形式，与解决实际问题密切相关，是拔尖创新人才为形成

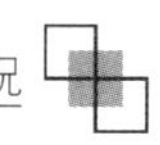

有价值的新思想、新事物而采取的具有复杂性、综合性特征的实践行动。在基础教育阶段，个体或团队的创新实践与其创新水平成正相关，即创新实践投入得越多，个体或团队的创新水平越高。实践也逐渐被国内外教育领域视为提高人才创新素养的重要途径，例如美国2011年公布的K12教育框架明确将“围绕科学构想贯以实践活动”作为提升学生科学素质的一个重要维度①。

基于上述研究，创新实践应包含如下环节：①从多个角度提出科学问题，并对问题进行分解；②围绕研究问题和研究目标，通过多渠道搜集并整理相应数据、信息等；③基于已有研究，在符合客观规律的基础上，提出研究思路，而后使用科学的方法构建并应用分析模型或框架；④全面、细致地分析模型或框架结果，给出合理的科学解释；⑤基于模型结果，针对性地提出解决问题的方案，并进行实践验证。

(四)拔尖创新人才的特征

基于上述分析，可以发现，拔尖创新人才作为兼具个性、开放性、多样性和专业素养的知识精英，一般具备以下特征：

第一，拔尖创新人才应胸怀天下，以天下为己任，树立“鸿鹄之志”，立志为国家富强、民族复兴作出贡献。同时，拔尖创新人才要展现出广泛的兴趣，摒弃墨守成规的观念，对未知领域具有强烈的求知欲与好奇心，形成非常规的创新思想。

第二，拔尖创新人才既是全面发展的人才，也是素质过硬、专业精湛的专家型人才。一方面，拔尖创新人才经过长期培养后具备较强的综合素质，是德智体美劳全方位发展的人才；另一方面，拔尖创新人才一般具有较强的专业技能和专业特长，能够凭借其相对全面、完备的知识体系，专注于某一领域的前沿研究与创新成果转化。

第三，从结果导向看，拔尖创新人才具备较强的劳动创造性，能够借助

① A framework for K-12 science education: practices, crosscutting concepts, and core ideas [M]. Washington, D. C.: National Academies Press, 2011: 83-84.

其创新才能，研发出具有较高劳动价值、对社会发展大有裨益的重大创新成果，推动社会效率的整体提升。

第四，在当前社会劳动高度分工的情况下，单打独斗式的科研活动往往势单力薄，难以创造出令人满意的成果。因此，拔尖创新人才应具备较强的团队意识、合作能力及兼容性，能够集众家之长，在合作中实现劳动效益最大化。

第五，从事创新活动并非坦途，必然要经历一段充满荆棘的科研之路，是对身心的共同考验，因而拔尖创新人才须具备不达目的不罢休的顽强定力、意志力以及强健的体魄，发挥个体创新精神，通过不断的自我学习与专业探索，攻克科研难关。

第六，拔尖创新人才是时代的人才，符合时代发展特征。个体创造的价值也一定是在特定时代背景下的产物，既反映时代特征，又能够推动时代进步。因此，拔尖创新人才不仅应具有较高的专业水平和综合素质，更应有能力将个人专业技能、探索欲与社会实际相结合，创造出经得住理论与实践双重检验的成果。

总体来看，拔尖创新人才不仅要在智力层面、专业层面展现较高的水准，在非智力层面，例如精神、人格、意志、体魄等方面也须相对完备，如此才能献身于科研事业，不断探索，创造出有益于社会发展的创新成果。

二、拔尖创新人才培养及管理机制

(一) 拔尖创新人才培养

从语义解析看，拔尖创新人才培养可解构为“拔尖创新人才”和“培养”两个概念，其中拔尖创新人才在上述分析中已作详细阐述，而“培养”意为按照一定的目标，对某对象进行长期的教育和训练，以推动其成长。因此，拔尖创新人才培养就是针对拔尖创新人才，通过学校这一载体为其提供良好的受教育环境并不断地提高其创新素养，以全面提升拔尖创新人才的创新精神、创新意识、创新人格、创新思维、创新能力和创新实践。

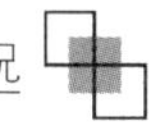

由此可以看出，拔尖创新人才培养的核心是要通过学校教育激发学生的创新潜能，将潜能不断转化为学生的创新素养。此外，作为素质教育的重要组成部分，拔尖创新人才培养的过程相比于传统教育也应有所不同：首先，在培养观念上，拔尖创新人才培养就是培养未来各行各业的专家，因此应基于个体全生命周期视角，着重强调拔尖创新人才培养"激发创新潜能，提升六大素养"的核心内涵。其次，在培养过程上，拔尖创新人才培养须贯穿于教育的全过程，而不能只关注高等教育阶段。基础教育作为学生创新个性形成的关键阶段，是创新思维开发训练的黄金时期，对基础教育阶段学生创新能力培养重视不足、认识不够，容易导致潜在的拔尖创新人才错失发展机会。再次，在培养方向上，不仅要关注学生学科知识的积累，更要培养其跨学科、跨领域的素养，提升批判性思维能力、团队领导能力和自我发展能力等。最后，在培养目标上，拔尖创新人才培养强调目标多样化，学术型、应用型、技能型等各类人才均应得到创新精神、创新意识、创新人格、创新思维和创新能力上的训练，以此为各行各业的创新发展奠定人力基础①。

（二）拔尖创新人才培养管理机制

拔尖创新人才培养能否顺利推进的决定性因素在于学校这一人才培养的主要载体是否具备高效可行的管理制度，拔尖创新人才培养环境缺失、管理缺位、资源投入不足、制度体系不健全等问题均会导致拔尖创新人才培养行动难、效率低、可持续性不足②。因此，拔尖创新人才培养作为一项系统工程，需要进行人才培养机制的创新探索。管理机制建设应是各级各类学校拔尖创新人才培养工作的基础内容，是加强拔尖创新人才培养管理的重要抓手，是教育施行主体管理行为的集中体现。

管理机制是指管理系统的结构及其运行机理。作为一个系统概念，它所揭示的是管理系统中各管理单元的主要作用、自身运行机理以及各管理单元

① 郭广生. 创新人才培养的内涵、特征、类型及因素[J]. 中国高等教育，2011(5)：12-15.
② 吴庆宪，樊泽恒. 多维度谋求创新人才培养新突破[J]. 中国大学教学，2012(2)：77-79.

间的协同机制，核心是要提升管理效率、实现管理目标。据此定义，拔尖创新人才培养管理机制可以理解为“以学校为主体的拔尖创新人才培养管理系统及其运行机理”，具体来讲，要在尊重教育规律的基础上，依据拔尖创新人才的培养目标，围绕现代化教育理念，通过特定的规章制度，采取一定的教育方法，着眼于拔尖创新人才选拔、教育教学改革、软硬件资源保障、创新文化打造、师资队伍建设和教育评价等工作程序，构建一套有效的学校拔尖创新人才培养管理系统，帮助学生习得新知识、锻造新能力，使其创新潜能得以发掘、创新素养不断提升，以达成拔尖创新人才培养的预期效果。

拔尖创新人才培养管理机制并非独立、单一的运作机制，它涉及人、财、物等多个管理对象，是由多个子机制有机组成的管理集合，涵括参与培养工作的多主体、各部门以及各层级的组织人员。对于学校来说，具体可解析为制度制定、目标设定、人才选拔、教育教学资源配置、安全保障、激励评价等多个层面。总的来说，拔尖创新人才培养管理机制应当以管理结构为主体，明晰各子机制间的功能、内在关联与协同运行机理。

综上所述，拔尖创新人才培养管理机制应当具备以下特性：①系统性，学校拔尖创新人才培养管理系统应是一个有机整体，确保其实现功能定位；②规律性，拔尖创新人才培养管理应当尊重客观规律，确保管理系统内部结构的稳定性和有效性；③内生性，学校作为拔尖创新人才培养管理主体，其管理机制应依据学校自身情况、特色等内生而成，形成自身的内在运行机理；④动态性，学校拔尖创新人才培养管理机制一旦形成，应能按照一定的规律和秩序自行运转，运转过程中不需人为启动。此外，这一管理机制并非一成不变地运转，为提升管理效率，应依据实际情况动态调整。

第三节　文献综述

我国对拔尖创新人才培养内涵、路径等问题的研究一开始是从高等教育视角展开的。随着基础教育重要性日益凸显，拔尖创新人才的早期培养研究

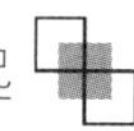

逐步得到重视，由于高中阶段是学生心智发展与成熟的关键时期，逐渐有学者开始探究高中阶段学生创新思维与能力的发展。

总体来看，拔尖创新人才培养的相关研究呈现出由分散向集中，由实践向理论转化的趋势。最初的研究重点在于明确拔尖创新人才培养的内涵，明确高中教育在拔尖创新人才培养中的角色地位与重要意义。后来，学者们开始关注各个国家与地区针对普通高中拔尖创新人才培养展开的实践性探索，其中高中与大学衔接培养拔尖创新人才的大学附中模式研究占据重要地位。同时，学者们尝试在实践中总结普通高中拔尖创新人才培养管理存在的关键问题，反思高中拔尖创新人才培养实践是否发挥了应有的功效，以及如何建立一个科学的评价机制以及时反馈人才培养绩效，最终对多样化、特色化的实践研究成果进行理论升华，从人才遴选、课程设置、教研改革等方面系统描绘普通高中培养拔尖创新人才的根本路径。因此，本部分主要从普通高中拔尖创新人才培养的内涵与意义、影响因素以及管理实践三大方面进行文献梳理。

一、普通高中拔尖创新人才培养的内涵与意义

(一)拔尖创新人才的内涵

我国学者主要立足于拔尖创新人才的知识、思维、能力和人格特征，从心理学、经济学等视角对其内涵进行理解和阐释。例如，乔万敏和邢亮认为创新型人才应具备创新思维与能力，能够在好奇心与求知欲的引领下独立思考并解决问题①；梁拴荣和贾宏燕认为创新型人才是指少数既博学多识，又专业见长，同时具备扎实学识、独特个性以及卓越创新思维，并能为社会作出巨大贡献的人才②；任飏和陈安认为创新型人才是指能够发现问题，并利用自身优势在实践中解决问题，取得创新成果的人③。此外，对拔尖创新人

① 乔万敏，邢亮. 开放式教育：创新型人才培养的新视角[J]. 教育研究，2010，31(10)：86-90；106.

② 梁拴荣，贾宏燕. 创新型人才概念内涵新探[J]. 生产力研究，2011(10)：23-26.

③ 任飏，陈安. 论创新型人才及其行为特征[J]. 教育研究，2017，38(1)：149-153.

才的定义不能只强调知识和能力，更要关注其是否具备打破常规、开展社会实践，并在实践中创造社会价值的能力。具体来看，拔尖创新人才一般具备如下特征：第一，在知识结构上，博学多识且具备较强的专业能力，拥有相对发达的智力、敏锐的洞察力、广博的视野、冷静的判断力、丰富的想象力以及强大的动手能力；第二，在精神层面上，具备超前的创新思维、强烈的竞争意识、执着的探索精神与无私的奉献精神等。

（二）高中培养拔尖创新人才的意义

当前，我国迫切需要拔尖创新人才打破科技竞争“卡脖子”的被动局面，拔尖创新人才培养也成为教育的重中之重。高中教育作为学生个性形成、自主发展、全面提升的关键阶段，对于拔尖创新人才的培养意义非凡，深刻关系到我国未来发展。但长久以来，有关拔尖创新人才培养的研究大多集中于高等教育阶段，而高中教育在拔尖创新人才成长中承上启下的地位始终未得到充分重视。拔尖创新人才培养若仅仅依靠高等教育显然独木难支，必然需要高中教育对学生创新素养进行累积与奠基。其中，优质高中因拥有卓越的办学目标，一流的师资队伍、设施条件和生源质量，以及先进的管理制度和相对强大的资源整合能力，更是促进学生创新素养发展，为我国拔尖创新人才培养奠基的重要领地①。因此，充分发挥高中教育在拔尖创新人才培养中的积累与奠基作用，有利于学生在高中阶段培养创新意识，形成创新素养，为将来创新能力的发展打下坚实基础。

二、普通高中拔尖创新人才培养管理的影响因素

对于拔尖创新人才培养的影响因素，学者们出于各自的研究视角，形成了不同的结论，但分析的范畴不外乎宏观与微观、主观与客观、内部与外部等。本研究认为高中拔尖创新人才培养是多个因素综合作用的结果，既与被培养对象有关，又受到不同教育实践活动主体的影响，因此可以从个体主义

① 李桢．为创新型人才培养奠基是优质高中的使命[J]．现代教育科学，2013(10)：11-12；86.

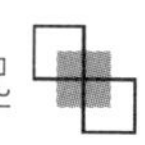

与结构主义两大视角对现有文献进行梳理。

(一)个体主义视角

个体主义主要强调学生作为拔尖创新人才的培养对象，其自身禀赋对于高中拔尖创新人才培养可能存在的影响。高中拔尖创新人才培养的个体主观因素包括生源质量与学生兴趣，其中生源质量取决于学生的智力因素与非智力因素①。在非智力因素方面，由于学生个体在资质、个性等方面存在较大差异，我们应当及早介入，通过专业教育努力提高学生追求个性发展的自我意识、创新精神、创新思维以及必要的团队协作能力，这是形成创新品质的关键所在。正因如此，有计划、有层次地培养学生创新意识、创新人格，提高学生发散性思维、灵活转换与融会贯通的能力尤为必要②。

(二)结构主义视角

结构主义则关注的是外在于个人的学校教学规划、校园文化环境、教育体制机制、社会舆论观念等中观因素对高中拔尖创新人才培养的影响③。从学校层面看，高中拔尖创新人才培养一方面要灵活安排学校课程与校本教材，实现课堂教学的多样化体验，搭建广阔的国际化平台，构建舒适的校园环境与校园文化，这是学校完善拔尖创新人才培养管理机制必须考虑的因素以及必须走好的路径；另一方面，拔尖创新人才的成长离不开教师卓越的专业能力和道德品质，专注师资队伍的长效培养也不容忽视。从社会层面看，拔尖创新人才培养不仅取决于学校教育体系，更受到国家教育管理与评价制度、社会环境、文化传统等多方面的影响。如美国高中拔尖创新人才培养发展深受宏观层面的联邦政府教育政策以及教育公平价值取向的影响，特别是在冷战时期，基于美苏大国博弈下国家发展需要的宏观战略背景，美国出台《国防教育法》对基础教育进行彻底改革，力求培养天才学生补充国家发展

① 冷余生. 论创新人才培养的意义与条件[J]. 高等教育研究，2000(1)：50-55.

② 郭广生. 创新人才培养的内涵、特征、类型及因素[J]. 中国高等教育，2011(5)：12-15.

③ ROBINSON A，KOLLOFF P. Preparing teachers to work with high-ability youth at the secondary level [M]. Texas：Prufrock Press Inc. 2015：573-574.

需要，这使得美国高中拔尖创新人才培养进入系统发展期①。另外，教育评价体制如果注重功利性价值取向，评价维度单一，则会导致评价结果机械、单一，无法客观综合衡量学生发展潜能，进而制约拔尖创新人才培养；社会舆论和文化环境等外部环境因素如果无法顺应拔尖创新人才培养的客观规律，对拔尖创新人才培养的合理性和重要性的认知存在偏差，也会在无形之中给普通高中拔尖创新人才培养造成压力。

三、高中拔尖创新人才培养的管理实践

在个体主义与结构主义两大视角的基础之上，可进一步对高中拔尖创新人才培养管理实践中的关键要素或关键问题进行探索。关于人才培养的关键要素，一般有“三要素说”“四要素说”“五要素说”和“多要素说”。其中，“三要素说”认为人才培养模式包括培养目标、培养规格和基本培养方式，“四要素说”认为人才培养模式具体应包括培养目标、培养规格、培养方案、培养途径，“五要素说”认为人才培养模式涵盖办学定位、培养目标、课程体系、教学实施、评价体系，“多要素说”认为人才培养模式包括培养目标、选拔制度、专业结构、课程结构、学科设置、教学制度、教学模式、校园文化与日常教学管理等。结合当前学者关注的重点，本部分将主要从模式探索、多维实践及“高中—大学”贯通培养实践、成效评价等方面对现有文献进行梳理。

（一）高中拔尖创新人才培养的模式探索

1. 国际视角

学生的创造力培养应该和国家的经济、科技发展联系起来。作为未来国家竞争力的核心驱动要素，世界各国更加注重人力资本的原始积累，加快创新型人才培养，在大量人力、物力、财力等要素的投入下，美英等国家形成

① CHRISTNER T. Genius Denied: How to stop wasting our brightest young minds. [J]. Library Journal, 2004, 129(6): 105.

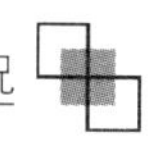

了相对丰硕的研究成果，各国政府也相继出台了政策来保障拔尖创新人才培养的顺利实施，充分体现了拔尖创新人才培养的重要地位以及拔尖创新人才在国际上的重要性。

国外学者关于高中拔尖创新人才培养的研究重在经验总结，特别是结合各国自身国情和实践，总结在国际交流和借鉴过程中形成的具有本国特色的拔尖创新人才培养模式，如以美国为代表的“一个中心、三个结合”通才型创新人才培养模式，以英国为代表的导师制创新人才培养模式，德国实行的企业与职业教育“双元制”培养模式，瑞士引入职业培训中心形成的“三元制”模式以及意大利实行的能力本位“CBET 模式”，等等。进一步地，英美等国家十分重视拔尖创新人才的培养：美国的荣誉教育培养了大量的科技拔尖创新人才，所谓荣誉教育是指专门为优秀拔尖的本科生设计的个性化教育模式，是一种在大众化教育时代以培养精英人才为目标的教育形式①；英国通过资优教育培养拔尖创新人才，在政府的引导下，采取相对灵活的教学模式，让资优生与其他学生在相同学校接受教育的同时，为其提供补充性校外学习机会，使得资优教育依托普通教育来开展，这样能够有效提高学校办学质量与教师水平，其他学生也能从优质教育中获益，极大地提高了整体学生的素养②。

整体来看，国外培养拔尖创新人才的共性特征体现为注重建立多元化的拔尖创新人才培养目标，注重个性化、启发式教学和探究性教育方式，注重拔尖创新人才师资队伍的培养，注重从教学评价、学术环境等方面完善拔尖创新人才培养保障体系。

2. 国内视角

我国率先在北京、上海等地区的实验性高中开展了各类拔尖创新人才培养项目或计划。北京市于 2008 年便已开始实施“翱翔计划”，进行高中拔尖创新人才培养实验，2010 年在“翱翔计划”基础上进一步补充超常儿童早期

① 沈蓓绯. 荣誉学院：美国高校本科生“拔尖创新人才”培养模式研究[J]. 高教探索，2010(4)：59.

② 邓清文. 英国整合式资优教育模式研究[D]. 上海：华东师范大学，2013：46.

培养实验项目、“雏鹰计划”以及大学先修课程(AP课程)。可以说，北京市基于教育与科技领域的强强联合，借助突出的科教资源与文化优势，按照“生源校—基地申报校—高校、科研院所实验室”链条式培养模式所开展的一系列高中拔尖创新人才培养项目成效显著。从具体实施策略上看，人才选拔以知识积累、创新精神与创新能力等为标准，通过笔试面试结合、自荐推荐结合等方式，参照国外发散思维与创造人格检验表对学生进行综合评价，甄选出优秀人才；人才培养以生为本，注重学生个性发展，通过改革教学方式，设置多样化的校本课程，与时俱进，注重激发学生问题意识与创新思维，并辅之以“三导师制”“走班制”“课题研究与课堂教研融通”等教学模式，很好地将研究性学习贯穿于教育实践，让高中生可以在科学家身边耳濡目染，汲取营养①。

上海市则在上海中学、复旦大学附属中学等四所中学开展“创新实验班”试点，并逐步推广实施“普通高中学生创新素养培育实验项目”，以系统观为指导，强调政、校、家、社等多方合作，整合优势资源形成多元协同模式，通过设立课程研发中心，规划区域共享的优质校本课程，培育师资队伍，构建起创新素养培育框架，鼓励各学校特色化发展②。

此外，大连市也对当前域内高中拔尖创新人才培养面临的困境进行反思，并着重从政策支持、思想变革、办学条件优化、课程体系与实践平台提升等方面入手，增强学生创新竞争力③。

(二)高中拔尖创新人才培养的多维实践

高中拔尖创新人才培养应基于核心素养搭建起包含师资队伍、课程体系、教学方式、校园环境、智慧校园体系建设等内容的拔尖创新人才培养体系。目前，国内外学者也重点从课程建设、教学改革、人才选拔、师资保

---

① 罗洁. 高中阶段创新人才培养模式的探索：北京市“翱翔计划”的思考与实践[J]. 教育研究，2013，34(7)：54-60.

② 沈之菲. 高中生创新能力培养的探索：从上海“创新实验班”看资优学生的创新教育[J]. 教育发展研究，2010，30(8)：25-29.

③ 孙玉婷. 大连市高中生创新能力培养政策分析[J]. 中国证券期货，2012(6)：257-258.

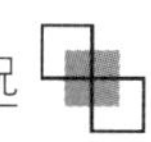

障、文化创设等诸多视角进行了多维探索。

课程体系是各高中进行拔尖创新人才培养实践探索的重中之重。Lewis曾指出，课程应具备实践性和开放性，对学生生成性认知过程非常重要，是培养创造性思维的基础①。学校依据自身办学特色与社会需要开发研制的校本课程是进行拔尖创新人才培养的关键，例如华中师范大学第一附属中学基于自主创新、多元发展的办学主题，构建了“多样、立体、选择”的课程体系，从改造国家课程、开发校本课程、设计班级课程三方面搭建起多样化、立体式、个性化课程体系，通过梯级化的课程教学、测验，尊重学生发展意愿，为学生创造了良好的成长平台与环境②；江苏南菁中学发挥学校文艺资源优势，以美育课程为基础，探索科学精神与审美想象等人文素养相互渗透的课程体系，为培养兼具科学与人文情怀的创新人才奠基③；同济黄浦设计创意中学则基于办学特色，强调设计思维作为创新思维的一部分，努力探索以设计思维为基础的研究拓展型课程，辅之以差异化评价及高校合作、社区实践的新路径④；福建科技中学以学校创新实验班项目为依托，大力开展青少年科技创新活动并通过建设“三创”课程体系，助力学生创新素养提升⑤；广州执信中学基于学校文化底蕴实施“元培计划”，搭建起“三层六类二特色”的集群式特色创新课程体系，并开展学术评估等创新人才素养培育实验⑥。

此外，学校的课程建设还可以结合当地的区位优势进行优化，如上海中

---

① LEWIS T. Creativity in technology education: providing children with glimpses of their inventive potential [J]. International Journal of Technology & Design Education, 2009, 19(3): 255-268.

② 张真，张丽清. 高中创新人才培养模式的探索与实践：华中师大一附中特色学校建设经验[J]. 中小学校长，2013(8)：25-27.

③ 马维林. 基于创新人才培养的美育课程体系构建：以江苏省南菁高级中学为例[J]. 创新人才教育，2015(1)：12-17.

④ 张咏梅. 以设计思维为导向的创新人才培养模式初探：以上海市同济黄浦设计创意中学为例[J]. 创新人才教育，2018(2)：42-45.

⑤ 张震. 高中创新实验班项目与拔尖创新人才培养模式研究：以福建省厦门市科技中学为例[J]. 教育理论与实践，2015，35(23)：16-17.

⑥ 何勇，许文学，陈民. 高中创新人才培养的“元培计划”开发与实践[J]. 创新人才教育，2019(1)：55-60.

学借助上海国际都市的区位优势，吸纳先进元素，开展一系列国际课程①；西安高新第一中学依托区域发展环境，在陕西首创国际课程及钱学森实验班，开展创新人才教育②。同时，课程体系的建设还需注重与其他学段的有效衔接。在初高衔接层面，丹阳中学以“大成教育”为理念，建设“初高中衔接、必修选修融通、学科活动交叉”的一贯制课程体系，成为学校创新人才培养中的突出特色③；在大中衔接层面，AP 课程、IB 课程等是培养创新人才的重要抓手。AP 课程能够较好地满足创新人才培养需求，为社会提供更高水平的人力资源。由于 AP 课程相比普通高中课程难度更大，高中阶段选修 AP 课程一方面证明学生有较强的学习动机与学习能力，另一方面也有助于学生在大学初期更好地适应科研生活并取得更好的成绩④。Hertbergdavis、Callahan 认为高中选修 IB 课程能够有效地将创新人才从大众中发掘出来，并通过接受更具挑战的课程来提高其学习能力⑤。更有学者证明，选修更高水平的课程不仅在短期内有助于具备创新潜能的学生更好地储备知识，还能帮助资优生在以后更长久的人生中获得更具深度和广度的学习机会，助力其在学业、社交、心理等多方面健全发展⑥。

在课堂教学方面，Chang 等人的研究表明，快乐的课堂氛围对培养学生创造力具有重要意义，课堂氛围与图形和语言创造力呈正相关，课堂氛围的“合作与亲密”特征能够提升学生的创造力水平⑦。同时，随着数字化时代的加速到来，软件开发、大数据、人工智能等新兴信息技术在课堂教学中的应

---

① 储人才备国家之用 培育拔尖创新人才：上海中学创新人才培养实践[J]. 创新人才教育，2015(3)：97.

② 为时创新 人尽其才：西安高新第一中学创新人才培养实践[J]. 创新人才教育，2016(3)：2.

③ 适合而后奠基 创新方能大成：记江苏省丹阳高级中学[J]. 中学政治教学参考，2018(30)：98.

④ BLESKE-RECHEK A, LUBINSKI D, BENBOW C P. Meeting the educational needs of special populations: advanced placement's role in developing exceptional human capital[J]. Psychological Science, 2005, 15(4): 217-224.

⑤ HERTBERGDAVIS H, CHALLAHAN C M. Advanced placement and international baccalaureate programs. [J]. National Research Center on the Gifted & Talented, 2014, 18(June): 160.

⑥ BRODY L E, MILLS C J. Talent search research: what we have learned[J]. High Ability Studies, 2005, 16(1): 97-111.

⑦ CHENG P, CHANG, CHIH T, et al. The relationship between the playfulness climate in the classroom and student creativity[J]. Quality & Quantity: International Journal of Methodology, 2013, 47(3): 1493-1510.

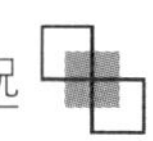

用也为高中拔尖创新人才培养带来了丰富的资源。在此过程中，一些中学主动求变，布局信息化创新实验班，探索教学方式变革，如郑州市第二中学构建起“四课型渐进式自主学堂”，开展一对一数字化教学①。在人才选拔方面，拔尖创新人才的选拔方式应当不同于以往的考试竞赛，而是要通过提高课程难度，跳级式培养这些学生的能力。英国的资优教育水平识别指南强调，要为学校提供不同阶段资优生资质表现的具体事例，以供甄别②。在师资保障方面，拔尖创新人才培养质量的提高有赖于全体教师教学质量的提升，Liu & Hu 以我国西部某高中为例，强调高中创新人才培养需更加注重师资队伍的科学规划③。在文化创设方面，高中创新人才培养应回归育人本位，从学术视角优化课堂教学与校园文化，通过学术型高中的建立为学子营造良好的创新氛围④。

(三)拔尖创新人才培养中的“高中—大学”贯通培养

高中教育作为影响高等教育质量的重要因素，两者的有效衔接尤为重要。这一点在英国基础教育中更加凸显，牛津大学和剑桥大学有50%以上的学生来自英国公学，并在日后的学习中得到了良好的培养⑤。我国《国家中长期教育改革和发展规划纲要(2010—2020年)》明确指出：“支持有条件的高中与大学、科研院所合作开展创新人才培养研究和试验，建立创新人才培养基地。”基于这一政策导向，学者们开始重视高中与大学的贯通合作，强调拔尖创新人才培养的无缝衔接，相关研究主要包括合作培养的意义以及策略与路径两个方面。

---

① 信息化教学与创新人才培养的郑州二中实践[J]. 中国教育学刊，2014(10)：1.

② DFES. Effective provision for gifted and talented students in secondary education[M]. Nottingham：DfES Publications，2007：8-40.

③ LIU P，HU S M. A study of gifted education for cultivating “Top-Notch，Innovative Talent” in a western Chinese high school[J]. Science Journal of Education，2018，6(3)：94-102.

④ 王占宝，郑向东，黄睿，等. 建设学术性高中，培养创新型人才：深圳中学创新人才培养模式的探索与实践[J]. 创新人才教育，2013(1)：54-60；65.

⑤ 王殿军. 努力培养拔尖创新人才[J]. 人民教育，2011(Z1)：4-7.

1. 高中—大学贯通培养拔尖创新人才的意义

Roland 曾指出，高中与大学教育良好衔接对于顺利完成人才培养具有重要意义①。拔尖创新人才成长的各个阶段构成了一个具有连贯性和系统性的有层次的“共同体”，每个阶段对人才培养都至关重要，衔接不畅容易导致人才培养不充分、培养质量不高、社会资源利用效率低等问题。唐景莉强调中学教育与高等教育衔接是我国教育体制改革的突破口，要提高创新人才培养效率、实现范围经济，就必须认识到高中教育与大学教育相辅相成、互补共生的关系②。高中教育虽能够有效激发潜在人才的创新精神、创新素养，但没有大学的引导支持也难以培养出拔尖创新人才。高中与大学贯通培养创新人才是跨越两个教育阶段鸿沟，架起人才培养通渠的有效路径。

2. 高中—大学贯通培养拔尖创新人才策略与路径

在高中—大学合作培养拔尖创新人才的问题上，王野川认为在学生为参与主体的情境下，创新人才培养应在以生为本、尊重个性、统筹协作、扎根实践、有效激励的原则下培养学生多维能力③；蒋建华认为创新人才培养要贴合实情、恪守规范、大气从容、求实进取、精神卓越④。在上述原则的基础上，学者们从方案设计和课程设计等角度探究高中—大学贯通培养拔尖创新人才的策略和路径。

在方案设计上，我们应认识到有效衔接需要高中与大学的共同努力。以贯通人才培养理念为指导，高中应主动搭建平台帮助学生走进高校、走近专家，激发学生探索思维。同时，高校也应当在招生体制、培养模式上积极与高中对接，努力实现在拔尖创新人才培养理念、课程规划、课程建设、师资

---

① ROIAND R. The transition from secondary to higher education in Germany［J］. Quality in Higher Education，1997(3)：143-153.

② 唐景莉. 寻找创新人才培养对接点［N］. 中国教育报，2013-05-31(5).

③ 王野川. 创新教育：新世纪人才培养的必由之路：中小学创新教育理论与实践研究综述［J］. 现代教育科学，2004(6)：23-25.

④ 第三届著名大学中学校长峰会文字实录［EB/OL］.（2010-04-26）［2024-01-01］. http://www.jyb.cn/china/gnxw/201004/t20100426_ 355928.html.

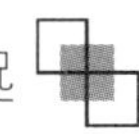

建设、教学方式上的全方位对接。对此，上海市晋元高级中学课题组认为在高中—大学合作培养创新人才的整体方案中除了不断推进新理念、新课程、新教学等基本要素外，更应探索走班制、学分制、套餐式课程等新模式①。吴婷等基于重庆市高中—大学衔接培养创新人才的实践，总结出了“三层次两结合”的创新能力培养模式，即从普及启发、体验探索到专业系统研究三个层次逐级递进，每层次辅以不同项目支撑，最终实现体验与提高相结合、请进来与走出去相结合。此外，吴婷等还从长效机制、过程激励、综合评价等方面为政府部门提供了相应建议，以保障此模式的有效运行②。冯志刚则以“复旦大学—上海中学学术兴趣及素养培育的导师制计划”为例，指出其包含高一学科讲座、高二微课程、暑期课程、慕课学习等多维内容的五位一体协同育人模式对于帮助学生拓宽学术视野、提升创新思维与能力都有十分重要的意义③。苏州中学实施“伟长计划”，导入高校优势资源，实现与中国科学技术大学、南京大学等高校衔接合作培养创新人才的目标④。

在课程设计上，田慧生等建议以生命教育为理念，打造“国家—校本”“必修—选修”“知识—实践”“教师—学生”“预设—生成”五大个性化课程体系，并改造传统课堂教学，鼓励学生自主学习与实践探究⑤；楼盛华和沈婷认为我国可以借鉴美国大学先修课程经验，在高中与大学合作培养创新人才的过程中将 AP 课程与高中选修课程相结合，开发层次化、梯度化课程，让学生感悟大学基础知识的同时拓宽视野，培养创新素养⑥。

---

① 秉持个性化教学 创新人才培养模式[J]. 现代教学，2010(12)：15.

② 吴婷，钟敏，李华. 高中大学衔接创新人才培养与选拔路径与策略[J]. 高等建筑教育，2018，27(6)：44-51.

③ 冯志刚. 大学与中学合作视野下的普通高中育人路径探索：以“复旦—上中导师制计划”为例[J]. 教育发展研究，2021，41(8)：34-40.

④ 周川，孔晓明. 高中与高校衔接培养创新性人才的策略选择：以苏州中学为案例[J]. 现代教育论丛，2015(2)：8-13.

⑤ 田慧生，陈如平，刘晓楠. 教育实践 以培养创新人才为价值追求：中小学创新人才培养的实践和模式调研报告[J]. 人民教育，2008(12)：9-13.

⑥ 楼盛华，沈婷. 大学先修课程：高校与高中协同培养创新人才的新路径[J]. 纺织服装教育，2019，34(3)：200-204.

在合作培养项目上，诸多高校与知名高中的合作项目被证明对高中创新型人才素养的提升有显著促进作用。如南京大学与南京金陵中学的“准博士培养站”实验项目，通过搭建高中—大学协作平台，优化高中课程改革与教师专业发展，有效提高学生自主学习能力①。值得注意的是，在应试教育体系下，这一促进效应未得以完全发挥，还需在选拔机制、培养方式等方面进一步改善。

在师资力量锻造上，一方面，创新人才培养的关键在于高中与高校合力培养创新型教师，要让教师在掌握人才成长客观规律的基础上，具备创造性思维、人格与信念，并且敢于探索突破，能够独立思考创新型人才培养过程中各类问题的应对策略；另一方面，高校应当鼓励教授、讲师到高中教学第一线开设讲座，同时吸纳高中教师进修学习，打造双向互通的渠道②。

在生涯规划指导上，宋洁认为我们应从课程规划、平台搭建和资源建设三方面发力。课程上，应基于学生兴趣，以知识为载体，整合综合实践活动与学科专业知识；平台上，应定制个性化云服务以及涵盖素质拓展、职业体验、科学工程等多个项目的专业实验室；资源上，应编订生涯规划辅导教程，成立专业的生涯规划导师组，并组建相应的师资交流平台③。

在德育评价方面，吴潜涛指出德育是拔尖创新人才以及学校发展的核心动力，高中—大学贯通培养创新人才时不可忽视思想与人格教育的重要性④。李昌林进一步提出，要提高人才培养中德育的针对性与时效性，采用定量定性结合、自评他评结合等多种方式，从思想层面铸牢拔尖创新人才的精神品质⑤。

---

① 孙杨，张红霞，余秀兰，等. 大学—高中协作共同体与基础理科创新人才培养实验研究[J]. 基础教育，2016，13(5)：34-46；63.

② 创新人才选拔与培养是我们共同的责任：2008 著名大学中学校长峰会发言摘编[N]. 中国教育报，2008-10-27(5).

③ 宋洁. 基于生涯规划的大、中学校衔接创新人才培养策略[J]. 天津市教科院学报，2017(5)：69-70.

④ 2007 著名大学中学校长峰会精彩观点摘编[EB/OL]. (2007-11-26)[2024-01-01]. http://www.jyb.cn/cm/jycm/Beijing/zgjyb/5b/t20071126_ 127776_ 1.htm.

⑤ 第三届著名大学中学校长峰会文字实录[EB/OL]. (2010-04-26)[2024-01-01]. http://www.jyb.cn/china/gnxw/201004/t20100426_ 355928.html.

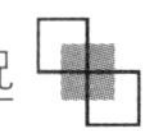

(四)高中拔尖创新人才培养的成效评价

成效评价是高中拔尖创新人才培养实践过程中发现问题、改进工作的重要抓手，因此一套科学的人才评价机制亟须构建。面对“钱学森之问”，拔尖创新人才培养如何有效实施多维评价是我们应该思考的问题。评价导向应立足“聚焦志趣、激发潜能”，把握好学生群体的异质性，注重国际视野以及开放性，适时引入第三方专业评估机制。对此，一方面要不断推进新高考改革，开辟多元化升学路径，逐步减轻学生、家长和学校的高考压力，为培育创新型人才创造有利条件①；另一方面，作为关乎民族未来发展的国家战略，拔尖创新人才培养首先要构建科学、合理的人才培养模式。其中，维度构建与内容构建是关键，主要包括建立多维度的人才培养理念、形成精细化的人才选拔方案、探索个性化的课程教学内容、建立符合学生需求的育人环境、注重学生的评价与激励等②。

不少学者对高中创新人才培养评价机制进行了深入的研究，陈剑指出拔尖创新人才培养模式由创新人才的知识、能力、素质结构等基本要素以及实现人才培养的运行机制两方面组成。基于此，高中拔尖创新人才培养评价应从选拔方式、培养方式、学生管理、师资队伍、经费保障及组织保障六个维度展开③；王泓荔基于多位教育学家、心理学家对创新人才综合素质的分析，构建起创新人才综合素质“三维—八度”评价模型，“三维”包括人格特质、创新精神、创新能力，“八度”则指价值观、态度、情感、创新意识、创新思维、学习能力、社会适应能力以及开拓能力④；翟俊卿和陈郁郁基于PISA 2021构建的“三维度四领域”创新能力模型，为创新型人才的识别与培

---

① 张笑笑，史亮. 创新人才培养模式改革路径研究：以高中阶段为例[J]. 延边大学学报(社会科学版)，2019，52(5)：117-124；144.

② 黄海鹏，徐晓红. 拔尖创新人才培养模式的维度与内容构建研究[J]. 安康学院学报，2021，33(1)：15-18.

③ 陈剑. 高中拔尖创新人才培养模式研究[D]. 宁波：宁波大学，2014：49-54.

④ 王泓荔. 多维创新人才评价及升学测评体系研究[D]. 黄石：湖北师范大学，2016：30.

养提供了一套评价指标体系和操作方法①。

四、文献述评

国内外关于拔尖创新人才培养的研究成果已较为丰富，这为本研究深入探究普通高中拔尖创新人才培养模式提供了重要的文献基础。然而，目前对于基础教育阶段拔尖创新人才培养的研究仍然不足，高中时期的研究则更少。同时，由于学者们基于各自的研究环境、价值取向与主观判断提出观点，现存的研究都还存在一些可以补充的空间。从已有文献看，本研究认为该领域还存在以下不足：

第一，研究对象上，当前拔尖创新人才培养的研究成果更多地关注拔尖创新人才塑成阶段而忽视了早期培养阶段。研究对象大多集中于高等教育，基于高校拔尖创新人才培养案例，对实践性经验进行总结提炼，以得到某些系统性、普适性的培养经验，而对普通高中拔尖创新人才培养模式的系统性、全面性探索重视不足。

第二，研究视角上，对现有文献进一步总结可以发现，一方面，拔尖创新人才培养研究多数从教育学视角展开，但这一选题并不仅仅是教育问题，更是一个复杂的社会科学问题，必然需要结合社会学、经济学、心理学、管理学等其他学科的观念、方法进行全面、完善的研究，多学科视角融合显然是目前缺少的；另一方面，现有研究更多地从拔尖创新人才应该怎么样培养展开探讨，研究成果侧重于人才培养的内容、方法与评价体制，但并未向上溯源，从“为什么”这个层面进行系统性的深入探究。因此，我们应当进一步填补多学科融通以及多层次分析的研究视角，增强普通高中拔尖创新人才培养研究的系统性。

第三，研究价值上，虽然拔尖创新人才培养对于我国经济社会发展和综合国力提升的重要性引起了越来越多学者的重视，但对相关文献的分析可以看出，学者们更注重从社会需求的角度分析拔尖创新人才培养的必要性与价

---

① 翟俊卿，陈郁郁. 指向创造性思维：PISA 2021 的启示与借鉴[J]. 教育测量与评价，2021(2)：36-42.

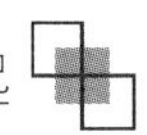

值，进而探讨拔尖创新人才培养可行策略与实施路径中各类措施的实践意义，即更倾向于探讨创新人才培养的实践价值，研究趋同化明显。很少有学者基于实践经验，将个性问题抽象概括并聚类到共性层面，以发掘创新人才培养中的理论价值，特别是在高中拔尖创新人才培养研究本就不充分的情况下，理论构建更是缺乏。

第四，研究方法上，由于国内拔尖创新人才培养研究在价值取向上较为强调实践操作性，因而一般以相关案例经验为基础，采用定性研究方法对研究内容展开分析，鲜有学者利用大数据进行定量研究，研究方法相对单一，难以做到定性与定量相结合。这导致现有研究主观性较强，客观性不足。因此，在定性分析的基础上辅以定量研究是本领域亟待补足的空间。

第四节　研究意义与价值

我国现代化发展正面临着一系列挑战，由一大批富有创造力的拔尖创新人才构成的创新阶层是成功应对这些挑战的关键因素之一。教育现代化是国家现代化的重要支撑，而拔尖创新人才培养则是教育现代化的核心任务。相关研究表明，当前拔尖创新人才短缺已成为我国创新系统建设面临的严重问题。从这个意义上说，拔尖创新人才培养应当成为检验我国教育现代化2035战略的标志性成果之一。

一、理论意义

第一，有助于丰富新时代创新型人才培养理论。当前学界对创新型人才培养管理机制的研究集中于高等教育阶段，对高中学段的研究相对较少，缺乏实现基础教育与高等教育拔尖创新人才协同培养的理论基础。本研究聚焦新时代普通高中创新型人才培养问题，构建普通高中创新型人才培养基本路径，以此丰富和拓展创新型人才培养理论。第二，有助于为普通高中创新型人才培养提供框架支撑。新时代国家对拔尖创新人才的渴求比以往任何时候都更加强烈，时代需求和社会发展特征赋予了学生发展新的内核与要求，需要明确新时代背景下创新型人才的内涵，积极构建创新型人才培养分析框架，以满足新时代创新型人才培养对于理论支撑的需要。

二、实践价值

首先，有利于完善创新型人才培养体系，培育符合新时代要求的拔尖创新人才。本研究探索普通高中创新型人才培养方式与途径，助力加强中学与大学创新型人才培养系统的衔接，有利于为国家和社会培育更多的高素质拔尖创新人才。其次，有助于推进新时代普通高中育人方式变革，促进高中教育高质量发展。本研究以新时代创新型人才新内涵为基础，通过人才培养构成要素的革新或重组，为推进普通高中育人方式变革提供思路与启示。

第五节　研究思路与方法

一、研究思路

本研究依照理论与实证相结合的思路，基于心理学、教育学和经济学相关理论，采用比较研究法确定新时代普通高中创新型人才培养的理论框架。在此基础上，采用定量与定性分析相结合的实证研究方法，探索普通高中拔尖创新人才培养的实践路径和影响因素。最后，通过经验总结、个案访谈对普通高中创新型人才培养实践进行个案研究和分析，总结典型做法和有效模式，并提出具体可借鉴的实施和应用建议。

第一，基于国内外相关文献与政策梳理，结合各国学生发展核心素养体系以及创新能力标准框架，探究符合新时代要求的创新型人才新内涵，提炼关键指标，满足普通高中在人才培养过程中对理论可操作化的需求，在此基础上构建我国普通高中拔尖创新人才培养的分析框架；第二，利用调查研究法和个案研究法，对创新型人才培养的实践现状进行调查，深入分析典型案例的各个要素与环节；第三，以华中师范大学第一附属中学为研究个案，在运用专家咨询法和文本分析法的基础上，总结凝练新时代普通高中拔尖创新

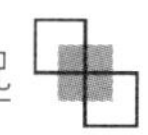

人才培养管理机制分析框架，并在行动研究中不断评估与完善。

二、研究方法

（一）调查研究法

本研究将采用三阶段抽样法选取研究对象，第一阶段根据区域经济、社会和教育发展水平，选取中部代表性地区为调查对象；第二阶段在区域内依据普通高中发展水平和人才培育情况，选取学校样本；第三阶段选取教师样本进行半结构化访谈。调查问卷中，培养机制题项呈现出明显的嵌套结构，各校各项培养实践做法在各类机制中分类体现，据此本研究采用因子分析法将各机制的低维信息进行浓缩。在浓缩信息的基础上，使用方差分析法对比不同类型学校（如示范高中与非示范高中、附属高中与非附属高中）的培养实践差异和不同调查对象（如学生与教师）的评价差异。此外，针对非量表题型，本研究使用交叉分析法对不同样本的题项答案进行对比分析。

（二）比较研究法

比较教育研究旨在“找出教育发展的一般规律和特殊规律，为本国或地区的教育改革做借鉴”，其目的和意义是丰富对教育现象的认识，科学解释教育问题，并指导本土教育实践改进。本研究通过搜集国内外关于拔尖创新人才培养的政策文件、学生发展核心素养框架的报告以及普通高中拔尖创新人才培养模式和经验的文本资料等，总结分析国外普通高中拔尖创新人才培养的典型做法和途径，比较国内外培养模式的优势与不足，为我国拔尖创新人才培养提供借鉴。

（三）个案研究法

依照普通高中发展水平和人才培养实践，选取华中师范大学第一附属中学作为研究个案，具体分析案例的创新人才培养目标、课程设置、教学方法和学生评价等要素，对案例普通高中创新人才培养的实践路径进行细化研究。

第六节　主要创新点

第一，为拔尖创新人才培养研究提供新视角。已有研究更多地关注高等教育这一拔尖创新人才培养的塑成阶段，而对于挖掘学生创新潜能的基础教育阶段却关注不足。因此，本研究聚焦拔尖创新人才培养的早期阶段，系统全面地研究普通高中拔尖创新人才培养的管理机制，以期在一定程度上补足当前拔尖创新人才培养研究在视角上的缺失，加强对基础教育阶段拔尖创新人才培养的重视。

第二，构建起普通高中拔尖创新人才培养管理机制的多维分析框架。本研究基于文献梳理、调查研究、案例分析等多种方式，尝试厘清高中拔尖创新人才培养管理实践中的具体问题，并从人才培养的起点、过程和结果三阶段以及“选拔机制—运行机制—保障机制—激励机制—评价机制”五层面构建起普通高中拔尖创新人才培养管理机制的多维分析框架。

第三，基于历史维度透视我国高中拔尖创新人才培养的管理实践。我国普通高中早在20世纪八九十年代便已展开了对拔尖创新人才培养的探索，但是尚无文献对此过程进行梳理总结。为此，本研究将新中国成立以来的高中拔尖创新人才培养分为萌芽期、艰难探索期、快速发展期以及迈向成熟期四个阶段，凝练各个阶段拔尖创新人才培养管理机制的侧重点与特征，总结每一阶段存在的问题，为我国当前普通高中拔尖创新人才培养提供可行的建议与明确的方向。

第四，跨学科分析方法的使用。拔尖创新人才培养研究是一个相对复杂的社会科学课题，并非教育学单一学科所能完成的，需要结合社会学、经济学、管理学等其他学科的理论与方法。本研究在沿用教育学研究范式的基础上，进一步结合系统管理等管理学科基础理论，采用定性与定量相结合的研究方法，对高中拔尖创新人才培养管理机制展开更加客观全面的分析。

第二章　普通高中拔尖创新人才培养的历史沿革

创新作为21世纪国家竞争和发展的决定性因素，需要大量的创新型人才予以支撑，拔尖创新人才的早期培养工作迫在眉睫。高中作为基础教育的重中之重，是拔尖创新人才培育的关键一环。我国高中对于拔尖创新人才培养的探索在20世纪八九十年代便已开始，至今已为我国经济社会发展输送了大批拔尖创新人才，为中华民族的伟大复兴提供了人才支持。但与此同时，中国传统式应试教育依然束缚着人才创新素养的提升，“钱学森之问”引发了社会对拔尖创新人才培养的反思。本章将系统梳理我国拔尖创新人才培养演进的发展脉络，将新中国成立以来高中拔尖创新人才培养分为萌芽期、艰难探索期、快速发展期以及迈向成熟期四个阶段，凝练各阶段关于拔尖创新人才培养管理机制中的侧重点或特征，总结每一阶段存在的问题，以期为下一时期高中拔尖创新人才培养提供可行的建议与明确的方向。

第一节　萌芽期(1949—1999年)：超常教育开启拔尖创新人才培养之路

随着现代教育的普及，“去文盲式”的教育已难以满足中国经济发展的需要，生产能力的提升迫切需要富有引领和创新精神的人才，依靠知识的力量去努力改变我国科技和经济落后的现状，超常教育由此而生，开创了拔尖创新人才培养的先河，开启了中国教育的新征程。

一、阶段背景

国家建设离不开人才的培养，早在社会主义改造时期，人才培养工作已在我国得到重视，当时还未有“创新人才”这一概念，政府各类政策文件中所提及的相关称谓经历了从“建设人才”“杰出人才”到“优秀人才”的演变，体现出不同时期国家对创新人才的期盼。直到 1995 年，中共中央、国务院颁布的《关于加速科学技术进步的决定》正式提出科教兴国战略，江泽民同志也发表了“创新是一个民族进步的灵魂，是一个国家兴旺发达的不竭动力”的重要论断。此后，国家政策文件及学术研究便开始更多地使用“创新人才”这一概念，创新人才培养也随之成为新时代教育改革与发展的重要目标和追求①。部分地方政府和学校积极响应国家号召并做出大胆尝试，进行教育改革，开启早期创新人才培养工作。与此同时，拔尖创新人才培养也生根发芽。

在这一时期的高中拔尖创新人才培养中，超常教育成为主旋律，以开设实验班为主要形式，部分中学迎新风创实践，致力于超常儿童的早期发现和培养。以首都为主率先开班，其他省市的重点中学紧随其后，一时间“少儿班或实验班”之风兴起，一度成为学校招生的亮点，高中创新人才的培养于此时萌芽。

二、阶段特征

综合分析，该阶段的实践研究主要集中在超常儿童的内涵、超常教育的价值取向及培养模式三个方面。早期拔尖创新人才培养实践在某种程度上是由经济社会发展与国家创新能力不平衡之间的矛盾所触发的，教育界以及学术界对人才培养新方式的思考也由此而生。在高中拔尖创新人才培养的早期征程中，虽然困难重重但收获颇丰，在选拔机制和运行机制方面都取得了积极进展并获得了宝贵经验，该时期培养特征具体如下：

---

① 项贤明. 创新人才培养是教育现代化的战略核心[J]. 中国教育学刊，2017(9)：71-75.

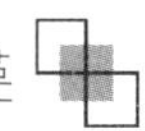

（一）选拔机制：由教条走向灵活

在超常教育产生之前，智力作为人才选拔的标准，以一纸试卷为工具，试卷上的分数成为辨别人才的唯一指标。然而拔尖创新人才的前缀并非智商非凡，超常学生的鉴别也不能仅凭一张试卷，需要用多指标、多形式、多途径的手段去鉴别和选拔。一般而言，其鉴别机制包括单个鉴别与集体鉴别①。单个鉴别是研究者最初使用的方式，依靠家长、老师推荐或媒体报道，突出呈现学生的某一个方面，再由研究人员进行智力和非智力测验，确定其是否属于超常儿童这一范畴。这种面对面的鉴别保证了结果的准确性，但效率却很低下，在人多地广的中国，推荐或报道的超常儿童或许不足真实数量的万分之一，这种被动的方式无疑会使许多人才被埋没。为发掘更多的人才，研究人员化被动为主动，采取了另一种集体鉴别的方式，即从大量儿童中选出超常儿童，通过报名、初试、复试、核查、试读一系列严谨的流程，甄选出智商超群、特长突出(亦可全面发展)、品德优良的拔尖创新人才。

（二）运行机制

1. 课程设计由传统走向创新

在课程设计上，打破传统的“独尊主科”思维，除安排核心科目如语文、数学、外语等必修课外还开设相应的选修课，在打好必备知识基础的前提下，满足超常儿童广泛兴趣的需要，促进学生综合素质发展，使他们的优势和潜力得以充分发挥。作为中国首批开设超常教育培训班的代表，北京市第八中学于20世纪80年代中期率先进行教学改革并提出了素质教育的理念②。这一理念也充分体现在课程创新上，北京市第八中学独创性地开设特色体育教程，在传统体育课的基础上独出心裁地创建了学校体育节并开设自然体育课等，让学生走出课本，放松心态，助其强健体魄、锤炼意志、完善人格，

① 施建农，徐凡. 我国超常儿童研究的进展及其问题[J]. 心理学报，1998(3)：298-305.

② 王俊成，何静. 开发人才中的“富矿”：北京八中31年超常教育探索及启示[J]. 中小学管理，2016(9)：28-31.

为拔尖创新人才的养成打下良好的身体基础。成都石室中学于20世纪80年代开设校本课程，形成一课堂、二课堂的课程体系，90年代进一步发展为必修课、选修课、活动课课程体系，为学校全面落实人才培养目标打下基础①。

2. 培养模式由单一走向双元

针对不同类型的超常学生，分别采取加速式教育和丰富式教育两种模式，与学生知识吸收速度相匹配。加速式教育模式是依据学生能力给予弹性教育，包括提早入学、跳级、超班学习和缩短学制四种方式，以缩短超常学生修业年限的形式达到早出人才和快出人才的目的，这也是多数学校的选择。采用缩短学制的方式，实施小学、初中、高中教育“一条龙”服务，将传统的三年制高中学习压缩至两年，尽快完成拔尖创新人才的输出。丰富式教育致力于拓展课程内容、丰富学生知识体系，对在普通授课中学有余力的同学，提供特殊资源和机会，安排教师进行专门指导，加深或延展课程内容，满足超常学生对知识的渴求。中国人民大学附属中学便是据此进行学制设计，初中和高中的就读时长经历了从四年制到五年制，最后转变为六年制的演进，将加深、拓展课程内容的思想渗透其中②。

3. 教学形式由校内走向校外

在教学实践中，不局限于课堂这一天地，而是丰富学生实践活动，在教学场所的延伸中培养学生的创新能力。中国人民大学附属中学鼓励学生走进国家高端科学实验室，参与科学研究，接触前沿课题，提高科学素养及科研能力③；北京市第八中学组织学生参观纪念馆或者科研基地等，涵养学生的家国情怀，培育其正确的世界观和人生观以及勇于创新的精神。丰富的校外活动为学生提供创新动力、素材和源泉。除此之外，在教师配备上，以校内教师为主，以校外专家为辅，挣脱固有思维，扩大教师队伍。部分选修课专

---

① 田间，毛伟，熊冲. 构建拔尖创新人才早期培养的有效机制[J]. 人民教育，2021(Z3)：82-84.

② 张景斌. 拔尖创新人才早期培养机制研究：以北京市为例[J]. 教育科学研究，2014(6)：43-48.

③ 朱永新，褚宏启. 发现和培养拔尖创新人才研究[J]. 宁波大学学报(教育科学版)，2021，43(6)：2-7；1.

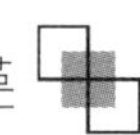

门邀请非教学岗的实验员参与讲授，消除教师理论知识充分但实践操作能力薄弱的弊端，充分利用校外教育资源。特聘相关专家参与教材编写，基于教学改革要求，以任课教师为主体，专家予以指导，凝聚集体智慧，充分满足创新教学的需要。一些学校通过聘请大学教授、国家高端实验室研究员以及中外教育专家到校讲座的方式，帮助校内师生拓展眼界视野，掌握科技前沿动态和全球教育发展最新成果。

三、存在的问题

任何一种新兴事物在发展过程中总会暴露出各式各样的问题，教育改革亦是如此，尽管在这一时期，各种超常班开设得如火如荼，但随之而来的各种问题也使其昙花一现，主要问题如下：

第一，超常教育的目标逐渐扭曲。高考竞争的日益激烈使得超常教育逐渐偏离本意，加速教育、缩短学制成为提升成绩的亮点，许多家长将超常教育作为孩子进入优质名校的踏板，无论孩子是否天资过人、是否具备创新品格，都报名参加甄选，甚至形成“万人海选”的场面。学校为争夺更好的生源，将实验班当作提高高考整体成绩、招揽优秀生源的便捷路径，而把创新教育抛之脑后①。除此之外，家长将孩子是否进入实验班作为攀比的内容，在社会上营造教育焦虑，给予校外培训机构商机，借机推出超常教育入学训练课程，歪曲实验班设置的初衷。

第二，超常教育的公平性引发质疑。超常教育的本质规定了它不能面向全体学生，而“将优质资源集中投放在少数人身上是否违背教育公平”这一话题在当时引起了极大争论。20世纪90年代末，蔡自兴教授在《及早废止“少年班”》报告中指出，超常教育培训目标过于单一，不能满足学生全面发展的需求。此外，超常教育的对象仅为发达地区重点中学的部分学生，优质资源不能为大多数人共享，使教育丧失其公平性，要及早废止少年班②。在

① 孟现志. 关于我国超常教育的若干问题反思[J]. 中国特殊教育，2004(7)：71-74.

② 蔡自兴. 少年教育的误区[J]. 团结，1999(5)：24-25；32.

舆论的引导与媒体的施压下，各地抵制少年班的风声渐起，从辉煌至衰败，少年班短时间内完成了两级反转，自此超常教育实验班陷入困境，许多学校纷纷取消实验班。

第三，超常教育缺乏长期跟踪研究。实验班设立的初衷是为国家培养一大批创新型人才，但显然相比于结果，现实中更看重培养的过程，对实验班学生后续发展的关注与研究明显不够。一方面是由于当前还没有形成大中小学衔接的培养机制，高中与大学是完全独立的个体，人才输出方与输入方之间并没有任何关联，高中阶段只关注每一届学生升入重点大学的数量，而高等教育阶段在学生录取后基本上另起炉灶培养，并不关注该生高中情况；另一方面，实验班学生未来从事科研工作以及取得科研成就的情况，也缺少相关统计和分析，这些学生高中毕业后普遍升入国内外知名高校，但他们后续能否真正成为拔尖创新人才，为国家和人类科技发展作出较大贡献，目前还缺乏权威机构对其进行全面系统的跟踪研究，由此无法从全局角度观察、反思和改进项目培养工作①。

第二节　艰难探索期(1999—2008 年)：素质教育下拔尖创新人才培养的借鉴与试错

这一时期，高中拔尖创新人才培养工作的主要探索基本建立在素质教育背景之下。与此同时，2004 年，我国新一轮高中课程改革为高中教育的创新注入了活力，也为高中拔尖创新人才培养提供了新的平台。同时，在借鉴发达国家成功经验后，拔尖创新人才培养方式也有了新的发现。

一、阶段背景

伴随着信息技术的发展，科技发展日新月异，知识经济时代在本阶段加速到来，全国上下愈发重视创新对民族发展的驱动作用，经济社会的发展也

① 马可．为国育英才：拔尖创新人才早期培养的北京探索[J]．中小学管理，2021(11)：18-21.

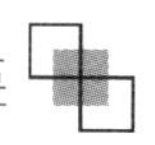

更多地由创新来驱动。而创新驱动型发展必须依靠素质教育，以培养更多的创新型人才，这样才能抢占未来发展先机。为此，党中央于 1999 年发出全面推进素质教育的动员令，要求在各阶段教育中普遍开展素质教育、创新教育；2001 年，为响应素质教育的号召，国务院进一步颁发关于基础教育改革的决定，强调高中探索创新人才培养的重要性，从而正式拉开我国高中创新人才培养的序幕。自此之后，数年间，国家出台了一系列相关政策支持高中拔尖创新人才的培养，也引发了诸如“钱学森之问”等社会各界对于高中拔尖创新人才培养实践路径的不断探讨。本阶段政策主要内容如表 2-1 所示。

表 2-1　艰难探索期关于高中拔尖创新人才培养的重大教育政策及事件

年度	政策内容
1999 年	中共中央、国务院颁发了《关于深化教育改革全面推进素质教育的决定》，发出了全面推进素质教育的动员令，全国各级各类学校普遍开展了素质教育，而其核心正是创新教育。
2001 年	《国务院关于基础教育改革与发展的决定》(国发〔2001〕21 号)提出“有条件的普通高中可与高等学校合作，探索创新人才培养的途径”。
2002 年	党的十六大提出“造就数以亿计的高素质劳动者、数以千万计的专门人才和一大批拔尖创新人才”。
2003 年	教育部颁布《普通高中新课程方案(实验)》和 15 个学科课程标准以引导创新和实践。
2005 年	我国科学家钱学森发出著名的“钱学森之问”：“为什么我们的学校总是培养不出杰出人才?”再次引起教育界以及社会对创新杰出人才培养的思考和热切探讨。
2006 年	我国发布《国家中长期科学和技术发展规划纲要(2006～2020)》，指出“科技创新，人才为本。人才资源已成为最重要的战略资源”，“充分发挥教育在创新人才培养中的重要作用”。创新人才培养成为创新型国家建设的重要内容。
2007 年	党的十七大进一步提出“进一步营造创新的环境，努力造就世界一流科学家和科技领军人才，注重培养一线的创新人才，使全社会创新智慧竞相迸发、各方面创新人才大量涌现”。

资料来源：根据国务院、教育部等部门相关文件整理。

二、阶段特征

本阶段高中拔尖创新人才的培养在素质教育引导下相比于上一阶段呈现出更多有益的探索，如在运行机制方面深入实践，在保障机制和评价机制方面做了进一步研究。该时期培养特征具体如下：

(一)运行机制

1. 教学方法由灌输式走向启发式

传统的教学方式以知识灌输为主，把课程内容强加给学生，完成知识从黑板到笔记上的搬抄，教师与学生是主导与接受的关系，学生创新精神被压制，人才种子萌芽被抑制。素质教育强调以学生发展为本，把学生身心全面发展和个性潜能开发作为核心，培养学生创新思维和求知精神，学生不再只是知识的被动接受者，教师也应主动转变自身角色，从知识的灌输者、打分者转化为学生的引导者和诊断者①。这就需要转变原有教学方式，杜绝填鸭式教学，新的教学不再是课程传递与执行的流水线工程，关注课堂开发与观点创新，在教师指引下完成思想的碰撞，在师生互动之间完成知识的对接与传递，以解决问题为导向，培养学生自主学习能力，增强学生的批判意识，在启发教学中拓展学生的思维体系。

2. 课程设置由常规性转向前瞻性

高中课程与大学课程一直以来都没有过多内容上的联系，这给刚迈入大学的新生带来学习上的压力，甚至跟不上进度导致挂科、厌学等现象的产生。为解决这一问题，部分高中效仿美国开设 AP 课程的做法，将部分大学课程搬到高中课堂，为学有余力的学生提供优先学习大学课程的机会，并根据学习情况给予学分并获大学承认②。大学先修课程多由大学老师担任，也

---

① 桂文玲．“先学后教，当堂训练”教学模式在高中英语语法教学中的应用[J]．基础教育研究，2018(21)：66-68.

② 李骐．美国 AP 课程对我国高考改革的启示：兼谈建立衔接大学与高中教育的大学先修课程体系[J]．教育探索，2014(12)：145-147.

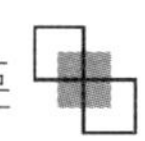

存在由高中教师讲授大学先修课程的情况。该门课程在拓宽学生知识体系的同时，使学生尽早适应大学学习的节奏与模式，有利于学生提前感受大学的氛围，缩短从高中到大学的过渡期。例如，厦门大学于 2003 年 9 月起，委派教师前往厦门市双十中学，开设包括社会科学和自然科学在内的 12 门先修课，供双十中学高一、高二学生提前修习，学生通过考试后即可获得大学学分。若学生日后考入厦门大学，则不用再修这些课程，如若未考入厦门大学，也可由学校开具相关证明，供学生所在高校认定该门课程的学习成绩。

(二)保障机制：培养主体由分散式走向联动式

拔尖创新人才的培养应是连贯的、无缝衔接的，但长久以来，高中与大学作为人才培养集中地，是相互独立的个体，分别负责基础知识的传授和学术能力的培养，承担人才的输送与接收任务，这使得拔尖创新人才培育出现断层现象[①]。有专家注意到这一问题，开始探索普通高中与高等学校合作的模式，这一模式逐步成为拔尖创新人才培养的新趋势。为了实现高中与高校在拔尖创新人才培养方面的有效合作，部分知名高中开始与高校合作创办班级，旨在培养特定类型的拔尖创新人才。例如，2000 年清华大学附属中学和清华大学美术学院展开合作，创办“高中美术特长班”。2003 年，两校试办“高中文理综合试验班”，旨在探索大学与中学的有效衔接，以培养基础全面、文理相通、古今融汇、学贯中西的高素质拔尖创新人才。高中与高校合作培养拔尖创新人才的模式打破了人们的固有思维，促进了高中与高校的有效衔接。

(三)评价机制：由单一化走向多元化

传统的评价机制以应试教育为蓝本，“唯分数论”使得考试成绩成为评价学生的唯一标准，以分数衡量学生造就了一大批“考试机器”，学生为分而学，教师为分而授。标准答案的存在把学生思维禁锢在一套固定模板之

---

① 刘彭芝，周建华，张建林. 整体构建大中小学创新人才培养新模式的研究与实践[J]. 教育研究，2013，34(1)：58-64.

中，严重阻碍了学生创新能力的发展。创新型人才培养要求在评价观念上发生根本性的转变，不以分数定终身，发展多元化的评价方式。在评价功能上，原有评价过分注重甄别、选拔，把学生分为三六九等，新的评价功能则主要围绕激励、反馈与调整展开；在评价内容上，从过分注重学业成绩转向注重多方面发展的潜力，以学生综合素质作为评价标准；在评价主体上，扩展到教师以外人员，凡参与学生品格养成者皆可参与评价；在评价角度上，从终结性转向过程性、发展性，关注学生的个别差异；在评价方式上，更多地采取诸如观察、面谈、调查、作品展示、项目活动报告等开放的、多样化的方式等等。评价机制要充分体现以人为本的人文精神，尊重人的主体性和能动性，激发学生创新潜能①。

三、存在的问题

我国高中拔尖创新人才培养真正起步期、摸索期于此间展开，在效仿发达国家经验的基础上，探索出我国高中拔尖创新人才培养的新模式。但由于前期的试点、经验积累不足，我国高中拔尖创新人才培养自真正起步之始，便是摸着石头过河、荆棘密布，使得该阶段拔尖创新人才培养进程依旧缓慢。具体来看，存在以下几点不足。

第一，对高中阶段拔尖创新人才培养的认识不足，重视度不够。本阶段拔尖创新人才的培养更加注重大学教育，文献中关于“拔尖创新人才”的检索也多集中在高等教育阶段，对于高中阶段拔尖创新人才的研究少之又少，人们潜意识中将培养拔尖创新人才的任务与高等院校挂钩，而与高中阶段无关，高中的任务只是让学生掌握基础知识，为升学发力②。这显然违背青少年思维发展逻辑，实践与经验证明，高中生的认知、思想均已成熟，处于创新思维高度发展阶段，一味采取知识灌输的方式而忽视创新能力的培养只会让效果适得其反，把具有创新思维的人才扼杀在摇篮之中。因此，拔尖创新

① 靳玉乐，张丽. 我国基础教育新课程改革的回顾与反思[J]. 课程·教材·教法，2004(10)：9-14.
② 王占宝. 培养创新型人才呼唤建设学术性高中[J]. 人民教育，2011(12)：9-11.

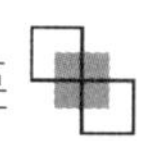

人才培养地点不应局限于高等院校，更要拓展至高中甚至义务教育阶段。

第二，创新课程开发受限，生涯规划指导缺乏。尽管部分知名高中为满足学生个性发展需要，为其创新能力培育提供了多样化的课程设置，但多数学校仍局限于学科培养的固化思维之中，特别是与高考密切相关的语文、数学、外语等科目，对于劳动、技术等科目关注较少，难以发挥各学科对学生创新素养发展的综合作用①。素质教育提倡学生全面发展，鼓励学校开发各类课程，然而深陷高考成绩之争的高中往往忽视了对创新型课程的开发，甚至将国家规定的体育课、音乐课等挪作他用，美其名曰要为学生的高考让步，将学生局限在摞满厚重书本的教室里，校外实践课程更不用多说，多流于形式。拔尖创新人才培育的环境应是宽松、舒缓的，但大多数学校并未给学生营造创新培育的环境氛围。此外，高中有责任让学生提前了解大学专业、职业，并根据自己的潜能、兴趣与价值观对自己未来的发展进行合理规划，需要在填报高考志愿、申请大学、规划职业发展等环节为学生提供科学指导，帮助学生做出正确的选择，制定合理的目标，恰当分配自己的精力，实现千人千面的个性化发展。但纵观国内中学，生涯规划课程普遍缺乏，学校只关注学生高考成绩，成绩出来之后的专业填报并不在学校的职责范围内，导致学生不清楚、不了解所选专业，盲目从众，哄抢热门专业，等进入大学才发现该专业与自身兴趣和能力不匹配，学习成为一种负担②。

第三，在“西学中用”的借鉴过程中简单照搬，未结合本地实际情况。本阶段，高中拔尖创新人才培育在我国刚刚处于起步阶段，国内可供参考的案例不多，于是借鉴西方国家的经验，即以美国等发达国家为参考，在总结别国高中拔尖创新人才培养经验的基础上，在我国进行初步探索，但更多是粗放式的学习、借鉴与执行。顶尖高中进行一定的借鉴探索后，其他学校再以顶尖高中拔尖创新人才培养方案为典范，依葫芦画瓢，把培养模式简单搬

① 黄四林，张叶，莫雷，等. 核心素养框架下创新素养的关键指标[J]. 北京师范大学学报(社会科学版)，2021(2)：27-36.

② 黄四林，张叶，莫雷，等. 核心素养框架下创新素养的关键指标[J]. 北京师范大学学报(社会科学版)，2021(2)：27-36.

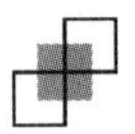

抄到本校，最终导致各学校拔尖创新人才培养方式大同小异，难以根据每个学校的特色、实际情况进行课程、教学方法等方面的设计，造成资源浪费①。有的学校在花费巨大人力、物力进行创新教育改革后，发现与本校培育目标不符或者某些原因限制了进一步的推进，致使改革搁浅，成本沉没；有的学校在搬抄过程中打着创新的口号，却在实际的操作中偏离了原本的方向。例如，广东实验中学于2002年开设的“广东省创新人才培养实验班”，重在提高学生的学业成绩而非创新能力，实行传统的理科资优生培养方式而非与大学衔接的培养方式，实质上为理科实验班，倾向应试而非创新。

第三节 快速发展期(2008—2014年)：拨开云雾见晴天后的培养效率跃迁

在本阶段的探索中，高中拔尖创新人才培养最大的成果在于高中与大学合作培养拔尖创新人才的链条得以连接，通过利用大学的教育资源来丰富人才培养的维度，打通高中与大学关于拔尖创新人才培养的融通渠道，大中学教学衔接跃迁至拔尖创新人才培养的重要位置。

一、阶段背景

经历了上一阶段“初创期阵痛”与反思后，自2008年开始，我国高中拔尖创新人才培养开始回归理性并慢慢步入正轨。相较于上一阶段理论与实际脱节的情况，本阶段学者们吸取经验教训，更多地从实践出发，将对拔尖创新人才培养的研究集中于培养理念、选拔机制、课程设置等多个微观视角。同时，国家也在该阶段更加细化、全面地推动高中拔尖创新人才培养，更加注重政策的落地性、可操作性，出台了《普通高中课程方案(实验)》《国家中长期教育改革和发展规划纲要(2010—2020年)》《关于深化考试招生制度改革的实施意见》等一系列政策文件，为高中拔尖创新人才培养提供政策支持。相关

① 娄元元. 高中和大学联合培养创新人才的思考[J]. 基础教育，2014，11(3)：45-50.

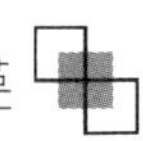

政策见表 2-2。

表 2-2　快速发展期高中拔尖创新人才培养相关教育政策

年度	政策内容
2008 年	《教育部关于普通高中新课程省份深化高校招生考试改革的指导意见》中提出“促进高校招生考试改革与高中课程改革相结合，促进国家统一考试改革与高中综合评价改革相结合，促进考试改革与高校录取模式改革相结合”。从招生考试的角度提出了高校招生与高中课程改革的衔接问题。
2009 年	教育部在《普通高中课程方案(实验)》中明确提出大力推进教育创新，为造就一大批拔尖创新人才奠定基础。
2010 年	《国家中长期教育改革和发展规划纲要(2010—2020 年)》(以下简称《纲要》)则明确提出“支持有条件的高中与大学、科研院所合作开展创新人才培养研究和试验，建立创新人才培养基地”，进而在高中阶段提出“探索发现和培养创新人才的途径”，并提出“更新人才培养观念”，“树立系统培养观念，推进小学、中学、大学有机衔接”。
2013 年	中国科协、教育部联合开展了中学生科技创新后备人才培养计划(简称“英才计划”)，探索高中学校与大学联合培养优秀中学生创新后备人才的运行机制和保障机制，发现和培养一批具有科学潜质的科技创新后备人才。
2014 年	中国教育学会发起中国大学先修课(CAP)项目，中国大学先修课程在全国 64 所高中开始试点，面向学有余力的高中学生开课。一些高校也自主开发大学先修课程。
2014 年	国务院发布《关于深化考试招生制度改革的实施意见》(以下简称《实施意见》)，浙江和上海两地启动新一轮高考改革试点工作。分类考试、多元录取、综合评价是这一轮高考改革的核心。

资料来源：根据国务院、教育部等部门相关文件整理。

二、阶段特征

高中与高校携手共育拔尖创新人才的方式逐步完善，高中创新班如雨后春笋般迅速涌现，以大中学衔接为主要培养方式的风潮在各高中纷纷兴起。以上海中学在 2008 年成立的科技实验班为始，大中学联手培养拔尖创新人才的大幕徐徐拉开，同年华东师范大学第二附属中学也开办创新班。北京、上海和天津三座城市同期开展了“普通高中多样化发展试验”“普通高中学生创新素养培育实验”“朝阳计划”以及致力于科技拔尖创新人才培养的“翱翔计划”等项目。2011 至 2012 年，创新班发展的势头更为迅猛，近 30 所学校开设创新班，地区延伸至浙江、福建、河南、重庆、山西等地。至 2013 年底，全国共有近百所高中创办创新班①。整体来看，创新班开设时间较短、分布区域较为集中、参与规模越来越大，拔尖创新人才培养的运行机制和保障机制也有了进一步的优化。具体特征如下：

（一）运行机制

1. 课程体系更加优化

创新班打破传统的课程结构，采用基础课程加创新课程的方式，保证两者之间的平衡。在基础课程设置上，通过压缩课时以及国家课程校本化的方式确保学生最大效率地打好知识基础，掌握拔尖创新人才培养必备的学习能力。与此同时，针对各校学生实际情况和创新班的特点开设创新必修基础课程②，例如北京市第十二中学开设航天发展史、钱学森精神与思想等必修基础课程，上海中学则在数学课上增设应用数学及数学建模课等。在创新课程方面，大幅提高拓展性课程及研究性课程所占的比例。拓展性课程的开发一般采取双重途径：其一为学校自主开发，将以往被忽视的校本课程拓展至学校课程体系之中，并凝聚全校教师之力，进行新课程的开发，上海中学即在创新班中大量引入已有的精品校本课程；其二为中学与大学或科研院所合作开发，充分发挥后者资源优势。拓展性课程的开课范围为全校学生，不设置年级限制，依据学生各阶段身心发展特点合理安排课程难度。研究性课程则包含两部分内容：第一类为理论学习，以课题研究的基础知识以及研究方法为学习对象，在明晰原理的基础上掌握课题研究的流程。以复旦大学附属中学为例，学校开设研究性课程，学生可自行辅修研习其专业理论。第二类为

---

① 郑若玲，刘盾，谭蔚. 大中学衔接培养创新人才的探索与成效：以厦门大学附属科技中学为个案[J]. 湖南师范大学教育科学学报，2016，15(2)：56-63.

② 任飏，陈安，张晨阳. 基础教育阶段创新型人才培养路径探析：以北京四中为例[J]. 中国教育学刊，2018(4)：98-101.

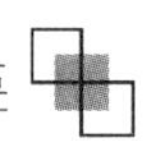

实践研究，以实验活动的形式开展，包括小课题研究和项目研究，以小课题研究为主。

2. 教学管理更为灵活

在教学管理方面，为保障学生创新精神、实践能力与个性潜能拥有更大的发展空间，创新班在教学管理上突破常规，采取与创新教育精神相匹配的灵活多元管理方式。首先，创新班实施走班制教学，打破以班级为单位的教学格局，上课没有固定的教室，班级教室即为学科功能教室，各科的教学在各种学科功能教室进行，学生按照所选课程去相应教室上课①。其次，实行流动机制，通过跟踪评估学生的适应情况，考虑学生的学习能力，引导学生在校内自由流动，如果学生不适应创新班的培养方式，则允许学生流出，其他班级的学生如果体现出比较适合创新教育的能力，则为他们提供通道。创新班的流动机制分为两种：一种为单向流出机制，仅由创新班流出到其他班级，如上海复旦大学附属中学、上海中学等；另一种为双向流动机制，即创新班学生流出至其他班级、其他班级流入至创新班，如北京市第四中学、上海交通大学附属中学等。流出机制的原则也有两种，一种是以教师指导下的学生自愿退出为原则，不强制淘汰，如北京市第四中学提出“道元班的学生如果感觉自己不适合道元班的教学，可以由学生及家长递交申请，由老师进行评估，然后流动到其他班级”；另一种是以学习成绩为原则进行末位淘汰，当学生达不到规定标准，学校将安排其流出至普通班就读，例如上海中学规定创新班学生成绩至少要达到年级平均分。

（二）保障机制

1. 师资力量更加雄厚

创新班实施导师制，为学生各方面发展提供专业化指导。各创新班导师的具体设置情况有所差异，但总体而言分为学业导师、学术导师以及人生导

---

① 王润. 新高考改革背景下高中实施走班制的问题审视与路径超越[J]. 中国教育学刊，2016(12)：29-35.

师三类。学业导师负责学生高中学业，为学生高中知识的掌握提供系统化、专业化的指导，以学科教师为主力，适当选择博学多识、精通高中学业知识的硕士或博士拓展师资团队，为学生基础知识的过关提供保障；学术导师以培养学生学术能力为任务，由大学教授或研究所专家担任，根据高等教育中培养拔尖创新人才的方式，借助项目与课题，以"一对一"辅导的形式，指导学生撰写论文与答辩，开拓学生的学术之路。考虑到高校专家时间和精力有限，这种"一对一"并非传统意义上的一位专家指导一名学生，而是指导由多个学生组成的课题组或项目组，让学生提前感受大学的学术氛围，树立学术规范意识，加强学术创新，培养其学术探究精神；人生导师或成长导师主要为学生未来的人生发展提供咨询服务，包括依据学生兴趣、特长等对其进行生涯规划指导，通常由校内经验丰富的专家教师担任，其中不乏校长等学校主要领导人员①。导师制的实施使创新班实现中学与大学的面对面、点对点衔接，深化了高中阶段拔尖创新人才培养方式。

2. 团队协作更加完善

为了保证项目目标的顺利达成，创新班存在上级领导小组、中学领导队伍、大学专家组、项目发展团队四支管理队伍。上级管理机构成立的领导小组为第一支队伍，一般实施常规管理和年检，不直接介入创新班的工作；中学自身组建的领导队伍为第二支队伍，一般由校长牵头，副校长或中层干部担任执行负责人，并整合校内相关机构的力量，形成任务明确、分工负责的管理机制；大学教师组成的专家组为第三支队伍，与中学领导共同指导创新班的工作；大学专家、中学名师、教学管理人员等共同组成的项目发展团队为第四支队伍，围绕培养方案、课程建设、教学改革等方面进行规划和管理，以支撑拔尖创新人才的培养工作。

除此之外，创新班的经费投入也有双层保障，一方面来自上级管理部门下拨的专门经费，另一方面是所属学校本身投入的专项办学经费。在设施投

① 沈祖芸，臧莺. 上海探索创新人才培养多元模式四所高中"实验班"观察报告[J]. 上海教育，2009(10)：21-26.

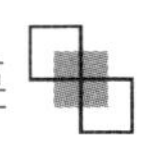

入上，除了合作高校向创新班开放部分设施资源外，创新班自身建立了创新实验室及创新实践基地，并创设了信息化的学习环境①。

三、存在的问题

发展势头迅猛的高中创新班为高中拔尖创新人才培养提供丰富经验，但仍属起步较晚的新兴事物，在实施过程中，各类问题也层出不穷。

第一，创新班学生面临创新培养与现实高考间的矛盾。大多数学校的创新班缺乏稳定的升学保障。创新班的培养模式不同于普通班，学生的全部精力并非放在应试科目的学习上，但高考升学标准对每位同学来说都是相同的，并不会因为身在创新班或普通班而有变动。高考试卷的题型超过一半是基础知识，需要花费时间反复训练和记忆，而创新班学生与同期高考竞争的其他学生相比在时间上处于劣势地位，尽管有创新班精英学生的名头，但社会各界对人才的评判还是以能否进入重点大学为依据②。随着创新项目的推进，学生创新能力在早期提升较大，但当学生进入高三阶段面临高考时，他们不得不做出让步妥协。在高三这一年里，创新班的各类项目往往不再开展，教师以及学生都全身心地投入备考复习之中，这势必会导致课题研究的中断，违背成立创新班的本意。

第二，拔尖创新人才培养存在地域不平衡和文理科发展不平衡的问题。在这一阶段，高中创新班的开设看似轰轰烈烈，但我们可以发现，开设中学多为经济发达地区的重点中学，很少涉及经济不发达地区的高中。这是由于，一方面经济不发达地区学校的资金较为紧张，没有充分的条件去进行硬件上的采购以及创新教师的培训；另一方面高校选择合作的高中一般为其附属中学或周边重点中学，其他未被选择的中学则自然无法完成大中学衔接③。

同时，传统上所谓的拔尖创新人才多指科技人才，所以涉及科技领域人

① 赵淑梅. 普通高校与高中人才培养模式衔接问题实证研究［J］. 高等工程教育研究，2014(4)：73-79.

② 钱智，吴也白，宋清，等. 上海拔尖创新人才早期培养存在的问题和对策［J］. 科学发展，2022(2)：15-22.

③ 陈国华. 高中与大学衔接的现状反思与改进路径［J］. 当代教育科学，2016(6)：3-6.

才培养的班级数量较多，而文科领域的人才培养班则较少。创新班部分学生由于观念认识上的一些偏颇，倾向于将时间与精力大量投入理工科课程及实验活动中，对文科学习的热情和积极性不高，然而创新型人才应是全方位发展、既通数理亦晓人文的人才，因此，创新班培养出的学生有的也未能成为时代需要的通才。

第三，拔尖创新人才培养的师资条件存在诸多局限。创新班师资条件的局限性体现在两个方面：一是，中学教师虽然教学经验丰富，但科研能力不足，在拔尖创新人才培养方面缺乏系统、科学的指导。在传统意义上，教师质量与升学率挂钩，在帮助学生高考提分的过程中，自身思维也被固定模式所禁锢，难以胜任学生潜质开发与创新能力培育的任务，仅凭自身的认知和经验摸索，工作容易浮于表面，无法深入。二是，参与拔尖创新人才培养的大学教师各有其难，主要问题在于时间和精力的缺乏，在大学课程与论文课题的双重施压下，很难挤出时间前往高中进行固定时间授课，只能通过讲座或线上报告的形式对学生开展不定时的间隔培养，其效率难以保证。此外，在课题或项目辅导上，导师很难对学生进行跟踪式全方位指导，学生问题难以得到及时反馈，学生参与感不足，大中学衔接培育拔尖创新人才的质量受到严重影响。

第四节　迈向成熟期(2014 年至今)：新高考下的稳步推进

本阶段，国家对于高中拔尖创新人才培养的重视程度再度提升，相继出台多项政策指导文件，同时在前期探索的基础上，伴随着科技产业的进步，新业态、新模式不断涌现，高中拔尖创新人才培养也在实践中稳步推进。

一、阶段背景

高中拔尖创新人才培养工作在经历上一阶段的快速发展之后并未停滞不

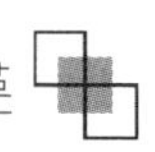

前，国家和社会各界对该项工作的关注达到了新的高度，各类研究在实践中得以完善，新型教育模式在时代发展中层出不穷。新高考的实施为拔尖创新人才培养提供新的平台，信息化教育的普及以及国际化教育经验的共享打开了拔尖创新人才培养的新思路。2014 年，中国高考制度迎来历史性变革，《关于深化考试招生制度改革的实施意见》明确了对学生学术创新潜质挖掘的重要性，这一变革也为高中拔尖创新人才培养提供了新的实践思路。伴随着信息化的加速到来，信息素养已然成为拔尖创新人才的关键潜质，《教育信息化"十三五"规划》中强调要提升信息化对于学生创新能力提升的支撑作用。与此同时，大中学教育衔接的步伐仍在继续，《新时代推进普通高中育人方式改革的指导意见》再次提出要加强高校对于高中育人方式变革的推进作用。可以看出，本阶段相关教育政策逐步颁布(见表 2-3)，新的人才培育稳步推进，高中拔尖创新人才培养成为越来越多人关注的焦点。

表 2-3　迈向成熟期高中拔尖创新人才培养相关教育政策

年度	政策内容
2014 年	《国务院关于深化考试招生制度改革的实施意见》明确要求"完善和规范自主招生"，将"具有学科特长和创新潜质的优秀学生"作为今后自主招生主要选拔对象，强调"不得采用联考方式或组织专门培训"。
2016 年	教育部颁布的《教育信息化"十三五"规划》指出，"有条件的地区要积极探索信息技术在'众创空间'、跨学科学习(STEM 教育)、创客教育等新的教育模式中的应用，着力提升学生的信息素养、创新意识和创新能力，养成数字化学习习惯，促进学生的全面发展，发挥信息化面向未来培养高素质人才的支撑引领作用"。
2019 年	《国务院办公厅关于新时代推进普通高中育人方式改革的指导意见》两次提到要加强高校在推进高中育人方式改革中的作用。要充分发挥高等学校、科研机构等方面资源的重要育人作用，"注重利用高校、科研机构、企业等各种社会资源，构建学校、家庭、社会协同指导机制。高校应以多种方式向高中学校介绍专业设置、选拔要求、培养目标及就业方向等，为学生提供咨询和帮助"。

续表

年度	政策内容
2019 年	中共中央、国务院印发《中国教育现代化 2035》，明确指出“加强创新人才特别是拔尖创新人才的培养”，要推动中国成为人力资源强国和人才强国。
2020 年	教育部出台《关于在部分高校开展基础学科招生改革试点工作的意见》(也称强基计划)，其指导思想就是深入贯彻党的十九大精神，落实全国教育大会精神，服务国家重大战略需求，加强拔尖创新人才选拔培养。作为基础教育最后阶段的高中教育，必须在拔尖创新人才培养上有具体回应。

资料来源：根据国务院、教育部等部门相关文件整理。

二、阶段特征

面对自主招生的新要求和新形势，构建新高考背景下的高中拔尖创新人才培养新平台，是现代普通高中适应新形势、走特色发展之路的必然选择。高中拔尖创新人才培养迎来新的任务与挑战，高中培育的拔尖创新人才与大学自主招生对接，培养学科特长与创新潜能并存的优异学生，明确“全面+特长”的培养方向，紧抓拔尖创新人才培养的这一“教育黄金期”，走特色化和创新化的发展之路，构建高中拔尖创新人才培养新体系，这是普通高中的当务之急①。在此形势下，高中拔尖创新人才培养有了新的发展，主要从选拔机制、运行机制、保障机制进行多样化探索，具体表现如下：

(一)选拔机制：遴选平台向多元化发展

高考招生制度的转变给予高中拔尖创新人才培养新的平台，夏(冬)令营、全国竞赛等蓬勃发展。夏令营教育将创新能力培养作为重要目标之一，鼓励受教育者独立思考，例如哈尔滨工业大学、北京航空航天大学、南京航空航天大学等多所设有航天专业的重点院校联合成立航天学习协会，为重点高中热爱航天的同学提供夏令营培训的机会，使他们的兴趣得以发展，创新

① 尹达，田建荣. 自主招生新规背景下的高中创新人才培养体系的构建[J]. 教育理论与实践，2015，35(32)：12-14.

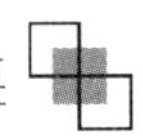

意识得以萌芽①。全国竞赛也是对拔尖创新人才的一种筛选，使有天赋的学生以新的方式步入大学，充分发掘他们的天赋。此类竞赛多由大学举办，是为优质学生提供的直通车，例如上海交通大学联合中国科学技术大学等高校举办“登峰杯”全国中学生学术科技创新大赛，同济大学举办中学生结构设计邀请赛，清华大学于2020年首次举办钱学森力学班暑期学校(简称“清华钱班暑校”)等。清华钱班暑校在招生对象上，鼓励喜欢科研、热爱挑战的学生报名参加；在项目主题上，回应当前国家最为关注、最为重视的板块，并且与强基计划的培养要求高度吻合；在培养模式上，清华钱班暑校首次采用大学—中学联合培养的模式，遴选在科技创新领域具有突出潜质的高中生与大学生(清华钱学森力学班学生、荣誉学位学生及拔尖培养联盟大学学生)共同参与到重大挑战科研项目中来，给高中生提供一个优质的资源平台。

(二)运行机制

1. 课程协同向专业性延展

推进拔尖创新人才培养改革是我国中长期教育改革与发展的战略决策之一。新高考改革促使高校招生向“按院系学科类招生”转变，人才录取方式的改变倒逼高校参与到高中拔尖创新人才的培养之中。为获取优质生源，高校主动出击与普通高中携手构建拔尖创新人才培养体系，大中学教育衔接在原有基础上迎来了新的发展机遇②。在此过程中，高校与高中专业课程的协同发展得以强化，开创了以专业为导向的高校与基础教育贯通式培养新模式。新高考改革摆脱了以往文理二选一的窘境，学科的选择与搭配成为学生关注的重点，与学生未来的研究领域与就业领域息息相关。除考虑自身兴趣以外，还必须了解高校相关专业学科的培养方向和目标，这就需要高中与高校紧密联合，推动专业课程的有效衔接，依据各学科特点制定专业化的教学

① 付星吉，黄莉. 夏令营教育在国民教育中的作用[J]. 安顺学院学报，2016，18(6)：38-40.
② 翁秋怡. 浅议新高考背景下的高中高校衔接实践[J]. 大学(研究版)，2020(6)：21-26；14.

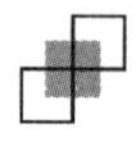

策略，在构建学生学科观的基础上，培养学生富有学科特色的思维模式，完美实现教学内容、方法和考核方式的衔接，加强高校与高中各学科教师的交流合作，共同对原有课程进行改革。

2. 教育模式向新领域拓展

随着科技的发展以及教育与国际的接轨，STEM 教育开始成为高中复合型拔尖创新人才培养的新途径。STEM 教育源于美国，自开展至今已逾 30 年，它的成功让越来越多的国家看到了 STEM 教育对未来国家影响力的重要性。2016 年，教育部明确鼓励开展 STEM 教育，为拔尖创新人才培育助力。2018 年，由中国教育科学研究院牵头，“中国 STEM 教育 2029 行动计划”正式启动。短短几年内，STEM 教育在我国中小学里逐渐升温，上海、北京先后成立了 STEM 教育云中心，江苏、浙江也纷纷召开了全省 STEM 教育大会①。

STEM 教育致力于学生核心素养发展，提升学生问题解决和深度学习能力，培育其合作和创新精神，不同于现有学科课程，它不将知识学习局限在课本上，而更关注知识与技能的综合应用，弥补了传统教学脱离实际的缺陷，提升了学生学习的价值。鼓励高中对此进行积极探索，尝试将 STEM 理念与学科教学有效融合，创新 STEM 课程体系，设计符合中学实践的 STEM 课程项目，培养具备 STEM 教育理论基础及实践能力的教师队伍，是我国高中拔尖创新人才培养方式改革的有效策略。

（三）保障机制：教育主体向多范畴扩展

拔尖创新人才培养对国家未来发展至关重要，不仅学校要担此重任，还应充分利用社会资源，发动全社会各个主体的力量，为这一培养工程给予便利，提供助力，为拔尖创新人才的培养提供优渥的土壤。在此背景下，科研机构、企业与高中合作培养拔尖创新人才的模式逐渐兴起，加快了高中与企

① 赵慧臣，陆晓婷. 开展 STEAM 教育，提高学生创新能力：访美国 STEAM 教育知名学者格雷特·亚克门教授[J]. 开放教育研究，2016，22(5)：4-10.

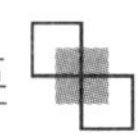

业、社会专业机构之间协同创新的步伐。例如，上海市同济大学第一附属中学为使研究性学习更好地落实，学校积极利用高新技术企业资源，定期邀请专业技术人员对学生开展信息技术、人工智能等领域的知识拓展训练；重庆市松树桥中学选用“以研带学”教学模式，与市气象局合作建立了地理基地，学生可以依托基地自主采集气温、湿度、PM2.5 等一手数据，结合所学知识分析数据，真正做到将所学的地理知识应用到实际生活之中。此外，家长作为创新人才培养的重要主体，应同步支持、参与学生的研究性学习。

三、存在的问题

在这一时期，高中拔尖创新人才培养的机制更为完善，但依旧存在以下几个方面的问题：

第一，多元协同育人体系尚不完善。学校、家长与社会同为高中拔尖创新人才培养的参与者，应共同为学生的学习与成长保驾护航。学校、社会与家庭三者基于目标一致性形成学习共同体，携手培养拔尖创新人才，是当前教育政策的重要导向①。逐步完善学校、家庭和社会三者联结的教育网络，打造一体化校外架构体系，已成为拔尖创新人才培养的一条重要路径。然而，在实际操作中，学校往往被看作是拔尖创新人才培养的重要责任主体，拔尖创新人才培育的氛围也只在学校中出现，另外两者却在此过程中缺位，社会资源未能充分利用，严重阻碍拔尖创新人才的发展。未来应完善家庭、社会与学校联合培养拔尖创新人才的体制机制，在全社会倡导追求真理和创新精神的理念，为拔尖创新人才培养营造良好的文化环境。

第二，大中学教育衔接在新高考背景下仍处困局。新一轮高考改革以自主选科为核心，为学生提供更大的选择空间以及更丰富的学科组合，为偏科的学生提供新的发展方向，开发学生创新潜质，激发学生学习动力，充分调动学生学习的积极性。然而，在实际执行过程中，学科选择功利化的问题逐渐凸显，学生受到短期利益的诱惑，忽视长远发展与个人特质，选择易毕

---

① 赵峰，徐晓雯，孙震. 创新人才培养的体制机制建设研究[J]. 科学管理研究，2016，34(2)：70-73.

业、就业率高的学科，而缺少科学有效的个人发展规划，这违背了新高考的本意。此外，学生在选科过程中，因为心智与思维还未成熟，易出现迷茫、盲从现象，将对学科的喜厌程度作为依据，把“自主选科”曲解为“自由选科”，在家长难以提供有效经验的情况下，冲动性地进行选科，导致后续学习中出现一系列问题，陷入更大的痛苦之中，想要亡羊补牢已为时过晚。由此可见，学校如果不采取相应的引导措施，不提供任何参考意见，任由学生自行选择，极有可能对新高考塑造的新式大中学教育衔接产生不良影响，适得其反。

第三，STEM 教育发展面临多项挑战。一是，标准与评价机制尚未建立。STEM 致力于培养复合型人才，包括养成学生的抽象思维、创新能力等，这为量化评价带来困难，开展时间的短暂也使得评价方式的优劣不能立刻显现。二是，融入学校课程体系的整体设计不足。STEM 教育涉及多个不同领域，包括数学、科学、技术和工程等，很难归纳到某一个学科，而我国教育受高考的影响，偏向于数学、物理、化学等学科的学习，而对通用技术、科技活动的重视程度不足，从而导致 STEM 教育的学科建设受到阻碍。三是，师资力量薄弱。STEM 学科的融合性要求教师队伍具备跨学科性质，但当前基础教育阶段的教师基本上都是在分科教学中培养出来的，专业知识比较单一，所接受的教育培训也是分科目开展的，不能做到学科间的互融，无法达到 STEM 教育对师资力量的要求①。可见，我国的 STEM 教育还有巨大的上升空间。

本 章 小 结

诚然，高中拔尖创新人才培养是一项任重而道远的工作，对其有效模式的探索也是一项不断进步和更新的长期工程，急于求成不可取，行稳致远才

① 祝智庭，雷云鹤. STEM 教育的国策分析与实践模式[J]. 电化教育研究，2018，39(1)：75-85.

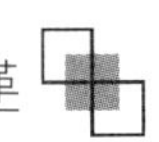

是关键。我们在这段征程中艰难探索，探索之路虽崎岖坎坷，我们却收获颇多。在高中拔尖创新人才培养从无到有的过程中，我们从初步摸索时的不知所措到如今取得巨大进步，付出了巨大的努力。回顾这一路，我国高中拔尖创新人才培养的演进路径有如下几个特征：

第一，课程开发愈发多元。高中拔尖创新人才培养课程设计在初始时期主要围绕必修科目展开，以适应高考的要求，提升学生基础知识的掌握度，依托语文、数学、英语等科目，探究培养学生创新思维的路径。在拔尖创新人才的个性培养中，课程设计跳出常规科目，将目光聚焦到创新型课程的开发研制上，力求在学生学好基础知识的同时，针对学生的个性差异，对照其兴趣，因材设课，提供选修课程，发掘学生潜力，突出学生特长。此外，社会实践课程也逐步开展，将学生从课堂中解放出来：在实验室、科研所、红色基地等培养学生的创新精神；大学先修课程为学有余力的学生提供提前适应大学学习的机会，在高中校园中受到热烈欢迎；研究型课程在拔尖创新人才培养中发挥着积极的引导作用，极大地增强了学生的探究能力；新型课程如 STEM 课程、创客等也随着信息技术的发展跃入人们视野。课程设置灵活多元，为拔尖创新人才培养提供了强大的支撑，为提升学生创新素养拓宽了路径。

第二，培养目标愈发全面。我国早期的教育目标是改变国民大字不识的局面，改革开放后经济快速发展，迫切需要一大批优秀人才为国家经济建设作贡献，在此时教育普及率极低的情况下拔尖创新人才培养由此诞生。超常教育致力于小部分天才的培养，在质疑教育公平的舆论压力下，专家学者呼吁拔尖创新人才培养应从单一的“精英主义”向“大众主义”转变，要将创新教育扩展到整个学生群体①。素质教育要求创新教育覆盖各类各级学校，培养具有学科素养和专业技能的人才，培养“会创造的人”而不是“会考试的人”，以改变教育的功利性。随着“以学生为本”观念的深入，培养有个性的人，创办“知情意合一”的教育成为主流观念。创新能力的培养要基于学生

① 方中雄. 创新人才基础培养的核心意旨与实现路径[J]. 中国教育学刊，2022(2)：22-27.

个性的发展，发掘学生天赋，突出学生特长，让每一位学生都能闪闪发光。新时代教育强调人的可持续发展和终身学习的观念，塑造以创新能力培养为核心的生态化教学理念，为复合型人才的培养提供方向。

第三，保障体系愈发完善。在人才培养初期，人们对高中阶段拔尖创新人才培养的关注度不够，培养工作的顺利进行仅依赖学校自身投入，这就要求实施创新培养的中学必须资金雄厚，并且拥有充分的资源去支撑这一工作，导致高中拔尖创新人才培养工作无法全面普及。随着关注度的日益上升，国家开始出台相关文件予以政策保障，并为学校创新工作提供资金上的支持，拨付专项资金支持高中创立实验室、增添多媒体设备、开展拔尖创新项目。普通高中基于办学特色，建立本校特有的拔尖创新人才保障体系，在教师招聘及培训、教学管理以及项目奖励等方面投入大量资源，响应国家号召。大中学教育衔接模式开启后，高校成为中学拔尖创新人才培养的又一保障。通过向高中开放实验室，鼓励大学教师进入高中课堂，为高中生提供夏令营、暑假班，与高中协同开办科研项目等一系列措施为高中拔尖创新人才培养提供各类保障和资源。随着拔尖创新人才培养的全面普及，科研机构、知名企业也纷纷参与其中，投入相关资源，为拔尖创新人才培养提供助力。

第四，评价方式愈发综合。传统的评价方式侧重考查学生的应试能力，以分数为导向，片面追求升学率，扭曲学生的价值观，营造全民焦虑的氛围。拔尖创新人才培育要求从多个方面看待学生成长，追求学生德智体美劳全面发展，强调学生综合素质评价。教育不能仅停留于向社会输出高智商人群，亦要追求培养学生具有高尚的品格、强大的实践能力以及敢于质疑、不断超越的精神，摒弃传统的唯分数论，构建着眼于创新能力培养的多维评价体系。此外，创新能力包含不同层次和不同方面，结果评价和短期评价显然不能达到拔尖创新人才培养的目的，要树立过程性评价和长期性评价理念，逐渐形成开放多元的教育评价范式，将评价主体扩展到家长和社会公众等多个群体，形成相互补充、相互交融的评价视域。全社会要积极开展创新素养评价工作，倡导鼓励性、支持性和指导性评价，将学生发展过程作为主要关

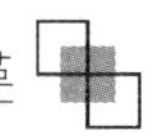

注点，减少简单的分数评价和单一的学业评价。

在三十余年的历史进程中，我国高中拔尖创新人才培养机制建设愈发完善，培养思路愈发清晰，创新文化愈发浓厚。以国家政策为导向，社会各类主体都在为拔尖创新人才培养工作提供助力，全民创新的时代正加速到来。高中拔尖创新人才培养在这短短几十年间取得了辉煌的成就，为我国经济发展提供了人才支撑，积蓄了知识动能。我国拔尖创新人才的培养在未来必将向内延伸、向外拓展，横向纵向综合发展，为创新型国家建设以及综合国力的提升蓄能。与此同时，我们也应认识到拔尖创新人才培养存在的问题和不足之处，让拔尖创新人才培养工作更加精进。新的国内外环境变化为我国拔尖创新人才培养带来了新的挑战，科技的发展和学习型社会建设的需求使教育模式发生转变，线上授课一度成为主流方式，这也促使我们转变拔尖创新人才培养模式，探索信息化教育下的人才培养路径，继续走好走稳这条创新路。在下一步的发展中，总结以往经验，借鉴其他国家成功案例，在拔尖创新人才培养这条路上不为过往成绩沾沾自喜，秉承迎难而上的精神继续前进，探索出符合中国特色社会主义的拔尖创新人才培养方式，提升我国一流人才创新能力。

第三章　普通高中拔尖创新人才培养的国际比较

当前，拔尖创新人才是各国竞相争夺的稀缺资源，其培养机制受到学者们的高度重视。然而我国拔尖创新人才培养研究起步较晚，且更多集中于高等教育方面，对于普通高中阶段的研究略显不足。因此，基于目前我国高中拔尖创新人才培养现状，向其他国家汲取经验是题中应有之义。

作为世界主要发达经济体，美国和英国拥有先进的教育体系，其高中创新教育理念及拔尖创新人才培养机制值得我国思考与借鉴。同时，芬兰的高中教育和拔尖创新人才培养质量是全球公认的典范，其积累的教育经验对我国高中创新教育发展有积极的借鉴意义。新加坡地少人多的地理劣势却造就了极大的经济社会发展空间，很大程度上归功于创新教育的支撑作用，加之新加坡华人居多，在习惯和观念上与我国存在共通点，对其教育体系的探讨能够给我国带来极大的启示。据此，本章主要选取美国、英国、芬兰和新加坡四个国家，分析其普通高中拔尖创新人才培养管理机制相关内容，围绕五大机制梳理其培养实践，总结其共同优点，以期为我国高中拔尖创新人才培养注入新理念、新活力。

第一节　国外拔尖创新人才培养管理机制的实践

一、选拔机制

(一)选拔方式注重综合素养

不同于国内部分高中单纯以学生成绩为依据的做法，英美等国家的绝大

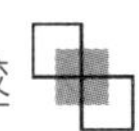

部分学校不设置考试，而采取自主招生的方式，由学生自行选择高中报名，学校依据学生的各项情况，按照各自的标准和流程进行录取。在选拔过程中，面试是极其重要的一环，是决定学生录取与否的关键，面试主要考查学生的临场应变能力以及英语表达能力等。除此之外，申请者的推荐信也是学校评定学生的重要依据，推荐信中须涉及学生的兴趣爱好、所获技能以及志愿参与等。

以英国著名高中伊顿公学为例，在招生选拔时，首先关注学生的学术能力，看学生的成绩能否支撑起未来学术研究所需的知识素养，对在某一方面表现出超常学习天赋的学生，学校会给予额外考虑；其次关注学生的适应能力与独立自主能力，这决定未来学生能否与该学校的寄宿制度相适应，以积极的心态发展成长。除此之外，学生的创造力也被列在录取标准之内，学校偏爱生命力旺盛的学生，期待他们为学校带来新鲜元素。相较于学生当下的能力，学校更为关注学生的潜力，用发展性标准慧眼识珠，选拔出优质学生。

(二)选拔理念和选拔标准注重差异化、多样化

为保证拔尖创新人才发展的多样化，英美等国家在拔尖创新人才选拔中兼顾不同类型的拔尖创新人才，依据学校特色，定制专属选拔方式或入学条件，并划分不同的培养目标、课程设置和毕业流向，避免人才发展模板化。以英国为例，其高中可以划分为三种类型，即学术型、综合型和职业型，确保每一类高中的毕业生都能找到适合自己的发展路径①。其中，学术型高中作为英国拔尖的中等教育机构，入学条件较为严苛，具有严格的选拔制度和精而深的治学态度，能够为学生提供大量多样化的课程，充分体现英国传统教育的特质，有效实现古典教育与现代教育的融合共生，为英国造就了大批次的高素质人才；综合型高中处于学术型高中和职业型高中的中间地带，入

① Universities and Colleges Admissions Service(UCAS). The official universities and colleges guide: 06 big guide[M]. Chel-tenham: UCAS, 2006: 17.

学条件要比学术型高中低，以多元化的培养目标为教育特色，既承接大学人才输送职责，亦担负社会技术人才的培育之任，已成为当前英国主要的中等教育机构；职业型高中专注于社会应用型技术人才的培养，入学条件比较宽泛，入学门槛放宽至义务教育完成者，且职业型高中与其他普通高中存在学分转换制度，为有志于进入高校继续深造的学生提供方便与机会。

(三)培养理念贯彻人本导向

在英美国家的高中拔尖创新人才培养理念中，遵循“人本主义”教育观，充分尊重学生天性和个人价值实现是其重要准则。强调学生个人价值实现的理念，使得拔尖创新人才培养更加致力于教会学生如何学习，塑造自身为独立个体，为未来做准备，为生活而学习，让每个人都认识到其对社会的作用与重要性，将教育与生活紧密地联系在一起。据此，英美国家在选拔学生的标准中增加了对学生心态、学习态度、终生学习意识的关注，重点考察学生洞悉本质、解决问题、反思总结的能力以及探索与改造社会的能力。

同时，在知识经济、信息化、全球化的创新时代背景下，国外高中将培养符合时代需求的、能够应对多变局势的、具有批判精神与创造能力的创新型人才作为教育的首要任务，坚持“塑造全人”的办学理念，在选拔标准中注重德才兼备，培养具有领袖气质的人才。例如，美国菲利普斯·埃克塞特中学秉承崇德与智慧并重的教育理念；美国托马斯艾弗逊中学注重对学生思考力、问题解决能力、好奇心和社会责任感的培养，强调在智慧增长的同时不断提高自身德性修养。两所学校的培养理念和选拔重点都极其强调学生发现问题、探索问题和解决问题的能力，从而很好地为美国科技创新的迅速发展奠基①。

二、运行机制

(一)“少教多学”的教育理念

这里的“少教”是针对教师而言，“多学”的主体则是学生，转变教师滔

---

① 张真. 美国创新型人才培养模式对我国基础教育的启示[J]. 学校党建与思想教育，2012(2)：4-5.

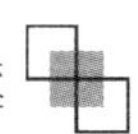

滔不绝、学生被动接受的传统课堂状态，将教师的“多教”转为学生的“多学”①，强调以能力为导向，转换教师与学生之间的主次地位。这一理念中的“少教”并不等同于不教，而是鼓励教师与学生之间产生更多互动，将教师单方面输出的时间花费在启发学生、打开思路上。“少教”的前提并不意味着教学内容的削减与教学难度的降低，并非让教师投入得更少，而是要求教师教得更好，强调教学重点从数量到质量的转移。质量是该理念的核心，教师要将精力投入精选课题、缩减冗余之上，在课堂上围绕一个话题进行深入剖析，使质的提升超越量的叠加，以便学生能够更加全面深刻地理解自己所学的知识，形成一个扎实稳定的知识基础。例如，在提出问题时，教师要改变以往直接给出答案的方式，给学生留下更多思考空间，解决学生对于标准答案与死记硬背过度依赖的问题，激发学生的学习兴趣，培养学生独立思考的能力。

(二)尊重人的自然发展规律

国外教育工作者善于将心理学的知识应用到具体教学之中，会以学生的认知发展规律为前提而进行，整体规划。课程设计以长远性发展为着重点，依据不同年级对知识接受能力的差异，由易到难、由简到繁，课程设置难度及学习负担与学生身心发展情况相适应，循序渐进、逐步深入，强调不同层级间的前后衔接，强调各学习阶段的知识联系，从低到高不断深化课程体系建设，意在打造特有的人才培养体系。

(三)多样化、自由化的课程

1. 课程体系覆盖面广、灵活贯通

英国、新加坡、芬兰、美国四国高中的课程内容虽有所差异，但总体上看都体现着综合性、多样性的特点，各国的具体设置如下：

英国高中的课程分为横向课程和纵向课程。从横向结构来看，英国各阶

① 陈曦. “少教多学”：新加坡教育改革新视角[J]. 外国中小学教育，2008(7)：39-42.

段课程基本涵盖人文科学、社会科学和自然科学三大知识领域，体现通识教育思想；纵向课程结构呈现为前期通识教育，中期到后期个性化分流的模式。英国高中课程种类繁多，基本分成了商学、物理学、经济学、计算机科学等多个板块①。以莱维斯第三级学院为例，学校为学生开设了广泛的课程，涵盖经济、技术、语言等自然学科和人文社会学科，满足不同学生个性化发展需求②。学生依据自身特长与兴趣自行选择课程搭配，提前了解大学阶段专业学习的内在逻辑，等同于升入大学前的特定培训。除此之外，高中课程重视对论文撰写的训练，学生在高中期间要自行选择某一主题，在老师的指导与监督下独立进行科研论文的撰写，作为报考大学的一项评定依据，高校以此考察学生科学论文的撰写水平以及观察社会和自然的能力。

新加坡则分为基本课程、精英课程以及课程辅助活动三类。其中，基本课程也包含三类，分别为学科知识类、生活技能类以及学习技能类③。学科知识类课程帮助学生掌握基础知识，涉及学科广泛，大致分为语言、数学与科学和人文与艺术。语言学习基于新加坡“双语政策”的实施，在学科知识类课程中占据主体地位，数学与科学包含基本的理科领域内容，人文与艺术是文科与艺术类课程的综合，包含地理、美术、音乐等课程；生活技能类课程的开设旨在让学生学习生活必备技能，具备独立意识，这是每个人都必须掌握的基本能力，因此生活技能类课程处在三类课程的最核心位置；学习技能类课程旨在培养学生终身学习的能力，锻炼学生的创新思维与批判思维。该课程围绕专题活动展开，教师通过抛设真实性问题，让学生设身处地思考问题的解决方案，训练其应对困难的能力，为进入社会做准备。同时，新加坡非常注重对精英人才的发掘，这一点充分体现在高中课程设计上，例如，入选“高才计划”的学生在课程广度与深度上都有所加深，且有专属的课程计划，满足其领悟能力与个性发展的需求，使学生的潜能得以充分发挥。除

① 吴松强. 创新人才培养的文献综述及理论阐释[J]. 现代教育管理，2010(4)：68-70.

② 孔凡琴. 多维视阈下的英国高中教育办学模式研究[D]. 长春：东北师范大学，2011：158-159.

③ 顾秀林，丁念金. 核心素养导向的课程改革：新加坡基础教育课程改革刍议[J]. 外国中小学教育，2017(4)：68-75.

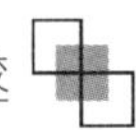

此之外，对于在某一领域展现出优异天赋的学生，也给予额外优待，专门为其开设各类特选课程，避免其天赋被埋没。此外，课程辅助活动在新加坡各类课程中占据重要地位，满足学生兴趣发展，为高中校园增添亮丽风景，是学生学习之余的有效放松形式。新加坡高中课程辅助活动涉猎广泛，多以社团形式开展，一般包括合唱团、舞蹈社、乐队等大众艺术项目。例如，南华中学除新闻、戏剧等传统课程外，还开设机器人设计俱乐部、IT 媒体俱乐部等，为对智能科技感兴趣的学生提供资源平台；基督教会中学开设探险学习活动课程等①。

芬兰高中课程结构同样包含三个板块，即必修课程、专业课程以及应用课程。必修课程旨在培养高中生的基本素养，保障每个学生平等接受教育的权利；专业课程由专业性强的选修课组成，是学生获得专业化教育的重要途径；应用课程是针对实际生活的课程，没有强制性要求，学校可以依据实际情况自行安排。从近几年芬兰高中课程设置的趋势来看，必修课程逐步减少，选修课程的种类和数量呈日益增加的趋势，课程内容的变化给学生带来了更大的选择空间，可以将时间更多地花在发掘特长、拓宽兴趣之上，这也体现了芬兰高中追求个性化发展的特点。除此之外，芬兰高中为满足学生个性化发展需要，将学生的学习能力与特长兴趣作为参考，在国家规定的学科和课程领域内，纷纷细化科目，灵活自主设立课程，使得每所高中的课程体系都有其亮点。比如，芬兰著名高中——南塔皮奥拉高中设立企业家素养课程作为该校个性化课程，该课程涉及跟企业家成长有关的多个领域，内容深入，同时注重在真实情境中的应用性。另外，该校的公民品行课程致力于培养学生的公民责任感，鼓励学生积极参与社会公益活动。

美国高中课程设置则致力于在连接高等教育知识体系的前提下，为学生未来工作和生活做准备。在此目标之下，美国高中课程分为必修课、选修课以及课外活动三大模块，其内容设置与外在功能各有区分②。必修课程以学

---

① 刘冬岩，魏为燚. 新加坡“少教多学”教育改革及其启示[J]. 全球教育展望，2010(5)：31-35.

② 陈时见，赫栋峰. 美国高中课程改革的发展趋势[J]. 比较教育研究，2011(5)：1-5；89.

生必需的基础知识和基本技能为教学点，旨在为学生搭建综合的知识结构与框架。选修课程与时俱进，随时代发展，推陈出新且覆盖范围广泛，以发展学生特长兴趣为目的，在开拓视野、塑造个性上具有不可替代的作用。此外，美国高中极其重视课外活动的开发，将其视作学生综合素养形成的关键平台。综合来看，美国课程设计呈现共同基础之上不同选择的高低起伏态势，也即在广度学习的基础之上支持个性特长的深度发展。同时，为适应学生兴趣需求，满足其个性发展，贯通高等教育与中学的知识桥梁，美国高中开设了丰富多元的选修课程，其中最具特色的是以 AP 课程为代表的大中学衔接课程。AP 课程即大学预修课程，旨在向学有余力的高中生提供大学初级水平的课程。通过选修 AP 课程，学生的知识面得到扩展，对知识的理解也得以深化。这种广泛的课程内容扩展了学生的知识体系，而深入的专业研究则加强了学生思维深度，使得学生在跨学科的课程环境中融会贯通，在感兴趣的专业领域中精益求精，提前适应大学的学习与研究，为未来学科领域上的突破奠定基础。与新加坡相似，在丰富多样的必修和选修课程之外，美国高中强调通过校园活动的开展促进学生全面发展，诸如各类课外实验、竞赛、研讨会等，借助学校充足的资源和教师的支持，让学生探究其感兴趣的话题，在实践操作中检验自己想法的可行性。美国高中最新兴起的创客运动，注重动手操作，以创客空间为载体，结合 3D 打印技术，为学生提供亲力亲为的机会，通过实践检验理论知识，将想法付诸行动①。这一另类教育范式为高中拔尖创新人才培养提供了未来发展新方向，或将成为未来教育主流。

2. 灵活自主的选课机制

国外高中课程选择的主导权更多地掌握在学生手中，如美国高中采取学分制，给予学生更多的自由去选择心仪的课程，展现学生的个性以及未来可塑性，体现了美国高中教育以学生为中心的特征②。学校不强求学生的选课

① 王旭卿. 面向 STEM 教育的创客教育模式研究[J]. 中国电化教育，2015(8)：36-41.

② AUSUBE D，NOVAK J，HANESIAN H. Educational psychology：a cognitive view[M]. 2nd Ed. New York：Holt，Rinehart & Winston，1978：flyleaf.

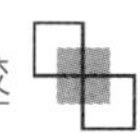

数量与种类，在完成最低毕业学分的前提下，学生可选择任一课程，在种类繁多的课程之中，充分发挥潜力与特长。为确保每位高中生充分利用选课制度，在顺利毕业的前提下充分发展自身个性，美国高中建立了完善的选课指导制度。入学之初，学校会给新生发放选课指导手册，并为其配备相应的辅导老师，避免学生选课失败。作为选课指导制度的具体执行者，辅导老师对所分配学生的课程选择负主要责任，具体职责包括但不限于帮助学生选择课程、教导学生行为规范、传递学生就业升学知识、促进家校联系等，其角色与我国大学之中的辅导员有异曲同工之处。在开学不久，辅导老师按照惯例会举办“课程安排”讲座，告知学生高中毕业应选修的课程、学分以及各高校招生入学标准，提醒学生如何根据未来工作或升学规划进行课程选择，使每一位学生都能成功选择最适合自身发展的课程①。

芬兰高中则在新生入学时，将学生兴趣爱好与个性特点与学校课程相匹配，使其形成独特的个人学习计划，即“学生自定学习计划”制度，该计划与学生的身心特点和发展水平相适应。此外，个人学习计划并非一成不变，学生可以根据自身学习情况或外界变化，调整原有学习计划。该计划旨在给学生重新认知自我的机会，在错误实践中重新选择正确的人生轨道，同时在学生亲身制订学习计划过程中让学生学会选择与取舍，积极应对未来成长路上无数分岔路口。

3. 共享与互通的课程资源

国外高中课程校校不同的特点为每所高中提供了互相交流的契机，有利于多样性知识体系的形成。因此，每所高中都十分重视前往外校取经的机会，交流的范围不仅限于同类高中，普通高中、职业学校、大学等都可成为合作伙伴。除此之外，各个高中课程资源完全对外开放，供其他学校学生自行选择，达成资源的共享与互通。特别地，大学作为高中最主要的线上资源库，设有丰富的课程供高中生选择，学生的智力与潜力在丰富资源的加持下

---

① 崔允漷，冯生尧. 普通高中课程改革：世界性的课题与经验[J]. 全球教育展望，2018(10)：29-38.

得以充分发挥，综合素质与自主学习能力在日积月累中实现跨越式发展，而且这类课程也可以计入高中的学分，在大学入学后予以认可。例如，罗素中学作为芬兰最负盛名的教育圣地，与多所大学存在紧密的合作关系，学生有机会提前学习大学课程，生化、机器人科技等课程皆可选修，此外，学生也被允许到大学进行实地访问，各类实验设施也可供学生研究使用①。

(四)教学方式强调创造性、自主性、实践性

1. 创造性

灌输式教育将学生视为没有感情的机器，忽视学生的知识结构与接受能力，违背循序渐进、因材施教的教育规律，不利于创新思维的培养。国外高中的教学活动旨在培养学生的创造能力，教师反对“一招鲜吃遍天”的教学理念，反对模板式教学和简单的搬抄，因此更加奉行在实践中寻求创新，汲取新鲜元素，更新自身教学方式，在教学实践中创设真实情境吸引学生兴趣，提出开放性问题引导学生将所学知识应用于实际，深化教学内容，教会学生灵活运用知识。英国教育注重“做中学”，即以学生为中心，将学生作为课堂的主导者，扭转传统意义上师生的角色地位，引导学生通过动手操作获取新知识。这种教学方式听上去对教师没有太高要求，但实际上作为课堂运作的引导者与课堂气氛的调节者，教师在备课、上课等环节中表现出的创新能力十分关键。英国高中的教学方法以其多样性与创意性而闻名，课堂教学将激发学生学习兴趣与增强其解决问题的能力作为主要目的，促进学生创新思维的发展。课堂是个性展示与思维碰撞的最佳平台，气氛应是自由而轻松的，与之相对的教学方法也应是开放而灵活的，这样才能使学生思维得以发散、创造力得到发展。

2. 自主性

国外高中教育以平等性和公平性为其基本准则，贯彻以学生为中心的指

① 屠莉娅，吕梦园. 芬兰普通高中职业生涯教育的经验及其启示[J]. 教学与管理，2021(4)：81-84.

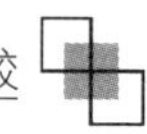

导原则，以培养兴趣特长为导向开展教学，学生在课堂上拥有极大的自主权，自行设计研究方案、选择阅读材料、讨论撰写各类报告。课堂教学在尊重学生尊严、个人价值和人格的基础上，遵循学生身心发展规律，最大限度地促进学生全面、可持续发展。

学校和教师作为教学的执行者，在遵循国家核心课程大纲的前提下，享有极大的自主权，不受教学进度的约束，可参考学生的适应程度，自行决定采取何种类型的教学方式，如自主式、探究式、体验式、合作式等，也可自行制订课程计划，自选教科书或者完全不用教科书。在此过程中，教师的创造力得以充分发挥，能够完全享受独立教学的乐趣，而不受定期监察、考评及审核的干扰。芬兰高中课堂没有时间与空间的严格限制，学生不为条条框框的课堂规范所拘束，出勤率也不是学生考核的重要指标，全堂满员并非学校追求的目标。在这里，教师的教与学生的学并非单向的强制关系，在教学内容与学生需求不相符时，学生征得教师同意后便可自行离开教室，寻找其他学习地点。以芬兰埃斯波拉赫蒂中学一堂主题为“欧洲难民”的现象课为例，以历史教师为主导，在与其他学科教师的配合下，可带领学生到当地博物馆参观，邀请专业人员讲解难民现状，甚至组织部分学生去难民问题严重的国家进行实地考察。

3. 实践性

实践是国外教育的重要组成部分，课程中晦涩难懂的知识通过实验操作，以清晰可见的实验现象储存在学生大脑之中，进而经过学生感知加工后，转变为清楚易懂的陈述性语言，促进自身创新思维的发展。国外高中强调在真实情景中寻求问题解决途径的教学方法，教师并不提前告知学生答案，而是让学生通过真实性探究，推导出某一问题的结果，在实践过程中理解某些概念与原理，而非单纯背诵，口知心不知。与此同时，学生的创新思维得以锻炼，动手意识得以强化，实践精神得以发展。除此之外，教师在教学过程中，注重通过知识的实践应用来深化学生的理解，将“知识解决问题”这一理念彰显得淋漓尽致。例如，美国高中注重培养学生的自主学习和合作探究能力，鼓励学生跳出单一的学习方式，综合运用问题式与项目式等多种开拓思维的学习方法，将“以学生为中心”的教学思想贯穿课堂始终，帮助学生获得远超目标的学习结果。

国外高中针对不同课程采取不同的教学方法，旨在充分体现该课程的学习特点。对于科学类课程来说，书本并不是其教学重点，实验探究才是该课程的标志。以美国布朗克斯科学高中的基础物理课程为例，一学期的物理实验高达17项，学生的学习任务主要围绕实验展开，在实验中亲身体验问题解决的过程，以便学生更深入地理解知识。对于工程和技术类课程来说，项目式学习是常态，学生按照课程标准，以所习原理与方法为支撑，参与项目实践，切身投入项目制作。例如，加拿大布鲁克林技术高中的工程入门课程要求学生通过建筑设计的实作项目，理解工程学的基本思想和方法，动手进行建筑设计、设计图绘制、模型制作，同时学习项目规划方法、项目文件编制、项目过程监控、项目结果报告等，在此过程中加强合作技能、沟通交流技能以及领导力等通用能力的学习。对于社会研究类课程来说，讨论和研究某一社会热点问题，深入分析社会现象的教学方法，不仅使学生在短暂的教学时间内快速掌握学习内容，而且能够通过别具一格的课堂内容精准吸引学生注意力，打破学生对传统课堂的不良印象，以热情积极的心态投身知识学习的海洋。

三、保障机制

(一)丰裕的资金及物质保障

任何一个教育政策成功实施的背后都离不开资金的支持，芬兰、新加坡等国家优先发展教育，以国家财政为支柱，将资金用于教学环境的改善以及优质教师的可持续性发展，教育投资在全国各项投资中位居前列。同时，芬兰的高中生接受教育即得补贴，享受学校免费用餐、健康医疗以及往返学校

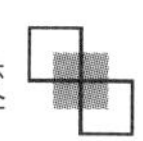

交通补贴等其他福利服务①。

此外，国外高中非常注重学校教学设施、网络设施的建设，图书馆是每所学校的标配，网络化建设也被广泛应用到日常教学事务之中，采取全覆盖的形式，各个中学都配备了多媒体教室、电脑中心和校园网络，供全校师生免费使用。高中教师对教学软件的开发也表现出极大的热情，并将其投入实际的教学工作之中，为学生和教师提供实时化、便捷化的交流平台。除此之外，芬兰高中鼓励学生在课堂内外运用信息技术获取前沿知识，培养其创新能力。

(二)专业一流的师资队伍

国外高中十分重视师资队伍的建设，以保障教师质量与拔尖创新人才培养的步伐相匹配。各个高中不断提高教师招聘门槛，为教师队伍建设提供制度性保障，将擅长创新、有潜力的教师纳入教学团队。以芬兰为例，硕士学历、教师资格证书是教师应聘的必要条件但非“通关胜券”，笔试、面试以及心理测试都可能导致教师应聘的失败，除了对知识体系的考察外，综合实力更为重要。教师不仅要会教更要会学，不断创新教学体系，更新教学知识，胸怀教学热忱，提升人格魅力，以完备的教师素养为学生树立榜样，成为其成长的引路人，一系列教师招聘措施使得芬兰高中教师的专业素养与综合能力不容置疑。此外，为保障教师知识得以更新、教学能力得以提升，教育当局和学校也为中学教师提供免费的脱产培训、在职培训以及攻读学位的机会②。

同时，创新教学的顺利实施不能单纯依靠精英教学团队，教学之外亦存在大量工作需要协助。为保障教师拥有更多的精力与时间进行教学研习，避免被各类杂事所牵绊，新加坡等国家鼓励高中进行教学以外人员的招聘，扩充人力资源，并为其发放津贴补助，替代学科教师负责课程辅导活动方面的

---

① 张欣，陈新忠. 卓越社会流动性教育路径：芬兰的理念与行动[J]. 比较教育研究，2022(1)：33-40.

② NIEMI H. Teacher professional development in Finland：towards a more holistic approach[J]. Psychology，Society & Education，2015，7(3)：279-294.

行政事务，减轻学科教师的工作压力。此外，高中还会采取资深教师带队的方式，帮助新教师尽快适应学校教学安排，以期进一步扩大优秀师资队伍①。

国外高中认为教师自身的学识与对教学的理解决定了其培养学生的方式和成果，直接影响下一代国家建设者的质量。教师培训作为教学理念与知识更新的重要途径，在教师成长过程中尤为重要。为此，新加坡等国家注重对教师的创意培训，斥巨资进行教学辅助建设，免费为教师提供学习设备，并通过开通国际互联网，帮助教师获取全球教育资讯。同时，建立虚拟学习社区加强教师间的经验交流，以完善教师的知识储备，教师也可摆脱原有教学学科专业限制，自主选择感兴趣的课程进修，以拓宽视野。

(三)多主体的联合保障

教育并非只是学校的责任，拔尖创新人才培养作为一项系统工程，仅仅依靠学校资源难以保障其顺利开展，还可能造成固有社会资源的浪费。因此，国外高中倡导教育的全员参与，社会各界积极响应，对拔尖创新人才培养予以大力支持。比如政府在高中创新教育中发挥着关键性作用，除了高额的资金投入外，政府还会给予强有力的政策支撑，鼓励高中与医疗服务机构、地方和州政府机构等建立长期合作关系，为学生学习提供丰富的实践机会，为创新思维的养成提供多样化的平台；家庭是拔尖创新人才教育的另一个重要支柱，依托第三方机构将家长与学校进行联合，组建“家校共同体”，建立起有效的、定期的双向沟通机制②，并为家长和教师提供家校共育相关指导与培训，保障家长在学校决策中的发言权，是真正落实家校共育、促进人才培育的必要手段。此外，当学校的教育资源或教师的知识储备无法满足学生需要时，学校还可聘请社会各部门的专业人士来学校授课，寻求他们的帮助和指导，或者教师带领学生去其所在部门听课，这样便能够为学校实施

---

① TAN O S. Fourth way in action: teacher education in Singapore[J]. Educational Research for Policy & Practice, 2012, 11(1): 35-41.

② 康建朝. 英国：教育新形式：学校教育、家庭教育相结合[J]. 比较教育研究，2009(8)：93.

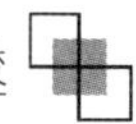

创新教育提供有力保障。

四、激励机制

（一）质量检测下的激励问责模式

高中拔尖创新人才培养的激励与问责机制应贯穿高中拔尖创新人才培养实施的全过程。激励旨在褒奖、树立榜样以及提供后续动力，问责则是为了查漏补缺、更新教育策略。经过多年实践，美国教育已基本建成多层次、全覆盖的激励问责体系，形成了较为成熟的问责透明化机制和以“公布—交流—反馈—修订”为基本流程的信息机制。

美国通过专业化的监测实现质量标准问责，由专业性机构承担质量问责工作。在这场基于标准的教育问责中，政府与学校作为问责与被问责的主体，分别处于主动与被动的位置。政府对表现优异的学校与表现不足的学校分别采取不同的处理措施，对前者实施奖励，而对后者予以干预。奖励一般依照绩效拨款制度实施，也即“刺激性财政拨款”，拨款额度与教育质量检测的结果挂钩。此外，除了直接的资金激励外，通过项目拨款提供专业支持也是绩效激励的一种形式，政府依托专业团队，帮助学校改进在质量检测中发现的问题。总的来看，政府双管齐下，在利用资金拨款的同时，以专业支持或强有力的干预措施为主要手段，向学校反馈质量问责结果，要求其根据反馈报告上的问题开展自我改进。政府同时委派技术支持小组，借助驻访或驻校的方式，对表现不尽如人意的学校进行问题排查，并针对性地提出弥补方案或解决意见，进而改善学校的教学环境，修改教学计划，促进学校管理人员或教师专业发展，等等。对于上述几种方法都难以生效的学校，政府将采取更为强硬的措施，如直接剥夺地方管理权、重组教学队伍，甚至直接宣告学校倒闭等①。质量问责机制的存在使得美国高中能够时刻关注教学质量与结果，不断改进教学方案，稳固高中拔尖创新人才培养的根基。

---

① 王晓燕. 美国基础教育质量问责的制度创新及借鉴[J]. 外国教育研究，2013(2)：3-9.

(二)公正、客观的薪酬激励

为激励教师全身心投入教育事业，英国对教师实行绩效工资制，对于教学成绩优秀的教师给予各种奖励，同时配有完善的津贴和保障体系。薪资与教学绩效相挂钩的方式极大地提高了英国教师的教学积极性。该项举措将教师每年的教学评估结果作为决定教师加薪或减薪的标准，与根据教龄设立工资的方式相比，更为公正、客观，为教师创新教学方式、提高教学效率提供了动力①。具体而言，英国教师的薪资可分为六类，分别为基本薪资、进阶薪资、教学领导职务薪资、津贴与奖励以及准资格教师薪资。学校管理团队每年都会对教师的教学表现予以检测与评估，最终评估结果便是决定教师薪资是否上涨的重要依据。此外，为保证教师职业的稳定性，英国教师薪资设有稳定的增长机制，包括学校管理职位和授课教师在内，所有教师的最低薪资和最高薪资每年都会较前一年增加 1%，抵消通货膨胀等多种因素给教师带来的经济困扰。英国设定如此复杂的薪酬制度，在最大程度上保证了教师队伍的质量与数量，充分调动了教师们的积极性。

(三)金字塔式的荣誉激励

金字塔式的教育激励主要是新加坡针对高中学校设立的“学校奖项总蓝图”，从低至高分别为初级奖项、中级奖项和特级奖项三个层次。特级奖项内部又分成两个等级，依次为优异学校奖与卓越学校奖，后者的含金量更高，在新加坡各类奖项中地位超群且最负盛名。政府部门以学校运作成果为评价标准，每五年评估一次，依据最新评价结果进行奖项的更新。针对教师的激励措施有两类：对于预备教师来说，师范生的学费由政府代缴绝大部分，自费的部分不足百分之十五。同时，依据国家政策，经正式录取的师范生均可享受国家助学金，且每年奖学金全覆盖。对于在职教师来说，新加坡政府为其提供免费的海外进修机会，在此期间教师依旧可以领取原本工资的

① GRISSOM J A, STRUNK K O. How should school districts shape teacher salary schedules? Linking school performance to pay structure in traditional compensation schemes [J]. Educational Policy, 2012, 26(5): 663-695.

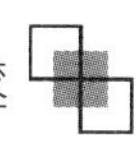

一半，以保障学习期间的生活水平不受太大影响①。另外，为进一步鼓励教师在教育领域发挥关键作用，提高教师的社会关注度，新加坡政府设立国家教师荣誉制度，即“卓越教师总统奖”。对于获奖教师的相关事迹，国家会以报道的形式进行宣传和发扬，提高国民认知度，激励教师的专业化发展。值得一提的是，这个奖项一般由总统进行荣誉授予和颁发，极大地促进了教师的自我认同和社会认同，这是对教师优秀工作者的极大肯定，彰显出教师对民族发展所作的巨大贡献。

五、评价机制

（一）强调综合素质培养的评价标准

国外高中的评价标准不单一追求升学率，而是旨在促进学生的全面发展，培养全能人才。美国教育工作者始终认为教育的服务对象必须是学生，教育的前提必须是关心、尊重与理解学生。在这一认知下，美国高中建立了以人为中心的评价机制，不将分数作为分水岭，更加注重学生的综合发展，其功能在于引导与激励，目的也不是分出高低等级，而是要促使学生发展进步，养成良好的学习习惯。

同时，评价的综合性与大学录取标准的全面性密切相关，在这种录取标准的影响下，学生综合素质成为判断学生优秀与否的关键指标。除标准学分和选课质量外，创造性水平以及在日常学习中展现出的态度和能力成为考察学生的重点内容，其中综合分析能力、言语表达能力以及学生特长兴趣的发展尤为重要。除此之外，为培养出合格的社会建设者，国外高中对于学生是否具有责任心、同情心以及领导才能予以额外重视，并将学生是否参加过社会实践活动、参加社会实践的类型以及持续时长等作为判断学生品格的

① 王晓芳，周钧，孔祥渊. 新加坡师范生公费教育内部质量保障机制探究[J]. 外国教育研究，2019(8)：97-115.

依据①。

(二)评价方式注重多元化、过程性

在上述评价标准的引领下，国外高中将以人为本的理念贯彻至学生评价制度之中，不断改进评估方式，摒弃单一化的评价标准，逐步减轻对考试的依赖程度，将描述性评价作为主流方式，以陈述性语言代替分数，以学习报告代替成绩单，同时使用新型评分系统，改变原有精细分层的模式，设置更为多元的成绩等级，减少同层次之间无谓的比较，避免学生产生炫耀、自卑等不利于身心发展的情绪②。据此，国外高中主要围绕学生的综合素质展开过程性评价，重视激励性和发展性评价，以建设性和形成性的评价结果促进学生全面发展。

具体来看，芬兰高中生的阶段性发展评价具有多种形式，如开卷考试、学期论文以及实验测试等，并且为鼓励学生积极参与社会实践、突破自我，学生自我管理和社区实践的表现都可被计入学分。单纯的书面检测在英国高中生的个人评价中占比微乎其微，闭卷考试更次一等，考试形式开放而包容，作品创作、论文撰写、课程设计等都可作为考察学生能力的手段。同时，相比于作品的优劣，评价更关注学生的动手实践能力、自我学习能力和自我表达能力。在此过程中，学生展现出的创意性观点与批判性精神，都是值得肯定的亮点。例如，英国普通中等教育证书考试除进行纸笔测验外，还会依据学科性质，采取不同的考核方式，如科学类课程重视实验技能的熟练操作、学术类课程注重论文的规范撰写等。美国高中则采用能力评估档案对学生进行动态质性的跟踪评价，通过动态的、可持续追踪的电子档案全面评估学生各类能力发展情况，用学生在各项学习任务中的表现替代传统的标准化考试，以质性评价替代以往的百分制或等级制。此种方式能够全面评价学生在高中阶段的素养和能力，为其后续申请大学提供准确依据，凸显了个性

---

① GEORGE P S, MCEWIN C K, JENKINS J M. The exem-plary high school[M]. New York: Harcourt College Publishers, 2000: 66-67.

② 张晓露. 英国教育部改革基础教育阶段学生评价模式[J]. 课程·教材·教法, 2014(5): 77.

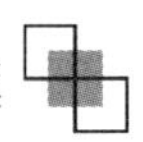

发展与综合能力评估的统一性①。

此外，评价的另一目的是将学生的在校表现阶段性地传达给家庭和社会，既是对家长与社会参与教育的结果反馈，亦是学生在校内认同度的体现。也正因如此，评价方式的变革必须得到校外教育主体的认可。

第二节　国外高中拔尖创新人才培养共同点

国外的高中拔尖创新人才培养模式各有特色，但亦有相同之处。这些共同点无疑是各国拔尖创新人才培养得以成功的基础，对我国具有极大的启发意义。

一、以综合评价为主，注重学生全面发展

国外的学生评价以促进全面发展为目的，以学生的综合表现为主要内容，评价时间不拘泥于期末或特定阶段，随时随处皆可评，评价主体也不再局限于学校教师，同伴、家长、社会甚至是学生自身均可参与。除此之外，上述四国高中已逐步摒弃以分数为标准的评价形式，转向描述性、过程性以及形成性评价，避免评价结果沦为划分学生等级、家长炫耀的工具，促使学生评价回归本质初心。例如，美国高中结合课程成绩、出勤情况、课堂表现以及论文撰写情况，对学生做出综合性评价；在英国的圣保罗学校，学生不定期接受教师的评估，评估以平时表现为依据，从努力程度和学业成就两个方面对学生做出客观评价②。

国外高中在评价结果的呈现中多用等级制而非百分制，美国、英国等走在创新前沿的高中更是废除等级制评价，借助描述性语言系统、综合地分析

① 陈殿兵，杨新晓．能力评估档案：美国高中学生评价体系的实践创新[J]．浙江师范大学学报(社会科学版)，2019(1)：99-104.

② 董奕君，王湖滨．国外普通高中走班制背景下的学生评价及其对我国的启示[J]．上海教育科研，2021(9)：28-33.

学生的能力及表现，不强调学生的成绩排名，真正关注学生在学校里学到了什么，取得了哪些进步。这类评价方式为学生营造轻松自由的学习氛围，维护学生的自尊，学生在学期结束后收获的是成长，而非面对成绩时的焦虑。在日常学习中，学生侧重于学习过程中的收获，而非一纸学习成绩。除此之外，国外高中注重过程性评价，结合课程及时给予学生反馈，在学习中评估学生的思维与能力，没有所谓的“一考定终身”，日常中的各类表现都是学生取得卓越成就的基石。

二、研究性学习成为重点

在各国推进核心素养教育的过程中，变革原有学习方式至关重要，其中研究性学习作为突破口与着力点，受到众多发达国家的关注。研究性学习既可以作为特定的独立课程，也可以作为各门学科的学习方式，在不少国家的教学实施中取得了成功，积累了大量可行经验，能够为我国学习方式变革提供指导。

美国高中的研究性学习由来已久，并已形成了较为体系化的制度，即以学科为载体，依据各学科性质为学生安排形式各异的研究活动，供学生自行选择，教师在教学中穿插研究性学习活动，以此培养学生的问题解决能力以及独立思考意识，将研究方法潜移默化至学生的头脑之中。学生学科知识得到深度巩固的同时，研究能力也有了进一步的提升。除上述收获外，学生优秀的研究成果以及日常表现都将计入学生课程成绩，在项目完成后亦将获得相应学分。在英国，研究性学习贯穿于高中学生的学科学习之中，具体开展形式有两类：一种是校内组织，以课堂为依托，分学科设置研究性学习活动，不强制学生全部参加，以兴趣为导向在学科范围内进行自主选择。从计划制订至开展调研，最后以研究报告作为总结，学生全程独立完成。另一种则是校外组织，外部机构或组织作为研究项目的承办方，公开发布项目信息，学校筛选整合后将这些信息定期向学生发布，在外部专家的指导下，学生将有机会获得奖项。

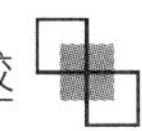

三、课程内容丰富多样

课程作为高中教育的载体，是教师向学生传达思想的中介，对教育质量有着直接的决定性作用，是教育目标实现的基础元素。通过研究上述四个国家的课程设置，可以看出，课程内容多样性是其共同特征。

从各国课程设置的经验来看，必修课程与选修课程是两大基石，前者是构建知识基础，后者是深化个性特长，保障学生掌握基础知识、养成基本能力的同时，为学生发展兴趣爱好搭建平台，满足该阶段青少年全面发展的需求。多样化的课程设置兼顾学生个性与基础能力的统一发展，以学生为中心，以学生的兴趣与核心素养为导向。课程设置的目的并非单纯为了考试、升学，而是在课程学习中培养学生的创新思维，为下一步的生活做准备。国外高中在选修课的设置上与大学衔接，为学生步入大学做准备，多所高中将论文撰写列为学生必备技能，以此培养学生的学术研究能力。课程知识也并非“高中读完即扔”的内容，而是终身受用，为学生未来生活或就业做准备。除此之外，各国高中还设立了相应的选课指导，予以学生在课程选择上的帮助，避免学生在选课期间茫然无措，帮助学生真正选到与之匹配的个性课程。

四、选拔注重创新与潜能

国外发达地区高中一般采用书面测验加面试的方式选拔拔尖创新人才，其中书面测验占比较小，主要内容是语言、数学等基础课程，而最受学生关注的还属面试环节。此种选拔方式在检验基础知识的同时，更为关注学生的发展性与创造性，通过面试评判学生的综合素养，检验学生的沟通能力与应变能力，确保招收的学生具备未来就业或生活所需的核心素养。美国学校非常关注那些能够决定学生未来学习与生活的关键要素，比如学生的性格、兴趣、爱好与能力等，一般情况下，性格开朗、自信大方、活泼好动的学生往往更能吸引面试官的注意，尤其是那些有明确目标且有信心达成的学生。此外，由于美国高中崇尚在日常活动中寻找创新点，于细微生活中发掘自身潜能，因此实践经验也成为面试考察的重要因素之一①。

五、教育理念以人为本

美国、英国等国家出台了一系列关联紧密且具有重大战略意义的教育发展规划，这些战略规划为各自国家的教育改革与发展提供了框架基础。国外教育极其注重对学生创造力和自学精神的培养，认为知识学习的过程远比知识本身重要。教育的目的并非应试，而是要以个人价值为导向，培养学生未来发展所需的核心素养，为学生迈入社会打好基础，做足准备。各国高中的教育理念虽表述不同，但都围绕一个核心，即一切以人的发展为前提，在自由、放松的环境中完成人才的培养，以促进学生全面发展为出发点，引导学生思考未来职业规划，鼓励学生在兴趣之下主动学习、快乐学习。美国高中以培养独立、负责的学生为目标，致力于为大学输送合格人才；新加坡的教育既注重对传统文化的坚持，又强调对学生适应现代化发展能力的培养，使学生充分发挥潜能，跟上时代步伐，学有所成。

六、多方助力予以保障

国外高中善于利用社会各界资源，为拔尖创新人才培养提供助力，其中家庭作为儿童教育和社会化的基础单位，是拔尖创新人才培养的关键性保障。国外家校合作受到政府、社会等多方面的支持，多数国家都由政府出台了相关制度、规章保证其顺利实施。在家校合作中，家长占主体性地位，积极参与学校组织的各类活动，将孩子的教育放在第一位。美国联邦政府和州政府联合制定了一系列法规与政策，要求家长参与学校教育，这为美国家校合作的顺利实施提供了制度上的保障。此外，学校也采取相应措施建立健全家校合作制度，引导家长参与学校工作。

---

① 陈艳萍，洪明. 美国联邦政府基础教育改革的重大调整：《不让一个孩子落伍法》之豁免政策探析[J]. 外国中小学教育，2014(4)：26-32.

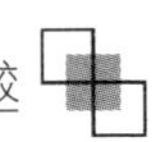

除家庭以外，国外高中积极建立与大学、社区、企业等的合作关系，挖掘更多资源，为拔尖创新人才培养提供多类平台。英国自由学校的诞生便得益于社会各界的积极参与，它是由慈善机构、高校、独立学校、社区和信仰团体、企业等组织共同创立的，教师、家长亦可以申请开办，联合国家与社会各类组织资源，为学生提供更为广阔的学习空间。从自由学校的发展趋势来看，英国社会团体积极响应国家政策，投身于自由学校的建设之中，为英国高中体系的多样化建设提供了有力支持。此外，英国还设有由学校与企业合办的“工作室学校”，学生可以到企业中参与项目实习，兼顾工作与学习①。

七、物质、精神双重激励予以教师动力

为保证教师将主要精力用于教学之上，国外高中给予教师充分的物质保障，提供舒适的教学条件。除了优渥的福利待遇外，教师还享有较高的社会声誉，职业地位较高，广受国民认可。除此之外，基于对教师职业的尊重与认可，有的国家还建立了国家教师荣誉制度，对表现优异的教师实施精神激励，如美国的国家年度教师、新加坡的卓越教师总统奖、英国的年度教师等。这种由国家层面建立的教师荣誉制度，鼓励社会各界关注、支持教师，让教师群体对自身职业充满自豪感，乐于为国家教育事业作出贡献②。另外，有的国家设有专门机构保障教师权利，如美国的教师工会等。

本 章 小 结

面对日益复杂的国际形势，提升国家综合竞争力是立国之本，拔尖创新人才的培养则是国家发展的基础。我国要借鉴与吸收国外拔尖创新人才培养

① 李斌，肖新军，A. M. 哈利德，等. 协同创新视角下英国科技教育的产学研合作机制研究[J]. 科技管理研究，2016，36(18)：13-16.

② 阮艳花，刘英. 英、美、新三国国家教师荣誉制度的共性特征及对我国的启示[J]. 中国成人教育，2017(9)：111-113.

的经验，取其精华弃其糟粕，使创新教育与国际接轨，学习其他国家拔尖创新人才培养工作的经验，为我国拔尖创新人才培养提供启示，在不断实践中摸索出适合我国国情的拔尖创新人才培养体系，推动我国教育强国建设。从整体来看，我们至少能从英美等国家高中拔尖创新人才培养中获得七个方面的经验启示，即改变以升学为导向的应试教育理念、完善学生综合素质评价、制定多元课程体系、探索多样化教学模式、营造多元协同的创新环境、完善教师激励机制、变革拔尖创新人才选拔方式。

第四章　普通高中拔尖创新人才培养管理机制的理论基础

管理机制建设是一个覆盖选拔机制、运行机制、保障机制、激励机制及评价机制的相对复杂且系统的工程，它决定了我国普通高中能否有效发挥培养拔尖创新人才的功能。本研究具体可分解为拔尖创新人才培养、管理机制建设以及管理成效评价三个维度，通过查阅文献可以发现，创造力投资理论、系统管理理论和教育评价理论是支撑本研究的坚实理论基础。

第一节　创造力投资理论

研究高中拔尖创新人才培养管理机制的前提是解决"如何提升学生创新素养"这一关键问题。在20世纪八九十年代，学者们将实验研究方法引入对个体创造力的研究中。研究结果表明，个体创造力是由多个因素构成的集合体，并由此产生了Parnes的创造力"万花筒"模型、Amabile的创造力认知成分理论等多个创造力多维理论流派，其中最具代表性的是美国心理学家Sternberg提出的创造力投资理论。

Sternberg认为，个体创造力的形成过程难以通过单一的学科方法予以阐释，需要在社会情境下综合考量个体智力、心理、认知等多维因素。因此，创造力不仅表现为智力或能力要素，更是能力与其他多方面的复合体，具体来看包括六大维度，即智力能力(intelligence)、知识(knowledge)、思维风格

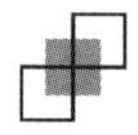

(thinking styles)、人格(personality)、动机(motivation)和环境(environment)①，每个维度发挥着既独立又协同的作用。

Sternberg 在智力能力维度提出了“三元论”，即成分亚理论、情境亚理论和经验亚理论。其中，成分亚理论作为三元智力论的基础，又分为元成分、操作成分和知识获得成分，且元成分是影响个体创造力的关键。创造性问题解决的核心步骤是重新定义问题，而在此阶段个体需要组合、比较各类问题解决方案，分析问题本质，然后通过元成分的控制、评估信息处理过程，实现对智力能力的规划和调节②。在问题解决过程中，仅重新定义问题显然不足，还需一定的知识积累和较好的知识结构来支撑个体实践。需要注意的是，知识分为专业领域的正式知识和书本以外的非正式知识，如常识等。知识积累与创新存在倒 U 型关系，并非知识积累得越多，创新共享越大③。在具备相应的智力能力和知识积累后，个体能否达成创造性成就还取决于思维风格，即人才自身对其智力、知识运用所做出的选择偏好。在思维风格上，创新型人才往往更能适应新挑战，以新视角看待问题，并通过自己的方式去思考、解决问题，能够兼顾整体与局部。此外，Sternberg 认为人格特征是决定创造力能否付诸实践的关键，具体包括五个方面：是否自信、风险承担意愿、成长意愿、消除桎梏的决心以及对模糊性的容忍度。最后，拔尖创新人才还应具备强大的内在动力，这一动力并非来自某一目标，而是源于为达成目标所要完成的各项任务。除了上述内在要素外，创造力的发挥还需要一个良好的外部环境，支撑创新想法、创新成果的落地生根。

基于上述分析，Sternberg 的创造力投资理论能为我国高中拔尖创新人才培养带来如下启示：第一，智力能力培训中应注重对学生元认知的培养，将智力能力与智力风格内化为一体，让学生能够主动灵活地理解、解决问题，帮助其产生创新性想法，同时在课堂教学中引导学生掌握自主调节能力；第

---

① STERNBERG R J, LUBART T I. Investing in creativity[J]. American Psychologist, 1996(7): 677-688.

② 张景焕. 创造力的投资理论及其对创造性教学的启示[J]. 教育研究, 1998(1): 54-57.

③ 孙雍君. 斯腾伯格创造力理论述评[J]. 自然辩证法通讯, 2000(1): 29-37; 46.

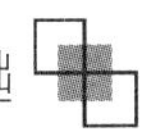

二，学校必须进行启示型教学，充实学生知识体系，拓展知识范围，鼓励其灵活运用知识储备去解决实际问题，让学生能够从多个角度思考分析问题；第三，在教育教学中，教师应引导学生深刻理解自己所学知识的用途，鼓励学生在运用所学知识处理生活中各类复杂问题时，能够有态度、有思想，从全局视角看待问题；第四，为培养创新人格，学校要积极改革课堂教学方式、班级管理方式，激发学生学习兴趣，让学生能够更好地展现自己的想法，不人云亦云，同时在面对挫折时从容冷静，敢于直面困难，拥有不达目的不罢休的定力；第五，学校应营造良好的创新情境，通过组建研讨小组、校园社团等，让学生们在各类组织情境下互相启发思维、交流看法，形成一个交流互信的氛围。

基于上述启示，管理机制作为高中拔尖创新人才培养的整合要素，需要系统内目标管理、教育教学管理、保障管理等多方面共同作用，通过营造良好的创新情境，培养学生智力能力、知识、人格、思维等。据此，学校在教育教学过程中应积极开发生动而有特色的课程体系，帮助学生更好地积累知识，锻炼智力，引导其构建批判性思维，还应采取开放多元的教学方式，培养学生创新精神，激发学生探索欲望，帮助学生形成较强的逻辑思维和学习动机。

第二节　系统管理理论

拔尖创新人才培养作为普通高中的重要使命，必然需要一个科学的管理机制予以支撑。而学校作为学习型组织，由科层结构、学生和教职工等个体、校园文化、规章制度、教育教学体系、软硬件环境、绩效产出等关键因素构成①，是一个复杂而又开放的社会系统。从这个角度上看，高中拔尖创新人才培养管理机制应被视为一个系统，采取系统管理理论进行分析。

---

① 韦恩·K. 霍伊，塞西尔·G. 米斯克尔. 教育管理学：理论·研究·实践[M]. 范国睿，主译. 北京：教育科学出版社，2020：22-30.

系统管理理论将管理视作一个系统，强调系统由多个相互关联的要素构成，突出系统的整体性和层次性，旨在实现管理的最优化，达到“1+1>2”的效果。具体来看，系统管理理论认为人力、物力、环境等资源组成一个开放的社会组织系统，且该系统由多个子系统构成，包括目标或价值系统、技术系统、社会心理系统、结构系统等，每个系统既具备独立功能又相互联系，且每个子系统还能进一步细分。系统管理理论最大的贡献在于使用系统论方法分析一个特定组织对象的管理行为及成效，从整体全局视角出发，既重视系统内部的协调，又重视外部环境的保障，既关注系统结构，又关注管理过程。

将该理论引入高中拔尖创新人才培养管理机制研究中，我们可以在普通高中这一主体范围内，将拔尖创新人才培养管理机制视作一个功能系统，并且按照人才培养全过程涉及的培养理念、选拔方式、教育教学活动、保障体系、激励评价方式等关键维度，将这一系统细分为目标系统、运行系统、保障系统、支撑系统等多个维度子系统，每个子系统在拔尖创新人才培养中具备各自的功能作用，也可由自己的子系统构成，但各子系统需紧密结合，共同构成一个良性的管理生态。其中，运行系统以提升教学质量、激发学生创新潜能、培养学生创新素养为核心，是拔尖创新人才培养管理系统中的关键，涉及教育教学计划管理、课程管理、课堂管理、考务管理、信息管理等多个子环节，需要其他子系统的有效支撑。在拔尖创新人才培养的各环节中，运行系统将其他系统、学校各职能部门组织起来，使得各子系统间能够有效关联、相互促进，围绕运行系统形成一个拔尖创新人才培养权责清晰的管理系统，力争实现拔尖创新人才培养管理的最大效益。

总体来看，系统管理理论能够让原本复杂的高中拔尖创新人才培养管理机制清晰地分成多个具备独立功能的子机制，有助于更加细致地对这一研究对象进行分析。并且在系统管理理论指导下，高中拔尖创新人才培养管理各个子机制作为独立系统，还能够引用其他理论进行深入分析。例如，基于教育公平理论，拔尖创新人才培养在其选拔管理过程中，应充分考虑公平性，让学生都能实质性地感受到创新教育对其创新潜能的激发；基于教育共同体

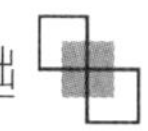

理论，学校内部的拔尖创新人才培养应被视为人与人、部门与部门间的协作活动，通过构建一个包含学生、教师、家长、社会等多方利益主体相互依赖的有机系统，实现学习共同体、实践共同体。此外，涉及学校拔尖创新人才培养的保障管理、学生和教师的激励管理等内容时，分别可基于全面质量管理理论和教育激励理论进行阐释。

第三节　教育评价理论

高中拔尖创新人才培养管理机制的运行是否有效，需要一个客观的教育评价体系对其进行评价，以期为后续管理机制的改进提供依据。教育评价最早由美国学者 Tyler 提出，意在检验课程和教学实现教育目标的程度[①]。而后，Stufflebeam、Cronbach 等学者提出，教育评价的目的是基于教育信息的整理分析，对教育过程和结果进行价值评判，为教育改革提供依据，以提升教育质量[②③]。教育评价发展至今，伴随着时代变革和社会经济发展需要，主要经历了四个阶段：20 世纪 30 年代以前的测量阶段，更多注重通过科学客观的教育测验方法进行教学评价。20 世纪 30 年代至 50 年代的描述阶段，在发现教育测量无法反映个体创造力等难以量化的概念后，泰勒等学者明确区分测量与评价，并倡导了以目标为中心的教育评价取向。20 世纪 50 年代至 70 年代的判断阶段，此时很多学者对泰勒模式进行批判，诸如目标合理性难以评判、非预期效应难以分析、难以用单一模式评价各学生的成就等。在此基础上，学者们建立了 CIPP 模式、目标游离模式、应答模式等评价模式，并由 Beeby 首次提出教育评价的本质是价值判断，不仅包括目标的判断，更包括对教育活动的价值判断。20 世纪 70 年代后的建构阶段，教育评

① TYLER R W. Changing concepts of educational evaluation [J]. International Journal of Educational Research, 1986, 10(1): 1-113.

② STUFFLEBEAM D L. A depth study of the evaluation requirement [J]. Theory Into Practice, 1966, 5(3):121-133.

③ CRONBACH L J. Course improvement through evaluation [J]. Springer Netherlands, 1983: 101-115.

价取向从目标导向转变为过程导向，比较著名的是美国教育评价专家 Cuba 和 Lincoln 创立的第四代教育评价理论，认为教育评价是在评价对象和评价者平等地位基础上的协调过程，主张以人为本，充分重视和尊重个体发展需求、人格等，让学生个性能够得到充分展示①。

在第四代教育评价理论成为主流后，学者们从不同角度对该理论进行拓展研究。其中被广泛认可、被认为更能体现当前教育评价趋势的是发展性教育评价理论，也是我国当前教育评价改革中备受重视的理论，综合素质评价便是这一理论的重要体现，这也为客观评价高中拔尖创新人才培养管理机制是否能有效培养学生创新素养提供了重要的理论依据②。

简单来说，发展性教育评价的价值取向是以人为本，更加注重以发展的目光看待人才培养过程，其目标是要通过评价得到关于学生培养的有效反馈，并不断改进学校的教育教学管理，在促进学生全面而有个性发展的同时，推动学校教育教学水平的提升。发展性教育评价认为，评价不仅仅是价值判断，更是过程描述，具备动态性、开放性，既要重视最终的总结性评价，也要重视对日常教育教学活动的阶段性评价，这样有助于实现教育教学的不断调整，最终达到人才培养和选拔目的。因此，发展性教育评价要在教育教学、人才培养过程中，注意观察评价对象的变化，整理分析评价对象发展的关键信息，形成对学生、教师、管理成效等的日常阶段性评价，并据此不断推动教育教学、人才培养管理等的改进。同时，发展性教育评价以人为本的导向决定了这一评价理念必然尊重评价对象的个体差异，而非使用单一方式对所有个体进行统一评价，因此发展性教育评价更加注重用多元方法相结合的方式进行差异化、个性化评价，比如自我评价和他人评价、过程性评价和总结性评价、分项评价和综合评价等。此外，发展性教育评价涉及多主体、培养全过程，必然需要及时的合作、沟通，提高各主体的参与感③。

---

① 李亚东，张行. 教育评价发展的历史轨迹及其规律[J]. 江苏高教，2000(3)：62-65.

② 龚孝华. 重新理解发展性教育评价：基于生存论视阈[J]. 课程·教材·教法，2009，29(3)：16-19.

③ 董奇，赵德成. 发展性教育评价的理论与实践[J]. 中国教育学刊，2003(8)：22-25；49.

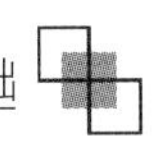

对于普通高中拔尖创新人才培养管理机制的评价而言，其核心是关注学校创新人才培养是否行之有效，这需要贯彻发展性教育评价理念，目的是体现对学生创新潜能的激发、创新素养的提升以及对拔尖创新人才培养管理过程的不断完善。因此，普通高中拔尖创新人才培养管理机制评价首先应明确发展性原则，学生个体的发展是一个连续、渐进、螺旋上升的过程，需要用发展的眼光对学生个体的综合素质进行评价，客观判断其创新素养的培养效果。高中阶段是学生智力、思维品质、人格意识等迅速发展的时期，拔尖创新人才的培养要更加关注学生成长过程，注重学生创新潜能的发挥，而不能以一纸成绩评判学生个人素养，在评价方式上应淡化甄别功能，在过程性评价的基础上设计兼具共性与个性、单一与综合的评价方案。其次，在引导学生德智体美劳全面发展的同时更应促进其个性发展，摒弃传统评价中的唯分数论、唯升学论，更加关注学生的禀赋差异、个性差异，创新适合学生发展的评价方式，从多个角度观察、评判学生个性化发展情况。最后，在当前教育评价改革趋势下，对学生创新素养的评价应更加注重评价主体多元化，让学生、教师、家长等主体实质性、平等化地参与到评价的目标规划、标准制定、行动实施及结果反馈的全过程之中，通过自主评价、学生互评、教师评价、家长评价等方式真实反映学生在创新素养培育过程中的发展情况，形成相应的资料记录和评价意见。

本章小结

本章主要针对高中拔尖创新人才培养管理机制的理论基础进行探讨。首先，高中拔尖创新人才培养管理是一个相对复杂的系统工程，它涉及拔尖创新人才培养的理念、选拔、运行、保障、激励与评价各个环节，因此选择创造力投资理论、系统管理理论、教育评价理论作为本研究的理论基础；其次，基于上述理论，本章按照人才培养的起点、过程及结果三大阶段，阐述了学校拔尖创新人才培养选拔、运行、保障、激励以及评价五大机制应秉承的理念、实现的目标和达成的效果。

第五章　我国高中拔尖创新人才培养的调查研究

前面我们主要梳理了我国高中拔尖创新人才培养的发展历程，对各阶段的时代背景、发展特征以及存在的问题进行了深入的概括。为了响应国家创新驱动发展战略，本章以拔尖创新人才培养的实际做法为切入点，通过问卷调查的方式，进一步探究我国当前高中拔尖创新人才培养工作的实施情况，以期提出拔尖创新人才培养管理的有效做法。

第一节　调查设计与实施

一、问卷设计

根据对已有文献的总结，本研究从高中拔尖创新人才培养模式的操作流程出发，围绕入校选拔、创新能力培养、教育教学保障、师生激励政策以及学生考核形式五类问题设计问卷，具体可概括为选拔机制、运行机制、保障机制、激励机制和评价机制五个维度。其中，选拔机制涉及入校选拔形式、选拔范围以及选拔指标，运行机制表现为文化建设、学制形式、课程设计、授课方式、创新发掘、课外培养、校外合作等，保障机制包括制度保障、资金保障、部门保障、硬件保障、家庭保障、师资保障及政府支持，激励机制分为教师激励和学生激励两类，评价机制包含评价形式、评价主体、评价指

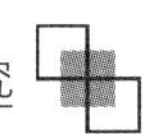

标维度等。

考虑到各个机制涉及的主体和问题不同，本研究分别设计了学生问卷、教师问卷、校友问卷和管理人员问卷。四类问卷在问题维度以及提问方式上有所不同，部分问题基于信息优势只能由部分群体作答，其中学生问卷、教师问卷和校友问卷的题型是相同的，而管理人员问卷主要为开放式问题。学生问卷和教师问卷的设计主要分为三部分，第一部分是调查对象的基本信息，第二部分是高中拔尖创新人才培养模式涉及的具体问题，第三部分是开放式问题，问卷提问的主要类型有单项选择题、多项选择题、打分题以及主观作答题。问卷中涉及选拔机制、运行机制、保障机制和评价机制的部分问题以李克特五级量表的形式呈现，每个题目都有“很同意”“同意”“一般”“不同意”“很不同意”五种回答，分别记为 5 分、4 分、3 分、2 分、1 分，对所有题目分数相加并取平均分，以判断调查对象的态度方向和强度，分数越高表示调查对象对题中所述情况越认同。在题目数量上，学生问卷共设置 60 道，教师问卷设置 52 道，校友问卷设置 12 道，管理人员问卷设置 15 道，题目数量的详细分布与相应题项设置详见附录。

二、样本选取

因受到疫情、经费等因素的限制，本研究主要通过线上问卷形式获取全国高中的调研数据。调查地点包括北京、上海、武汉等地区的省级示范高中、市级示范高中以及普通高中，其中绝大部分中学都与当地的高校建立了合作关系或为高等院校的附属中学，最终确定了 9 省(市)的 22 所中学(见表 5-1)[①]，调查数据具有较高的比较性和代表性。

① 受到不可抗力影响，教师问卷与学生问卷的主要样本来源并不完全一致，两类样本的学校分布情况大致吻合。

表 5-1　样本学校分布

省(市)	样本学校
上海市	上海师范大学附属罗店中学
北京市	华中师范大学第一附属中学朝阳学校
	北京市陈经纶中学
	北京市第十八中学
	北京市丰台第十八中学
湖北省	华中师范大学第一附属中学
	华中师范大学第一附属中学福星学校
	武汉市第三中学
	武汉市吴家山中学
	武汉市马房山中学
	长阳土家族自治县第一高级中学
	湖北省天门中学
	天门市皂市高级中学
	天门市陆羽高级中学
	天门市渔薪高级中学
广东省	华中师范大学珠海附属中学
	华中师范大学龙岗附属中学
江苏省	南京市中华中学
河南省	华中师范大学附属清丰高级中学
湖南省	华中师范大学南县附属湖心学校
云南省	牟定县第一高级中学
海南省	华中师范大学第一附属中学屯昌思源实验中学

三、问卷发放与回收

课题组将设计好的问卷通过问卷星进行编辑，生成问卷链接后借助微信、QQ 等通信工具委托各校负责人组织师生、校友及管理人员填写。考虑到部分学生在校期间无法接触到通信设备，问卷的发放主要集中在暑假期

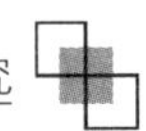

间，问卷发放时间为一个月，随后开始数据整理、统计工作，以此初步了解各地高中拔尖创新人才培养的主要做法和实际问题。本次调研最终回收学生问卷 4 524 份，教师问卷 621 份，校友问卷 462 份，管理人员问卷 30 份，问卷回收率为 100%。

四、数据处理工具

本研究选用 SPSS 26.0 作为数据分析工具，SPSS 是应用最为广泛的社会科学统计软件之一，在社会科学领域发挥着十分重要的作用，其功能可以满足本研究绝大部分的需求。首先将调查数据从问卷星网页端下载后导入 SPSS 26.0，将所有样本重新编码后，进行数据的清洗、转换工作。完成数据的预处理后，根据研究目的和预期结果，应用描述性统计、主成分分析、二元 Logit 回归等方法进行数据分析工作，最终得出本研究的主要结论。

第二节　信度检验

在分析数据之前，需要对量表实施信度检验，以保证问卷的可靠性，提高问卷质量①。信度是一个测量学概念，考察的是量表中所有题目的一致性，衡量标准通常选用 Cronbach's alpha 系数。一般来看，该系数大于 0.9 表示量表中题目的一致性非常高，低于 0.7 表示量表中各题不一致程度较高，需要对量表进行重新修订，介于 0.7 至 0.9 之间表明量表一致性较好。如表 5-2 所示，无论在学生问卷还是教师问卷中，选拔机制、保障机制对应题项的 Cronbach's alpha 系数均介于 0.7 ～ 0.9 之间，运行机制对应题项的 Cronbach's alpha 系数略高于 0.9，整体而言，信度较好。然而，评价机制在学生问卷和教师问卷中对应题项的 Cronbach's alpha 系数分别仅为 0.446 和 0.634，一致性较低。其主要原因在于针对评价机制设计的相关题目大多为非量表题型，而量表类题目设置数量较少，在分析该类机制的具体做法时李

① 针对激励机制设计的题目均为非量表题型，不予检验。

克特五级量表不适用。除了李克特五级量表外，本研究对各个机制涉及的问题进行细化，并以多项选择题、单项选择题以及填空题、主观作答题等形式在问卷中呈现，相关问题的分析将结合具体机制进一步在下一章节中详细说明。

表 5-2　量表题项设置情况分析

维度	问卷类型	Cronbach's alpha	题目数量	平均值	样本量
选拔机制	教师问卷	0. 830	4		621
	学生问卷	0. 794	4		4 524
运行机制	教师问卷	0. 952	12		621
	学生问卷	0. 952	19		4 524
保障机制	教师问卷	0. 844	8		621
	学生问卷	0. 852	3		4 524
评价机制	教师问卷	0. 446	1		621
	学生问卷	0. 634	3		4 524
激励机制	教师问卷	—	0	—	—
	学生问卷	—	0	—	—

第三节　样本特征

一、学生样本特征

对学生样本的性别、年级、学校类别、学校性质、户籍以及家庭年收入等人口学变量进行描述性统计，得到如下结论：从性别上看，样本中男女比例近乎相等，男性占 52. 8%，女性占 47. 2%；从年级分布上看，本次调查的对象主要为高一年级学生，这是由于问卷发放时间在暑期，相较于高年级学生，高一学生有更多空余时间，并且高一学生已经在校经过一整年系统性的学习，对于学校相关情况的认知程度与高年级学生相比不会有较大差异；从

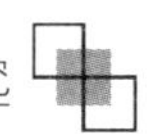

学校类别上看，为了便于比较，问卷中设计了“学校是否为示范高中”的相关题项，其中示范高中分为省级示范高中和市级示范高中，一般情况下这两类高中在教学质量方面较普通高中更有优势。数据显示有37.9%的学生来自省级示范高中，5%的学生就读于市级示范高中，超过50%的学生就读于普通高中；从学校性质上看，调查中有75.4%的学生就读于高校附属中学，24.6%就读于非高校附属中学；从户籍分布上看，城市户籍学生较农村户籍学生多9.2%；从家庭年收入上看，绝大部分学生的家庭年收入在第一档和第二档，即10万元及以下和11万～30万元区间，只有8.5%处在31万～50万元区间，5.8%收入达51万元及以上。具体情况如表5-3所示。

表5-3　学生样本特征

信息	选项	频率	百分比
性别	男	2 389	52.8%
	女	2 135	47.2%
年级	高一	2 858	63.2%
	高二	779	17.2%
	高三	887	19.6%
学校类别	省级示范高中	1 715	37.9%
	市级示范高中	225	5.0%
	普通高中	2 584	57.1%
学校性质	高校附属中学	3 326	75.4%
	非高校附属中学	1 198	24.6%
户籍	农村	2 052	45.4%
	城市	2 472	54.6%
家庭年收入	10万元及以下	2 021	44.7%
	11万～30万元	1 858	41.0%
	31万～50万元	384	8.5%
	51万元及以上	261	5.8%

二、教师样本特征

表 5-4 展示了对教师样本性别、年龄、学历、教龄以及所在学校地区性质等基本情况的描述性统计结果。可以发现，在性别上，女性教师占总样本量的 61. 7%，而男性教师占 38. 3%，差距明显，反映出当前高中教师队伍性别结构存在一定程度的不平衡；在年龄上，41 岁及以上教师占比 42. 7%，31 ~40 岁教师以及 30 岁及以下教师各占约 30% 的比例；在学历上，绝大部分教师学历为本科，占比近 80%，而其余近五分之一为硕士研究生及以上学历，样本中仅有一人为专科学历；在教龄上，大部分教师的教龄都在 5 年以上，占据总样本量的 70%，3 年以下教龄的教师占比 19%，3 ～5 年占比 11%；在学校地区性质上，绝大部分教师就职的学校位于城市，只有 15. 1% 的教师在农村教学；在职称上，初级教师、中级教师和高级教师各占约三分之一。高级教师全部拥有 5 年以上教龄（见表 5-5）。

表 5-4　教师样本特征

信息	选项	频率	百分比
性别	男	238	38. 3%
	女	383	61. 7%
年龄	30 岁及以下	182	29. 3%
	31 ～40 岁	174	28. 0%
	41 岁及以上	265	42. 7%
学历	专科	1	0. 1%
	本科	493	79. 4%
	硕士研究生及以上	127	20. 5%
教龄	3 年以下	118	19. 0%
	3 ～5 年	68	11. 0%
	5 年以上	435	70. 0%

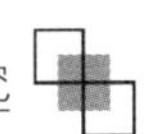

续表

信息	选项	频率	百分比
职称	初级教师	207	33.3%
	中级教师	217	35.0%
	高级教师	197	31.7%
学校地域	农村	94	15.1%
	城市	527	84.9%

表 5-5　教龄与职称分布

教龄	初级教师	中级教师	高级教师	合计
3 年以下	110	8	0	118
3～5 年	47	21	0	68
5 年以上	50	188	197	435
总计	207	217	197	621

本章小结

本章围绕拔尖创新人才培养这一主题，通过线上问卷形式对全国范围内，包括北京、上海、湖北等 9 省(市)的省级示范高中、市级示范高中以及普通高中，共计 22 所中学进行调研，调研数据具有较高的代表性。在问卷设计上，研究围绕选拔机制、运行机制、保障机制、激励机制和评价机制五个维度分别设计了学生问卷、教师问卷、校友问卷和管理人员问卷。问卷题目类型包括单项选择题、多项选择题、打分题以及主观作答题，题目数量分别为学生问卷 60 道、教师问卷 52 道、校友问卷 12 道以及管理人员问卷 15 道。调研共回收学生问卷 4 524 份，教师问卷 621 份，校友问卷 462 份，管理人员问卷 30 份，回收率为 100%。数据分析选用 SPSS 26.0 作为工具，完成清洗、转换等预处理工作后，依据研究目的，应用描述性统计对问卷整体答题情况进行分析，并基于主成分分析、二元 Logit 回归等方法进一步探究选拔机制、运行机制和保障机制对拔尖创新人才培养质量的影响。为保证问卷的可靠性，对量表题目进行信度检验。结果显示，学生问卷和教师问卷中选拔机制和保障机制对应题项的 Cronbach’s alpha 系数均介于 0.7～0.9 之间，信度较好。本章最后一部分对学生样本和教师样本的基本信息进行了统计，并形成表格数据。

第六章　我国高中拔尖创新人才培养的现状与问题

本研究从不同角度收集各类群体对于高中拔尖创新人才培养的看法与建议，以下就收集到的数据进行详细分析，主要从学生、教师和管理人员视角总结当前我国高中拔尖创新人才培养在实际运行中存在的普遍问题。

第一节　我国高中拔尖创新人才培养的总体情况

一、学生角度

学生问卷中第 41 题“你认为中学拔尖创新人才培养过程中有哪些方面需要加强？(多选)”的回答情况如表 6-1 所示，选项“开展个性化教育”的选择人数最多，高达 71.4%，其次是“改革教学理念”，响应占比达 66.6%，“加强教师队伍建设”排在第三位，占 60.9%，“完善评价体系”和“同高校合作”分别占 53%和 46.7%，“同企业和国家项目合作”以及“其他”各占 41.8%和 23%。从该题的统计情况可以看出，当前我国高中拔尖创新人才培养工作未能全面考虑到学生的个体差异性，学生们对个性化教学的呼声较高，与之相对应的教学理念改革也应及时提上日程。

表 6-1　中学拔尖创新人才培养需要加强的内容调查结果

选项	响应个案数	百分比	个案百分比
改革教学理念	3 011	18. 3%	66. 6%
加强教师队伍建设	2 754	16. 8%	60. 9%
完善评价体系	2 399	14. 6%	53. 0%
同高校合作	2 111	12. 8%	46. 7%
同企业和国家项目合作	1 892	11. 5%	41. 8%
开展个性化教育	3 231	19. 7%	71. 4%
其他	1 040	6. 3%	23. 0%
总计	16 438	100. 0%	363. 4%

学生问卷中第 42 题“你认为在拔尖创新人才培养方面，学校目前最需要做什么工作？（最多选四项）”的回答情况如表 6-2 所示，“重视对学生创新能力的培养”这一选项有 78. 7% 的学生勾选，其次是“创新教育模式”，响应占比达 60. 9%，位居第二，“致力于从‘分数至上’到‘能力至上’的转变”占 59. 2%，“给学生独立发展的空间”占 48. 1%，“改善学校硬件措施”和“加强学校师资队伍建设”各占 33. 4% 和 26. 7%，排在最后的是“加强同社区或企业的紧密联系合作，开放办学”。可以看出，大部分学生认为学校在培养学生创新能力方面存在不足，改革教育教学模式、摒弃唯分数论、坚持以学生为主的教育理念是当前我国高中在拔尖创新人才培养方面最需要做的工作。此外，结合第 40 题的选择情况来看，对于学生来说“同企业合作”的重要性并不突出。

表 6-2　学校在培养拔尖创新人才过程中需要做的工作调查结果

选项	响应个案数	百分比	个案百分比
重视对学生创新能力的培养	3 559	23. 9%	78. 7%
改善学校硬件措施	1 509	10. 1%	33. 4%
创新教育模式	2 755	18. 6%	60. 9%

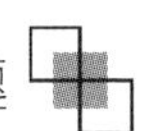

续表

选项	响应个案数	百分比	个案百分比
致力于从“分数至上”到“能力至上”的转变	2 680	18.0%	59.2%
加强学校师资队伍建设	1 206	8.1%	26.7%
加强同社区或企业的紧密联系与合作，开放办学	984	6.7%	21.8%
给学生独立发展的空间	2 176	14.6%	48.1%
总计	14 869	100.0%	328.8%

学生问卷中第43题“你认为目前我国高中在拔尖创新人才培养方面存在的主要问题是？（可多选）”的回答情况如表6-3所示，被选数量最多的是“教育体制僵化”和“管理过死，约束过多”两个选项，分别占63.6%和60.6%，其次是“形式主义严重”“教学形式单一”和“教学方法呆板老套”，分别占53.5%、45.2%、39.7%，在教学内容、考评制度、教师水平、课程设置等方面学生负面反馈相对较少，“考评制度不合理”占34.1%，“过分强调全面发展”占33.5%，“高水平教师的作用发挥不够”和“课程设置不合理”分别占30.5%和30.9%。由此可见，学生认为当前高中拔尖创新人才培养中比较突出的问题在于管理制度僵化、约束措施过多，这些制约了学生学习的主动性，同时教学方法、教学形式等方面的问题普遍存在，课堂教学对学生的吸引力不足，不利于学生基础知识的积累和创新能力的提升。

表6-3 高中拔尖创新人才培养存在的主要问题调查结果

选项	响应个案数	响应百分比	个案百分比
教育体制僵化	2 878	15.0%	63.6%
管理过死，约束过多	2 741	14.3%	60.6%
教学内容陈旧	1 487	7.7%	32.9%
教学方法呆板老套	1 795	9.3%	39.7%
教学形式单一	2 045	10.7%	45.2%
形式主义严重	2 420	12.6%	53.5%
考评制度不合理	1 544	8.0%	34.1%

续表

选项	响应个案数	响应百分比	个案百分比
过分强调全面发展	1 516	7. 9%	33. 5%
高水平教师的作用发挥不够	1 378	7. 2%	30. 5%
课程设置不合理	1 396	7. 3%	30. 9%
总计	19 200	100. 0%	424. 5%

学生问卷中第 45 题“你认为中学在拔尖创新人才培养过程中有什么难题？（多选）”的回答情况如表 6-4 所示，被选数量最多的是“中学教育理念落后，主要抓学生的学习成绩”，占比达 65. 8%，这一结果同第 40 题的结论基本一致，排第二位的是“中学教育模式与社会需求脱节，跟不上社会发展”占 47. 1%，紧接着是“盲目性地模仿其他学校的方法和模式，不考虑本校自身条件及因素”占 45. 7%，随后是“家长和社会不需要中学进行拔尖创新人才的培养”占 32. 1%，最后是“学生年龄太小不适合进行拔尖创新人才培养”仅占 15. 1%。由此可以看出，高中阶段的学生已经意识到了培养创新能力的重要性，并且希望学校革新教育理念，注重学生的全面发展，不将提升分数作为教育的唯一目的，同时创新教育教学模式，紧跟时代发展，不断调整课堂内容，与社会需求相匹配，提升课堂教学实效。

表 6-4　学校在拔尖创新人才培养过程中的难题调查结果

选项	响应个案数	响应百分比	个案百分比
中学教育模式与社会需求脱节，跟不上社会发展	2 133	20. 7%	47. 1%
中学教育理念落后，主要抓学生的学习成绩	2 976	28. 9%	65. 8%
家长和社会不需要中学进行拔尖创新人才的培养	1 454	14. 1%	32. 1%
学生年龄太小不适合进行拔尖创新人才培养	683	6. 6%	15. 1%
盲目性地模仿其他学校的方法和模式，不考虑本校自身条件及因素	2 068	20. 1%	45. 7%
其他	991	9. 6%	21. 9%
总计	10 305	100. 0%	227. 7%

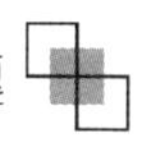

经统计，本次调查共收到开放式题目“你认为在可行性的基础上学校可以实施何种措施和方法来培养拔尖创新人才?”的 1 208 条有效记录，各校学生主要围绕课程开设、课堂教学、课外活动、学科竞赛、学校管理以及教师队伍建设六个方面提出建议：

第一，在课程开设上，学校应在现有学科基础上，开设美术、音乐等艺术类课程，并强调各个课程的教学质量，避免出现主要学科占用艺术类、体育类学科上课时间的情况。多开设实践类课程，不仅包括物理、化学等学科的实验类课程、科技创新类课程，还包括与高校、企业、社区联动的社会实践类课程，让学生在动手操作的过程中领悟原理，在社会实践的行动里运用原理，让学生真正知原理、懂原理、用原理。开设兴趣类课程，实行选修课和学分制，学生可以根据自身兴趣自主选择课程学习，并配备专业的指导老师。同时，对于特长突出的同学，引进高等教育相关知识，为进一步培养打下基础。多开设创新类课程，比如编程类课程、手工类课程、烹饪类课程等，利用线上与线下相结合的教学手段，设立科技创新奖项，让学生自发地参加科研活动，启发学生的创新意识，让学生的学习紧跟科技发展，而非仅传授经验。关注学生的心理健康，重视学生人际交往能力与思维思考能力发展，开设心理教育类课程、社交课程、思维训练课程等，让学生学会珍惜当下，树立正确的人生观和价值观。增设大学、专业介绍课与职业规划课，引导学生树立目标意识，提早规划自己的人生并为之努力。

第二，在课堂教学上，教师要因材施教，将基础不同的学生区分开来，对基础好的学生可以适当进行拔尖培优，对基础一般的学生在课堂上给予更多的关注，形成良好的师生互动，以此达到引导、启发、栽培的目的。将创新融入常规课程中，以趣味话题引入常规知识点，吸引学生的注意。用不同角度分析同一事件，并对此形成不同的看法，打造生活化趣味课堂，巧妙吸引学生兴趣，潜移默化提升学习能力，为创新打好基础。在不同的细分科目中实施不同的创新型教学方式，比如人文类课程可以开展辩论赛、演讲报告、社会实践等群众性活动，而科学类课程可以开展知识竞赛、“一题多解”趣味赛、精准研学等活动，要使每位学生都找到自己的定位和擅长的领域。鼓励学生对课本知识及课外知识进行深入探究，用科学又不失幽默的方式引导学生独立思考，将课本与生活实际结合起来，增加学生自主学习的时长，提供学生所需的各种条件与帮助，以学习小组的形式激发学生的创新能力。改革传统授课方式，引入学生讲学模式，以学习汇报或课题答辩的形式促使学生主动学习、全面学习，降低考试频率，不对学习成绩进行排名，减轻学生压力。紧跟时事，关注科技前沿领域成果，并与书本知识相结合，让学生关心国家大事的同时熟悉原理的运用，助力学生将兴趣转化为创新性成果。培养学生批判性思维，使其敢于质疑，积极探索不合理现象背后的原理，深入探究原理的准确性与适用性。多对学生进行开放式提问，引导学生思考，提高学生思辨能力，鼓励学生对开放式问题进行探讨，布置一些开放性高、实用性强的任务，锻炼学生的实操能力。

第三，在课外活动上，根据不同学生的兴趣，组织开展社团活动，增加社团活动的实践性，给予必要的人力与物力支持，让学生在社团活动中展现自己的特长，释放自己的压力。举办科技创新节、艺术文化节、科学讲座、课题答辩等活动，借鉴他校的成功经验，营造良好的创新氛围，开阔学生视野，提高语言表达能力。将实验与教学相结合，培养学生动手能力，给学生留出充裕的课外阅读时间，增加学生知识储备。组织社会考察活动，引导学生自主调研，观察社会问题、了解社会矛盾、解决社会困难，并及时举行汇报活动，展示实践成果。组织创新活动，以社会热点为主题，让学生自由分组、合理分工，引导学生最终给出解决方案并解决问题。

第四，在学科竞赛上，在校内积极组织各种形式的比赛，包括但不限于学科类竞赛、生活常识与急救类竞赛、文化艺术类竞赛、社团组织类竞赛等，为学生提供参与省级甚至国家级竞赛的平台，配备专业的指导教师，鼓励学生通过自主学习积累知识与技能，参与竞赛，并为优胜者提供相应的奖励。创新比赛机制，丰富参赛形式，鼓励学生以个人、小组或者团体的形式参与比赛，在层层选拔中培养学生的学习能力、适应能力与合作能力。以赛

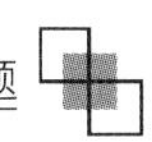

代教、以赛促学，缩短讲授时间，以竞赛的方式引导学生自主学习，增强学习的目的性与导向性，在教师不教或者少教的同时，提升学生对知识的熟知程度。

第五，在学校管理上，加强硬件设施建设，补充实验所需物资，让每个学生都有做实验的条件和机会。开放图书馆、报刊室等阅读场所，为学生获取非课本知识提供便利。结合学校特点开展学校管理，不能盲目跟风、照搬照抄其他学校的教学经验与管理体制。创新管理方式，引入良好的教学模式，一切以学生的全面发展为中心，不以分数评判学生的好坏，根据学生的状态采取适宜的教育方式，减少教条主义、形式主义和刻板主义，避免禁锢学生个性思维，培养学生的独立性。积极与政府、高校合作，选拔出具备创新潜能和基础的学生参与社会研发或创新项目，开设与大学和社会接轨的实践课程(可以参考美国高中与 NASA 合作让学生参与解决国际空间站微生物问题)。与企业展开合作，为学生提供职业体验，帮助学生树立职业梦想，进行职业规划。积极与社区展开合作，聚焦热点话题如垃圾分类、文明养宠等，帮助学生打开社会视角，培养公民意识。搭建学生自由沟通、师生自由交流的平台，形成分类引导、客观评价、有效激励的管理机制。

第六，在教师队伍建设上，开展教法培训，引导教师创新教学方式，以幽默风趣的语言传授课堂知识，以深入浅出的方式阐述基本原理，以生动形象的案例引发学生兴趣，达到提高学生理解力、实践力与创造力的目的。加强师德建设，培养教师的道德责任感，在传授书本知识的同时，为学生树立道德榜样，以师德师风带动校风学风。坚决遏制部分教师中“以分数论英雄”的不良风气，引导教师充分了解每个学生，关注学生身心健康；定期调查学生对教师的评价，并及时反馈调查结果，形成良好的师生互动，提高教师教学质量。

二、教师角度

教师问卷的第 41 题询问了教师对学校开展拔尖创新人才培养的建议。

总的来看，教师认为学校应注重对学生兴趣的培养，发掘有潜力的学生，通过竞赛活动筛选创新型人才，实施分层教育，加强特色教学。注重对学生创新意识的培养，强调问题探究，多开展社团活动、科普讲坛。多为学生搭建创新实践平台、组织实践活动，挖掘学生学习潜力，可适当开展与外校学生的交流互换活动，开阔学生眼界。要更多地与高校进行合作，如开展专家讲座、开设职业体验课程、共享丰富资源等，帮助学生培养创新精神，提升思维品质。在学生管理方面除上课时间外不给学生过多限制，让其拥有更多独立自主的空间。为教师提供更多交流学习平台，给教师留出时间和精力提升自己，注重对教师创新意识、专业教学技能的培养。改变旧的教育观念，积极与国际先进的教育理念对接，加快课程教学改革。多听取一线教师的意见，及时公开与教师息息相关的信息，科学有效地展开管理。

第 42 题询问教师“开展拔尖创新人才培养对您日常教学是否产生了影响？若有，可否简要说明？”，共收集到 129 个有效回答，其中回答“有影响”的样本有 82 个，其余回答为“无影响”或“不清楚”。回答“有影响”的教师对该问题做的进一步阐释可概括为以下几点：第一，教师在教学理念上有了较大的转变与突破，对于创新课程的设计需要花费大量的时间与精力。第二，教师教学的目的性更强了，不再单纯地以分数为标准评价学生，在教学中更加注重学生的个性化发展，关注学生的自主性学习。第三，学生的知识面有了进一步的扩大，教师在教学内容上需要将学科与环境、科学、社会、生活等方面紧密联系在一起，注重培养学生在真实情境下解决实际问题的能力。这也意味着，拔尖创新人才培养对高中教师的教学能力提出了更高的要求，教师上课时需要兼顾更多的教学内容，在课下也要不断学习新知识、更新教学方式。第四，师生互动的效率更高了，课堂上学生思维更加开阔、更加活跃，学习积极性有了显著提升，畏难情绪得到明显改变。

第 43 题询问教师在开展拔尖创新人才培养过程中，学生的学习和生活是否有显著改变，共有 85 名教师认为有显著改变，具体可归纳如下：一是，部分中考分数不高的学生通过学科竞赛提升了信心，增强了对个别学科的兴

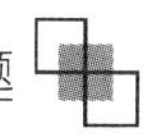

趣，学习成绩有很大进步，在生活中也更加开朗乐观，抗挫能力更强了。二是，通过对新教材的学习，学生的学习能力得到了显著提升，实验动手机会增多，对知识的理解也更加全面，学习态度更加积极。三是，学生的学习方式从被动逐步向主动转变，在课堂上的参与度明显提升，解决问题的思维方式有所转变，敢于发表不同的观点，提出更大胆的想法，开始注重对所学知识的运用。

三、管理人员角度

为了解学校管理层对当前高中拔尖创新人才培养实施情况的看法，课题组以“您认为当前高中拔尖创新人才培养还存在哪些问题？应如何解决？”为核心问题访问了北京市第十八中学、华中师范大学贵阳学校、上海市罗店中学、武汉睿升学校、武汉市吴家山中学、长阳土家族自治县第一高级中学的管理人员，并记录如下：第一，受限于各种因素，高中拔尖创新人才培养工作收效不足，应试教育痕迹依然严重，“考分高创新差”“高分低能”的现象没有改变，考评标准单一化成为培养拔尖创新人才的最大阻力，升学任务严重挤压学生创新能力发展的时间与空间。第二，各校对拔尖创新人才的概念理解不清，教学活动过于封闭，与社会发展前沿脱节，拔尖创新人才培养工作缺乏系统化和常规化项目。第三，教师观念相对滞后，课堂教学依然以知识灌输为主，缺乏研究性、探究性学习，难以满足新高考对于教学质量的要求。第四，区域教育资源分配不均，部分学校人力、物力、财力匮乏，难以支撑拔尖创新人才培养活动的开展。第五，高中与大学衔接工作不到位。据此，高中拔尖创新人才培养应进一步提高选拔机制的科学性和多样性，持续完善人才培养模式，加大与大学的合作力度，增设专业指导和职业规划课程，充分利用大学实验室等资源，成立相关部门推进实践活动基地建设，让学生及早参与创新实践活动。

四、校友角度

从校友的角度上看，高中拔尖创新人才培养应在以下三个方面进一步提升：第一，学校要建立更加系统的教学管理制度，丰富课堂教学方式，实施个性化教学，多开展趣味竞赛活动，根据学生兴趣帮助其找到适合的领域，在课堂上将时间还给学生，以培养独立自主的人才为目的，不做填鸭式教学。第二，积极开设多学科交叉的实践类课程，加强与大学专业课程的衔接，为未来专业选择与职业发展打下基础。第三，加大同高校、企业的合作，充分利用校友资源，努力让学生走出校园、走进社会。

第二节　我国高中拔尖创新人才培养管理机制的分类讨论

高中拔尖创新人才培养工作应以规范性、科学性、高效性、开放性为基本原则，并将其贯穿于人才选拔、运行、保障、激励和评价各个环节。本小节将围绕管理机制的各个维度，依据样本所在学校的属性，分别从学生和教师两个角度探讨高中拔尖创新人才培养实践的具体做法①。由于激励机制这一维度回收到的有效样本较少，本部分主要针对选拔机制、运行机制、保障机制以及评价机制进行分析。此外，题型不同，数据分析方法也不同，针对非量表题型，本研究主要使用卡方分析。卡方分析又称卡方检验，是用途较为广泛的一种假设检验方法，主要用于分析定类与定类数据之间的差异关系。

一、选拔机制

(一)培养理念

早在2010年，中共中央政治局审议通过了21世纪我国第一个教育规划《国家中长期教育改革和发展规划纲要(2010—2020年)》，正式将拔尖创新人才培养纳入国家战略；《中国教育现代化2035》则明确提出要加强拔尖创

① 在进行问卷设计时考虑到学生和教师对于具体做法的实际情况的了解程度不同，部分管理机制只针对单个群体设计问卷，从而在实证分析时并不是所有的管理机制都能从学生和教师角度分别展开论述。

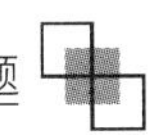

新人才的培养。培养拔尖创新人才是实施新时代人才强国战略的重要手段，是冲破西方经济技术封锁、实现第二个百年目标的关键。学校是学生步入社会前汲取知识的主要场所，也是培养创新精神和拔尖创新人才的摇篮。学校的人才培养理念应当在德智体美劳全面发展的基础上，以创新为中心，引导、启迪、激发学生的创新能力，为实施人才强国战略培养拔尖创新人才打好基础。然而在实际运行过程中，各校的培养理念并不是一致的。

如表6-5所示，对于“我认为学校不应以升学率、升学人数、名校入学人数作为教学目标”这一题项，选择“同意”的教师数量最多，只有少量教师不赞同此种观点，并且根据是否为示范校进行分类分析时，两类样本的选择情况无显著差别($p>0.05$)；对于“我认为当前教学培养目标是以培养全能型学生为主”这一题项，普通高中教师更多地持中立态度，而示范高中教师则大多赞同此观点，两类样本的选择情况存在显著差异($p<0.05$)。整体来看，相比普通高中，示范高中更加注重对学生全方位综合能力的培养，在人才培养理念上更加符合时代要求。

表6-5　培养理念卡方分析结果

问卷类型	题目	选项	是否为示范高中		总计	χ^2
			普通高中	示范高中		
教师问卷	我认为学校不应以升学率、升学人数、名校入学人数作为教学目标	非常不同意	5(1.49%)	4(1.40%)	9(1.45%)	6.676
		不同意	24(7.16%)	12(4.20%)	36(5.80%)	
		中立	87(25.97%)	69(24.13%)	156(25.12%)	
		同意	125(37.31%)	103(36.01%)	228(36.71%)	
		非常同意	92(27.46%)	98(34.27%)	190(30.60%)	
	我认为当前教学培养目标是以培养全能型学生为主	非常不同意	14(4.18%)	14(4.90%)	28(4.51%)	12.208*
		不同意	41(12.24%)	28(9.79%)	69(11.11%)	
		中立	118(35.22%)	74(25.87%)	192(30.92%)	
		同意	88(26.27%)	97(33.92%)	185(29.79%)	
		非常同意	71(21.19%)	73(25.52%)	144(23.19%)	

注：* $p<0.05$，** $p<0.01$。

(二)选拔形式

选拔形式是学生备考的风向标，是体现学校创新的第一道门槛。若选拔形式仅为笔试，则学生只重视课本知识的积累；若选拔形式为在笔试的基础上增加体能测试、实验操作测试，则会提高学生对知识运用能力和身体健康状况的重视；若选拔形式再作进一步创新，引入无领导小组讨论、小组课题研究汇报等形式，则更能引领学生的品德成长，从而实现人才的全面发展，为创新精神的培养打下基础。在入校选拔机制方面，本研究以学生问卷为主，参照常用的选拔形式，设定了是否采用无领导座谈分组讨论形式、是否进行实验类实践操作测试和是否进行面试三个方面的问题。其中，无领导座谈分组讨论考察学生的表达能力和思维水平，实验类操作测试考察学生的动手能力，面试则考察学生的应变能力。选拔的形式越多元，表明该校的选拔机制越完善。为了便于进行量化分析，上述问题由学生结合自身情况进行打分，从1分到5分依次是“非常不同意”“不同意”“中立”“同意”和“非常同意”。在学生问卷中，上述题项对应的题号分别为3、4、30。

如表6-6所示，题项“学校组织了无领导座谈的分组讨论，测试学生的表达能力和思维水平”的平均得分为3.32，依照所属学校性质进行分类后可以看出，附属高中和非附属高中在无领导座谈这一项上的平均得分与众数情况大致相当，而相较于普通高中，示范高中有更多学生选择“非常同意”，在该项上的平均得分也略高。从“入校选拔时，学校进行了实验操作等动手实验测试”的统计结果来看，无论是否对样本进行分类，平均得分都集中在3分左右，与众数相近，也即态度中立。

表6-6　无领导座谈与实验操作测试统计

问卷类型	指标		示范高中	普通高中	附属高中	非附属高中	全样本
学生问卷	无领导座谈	评分均值	3.43	3.24	3.33	3.27	3.32
		评分众数	5	3	3	3	3
	实验操作测试	评分均值	3.12	3.07	3.07	3.14	3.09
		评分众数	3	3	3	3	3

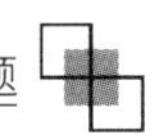

表 6-7 显示了题项“我在入校选拔时，除了考试，学校对我进行了面试考核”的统计情况，可以看出，绝大部分学生在入校选拔时没有经历过面试考察，这些学生占总样本量的 84. 3%，只有 15. 7%的学生表示入学考试中有面试这一环节。从是否为示范高中①角度来看，示范高中与普通高中学生的选择情况大致相当，参与过面试的学生占 16. 4%和 15. 2%，表示入校选拔时未参与面试的学生占 83. 6%和 84. 8%，与总样本的比例基本持平。从是否为附属中学角度来看，附属中学的学生在入学选拔时参加过面试的占比更高，为 18. 0%，而在非附属中学中表示参加过面试选拔的学生仅占 8. 5%。

表 6-7　面试情况统计

问卷类型	样本类型	是否面试	频率	占样本百分比
教师问卷	示范高中	是	318	16. 4%
		否	1 622	83. 6%
	普通高中	是	392	15. 2%
		否	2 192	84. 8%
	附属高中	是	615	18. 0%
		否	2 795	82. 0%
	非附属高中	是	95	8. 5%
		否	1 019	91. 5%
	全样本	是	710	15. 7%
		否	3 814	84. 3%

本研究进一步追问了教师对选拔方式合理化和多元化的评价，在教师问卷中设置的题项分别为“我认为学校在选拔学生过程中使用的方式非常合理”和“我认为学校的选拔方式很多元化”，统计结果如表 6-8 所示。整体上看，样本校选拔方式的合理化和多元化程度均处中上等水平，大多数教师同意“所在学校选拔方式非常合理、较为多元”的观点，评分均值分别为 3. 90

① 示范高中包含省级示范高中和市级示范高中。

分和3.73分。分属性来看，示范高中在选拔方式合理化和多样化上的评分均值分别比普通高中高0.26分和0.13分，有较为明显的差距，而附属高中和非附属高中的评分均值以及评分众数基本一致。

表6-8　选拔方式统计

问卷类型	指标		示范高中	普通高中	附属高中	非附属高中	全样本
教师问卷	选拔方式合理化	评分均值	4.03	3.77	3.88	3.95	3.90
		评分众数	4	4	4	4	4
	选拔方式多元化	评分均值	3.80	3.67	3.72	3.78	3.73
		评分众数	4	3	4	4	4

（三）覆盖范围

一般而言，生源情况对于学校拔尖创新人才培养至关重要，各校为了选拔出优秀的拔尖创新人才，需要尽可能扩大招生覆盖面。与学生相比，教师对于本校的招生情况具有信息优势，因此本研究在问卷中针对教师设计了对本校招生覆盖面评价的题项“我认为学校的选拔是面向所有具有潜力和特质的学生”。从表6-9的统计情况来看，教师对其所在学校招生范围的评价众数为4分，表明各校招生的覆盖面较广，能够为拔尖创新人才的选拔奠定良好基础。分属性来看，示范高中的评分均值达到了4.01分，而普通中学仅为3.67分，相差0.34分，差距比较明显；非附属中学的评分均值为3.98分，高于附属中学，表明非附属中学的招生工作受到的拘束更少，招生范围更广。

表6-9　招生范围统计

问卷类型	指标		示范高中	普通高中	附属高中	非附属高中	全样本
教师问卷	选拔范围评价	评分均值	4.01	3.67	3.79	3.98	3.83
		评分众数	4	4	4	4	4

此外，本研究在学生问卷中还设置了“拔尖创新人才培养与学生生源和学生素质有没有关系?”一题，用来考察学生对拔尖创新人才培养与生源质

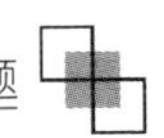

量之间关系的认知，从表 6-10 中可以发现，总体而言，超过 80% 的学生都认为拔尖创新人才培养与生源质量之间密切相关。

表 6-10　人才培养与生源质量统计

问卷类型	样本类型	是否有关系	频率	占样本百分比
学生问卷	示范高中	是	1 648	84. 90%
		否	124	6. 40%
		不清楚	168	8. 70%
	普通高中	是	2 033	78. 68%
		否	186	7. 20%
		不清楚	365	14. 13%
	大学附中	是	2 803	82. 20%
		否	215	6. 30%
		不清楚	392	11. 50%
	非大学附中	是	878	78. 82%
		否	95	8. 53%
		不清楚	141	12. 66%
	全样本	是	3 681	81. 37%
		否	310	6. 85%
		不清楚	533	11. 78%

衡量一所学校招生覆盖范围的另一指标是该校学生特长情况。本研究在学生问卷中设置了题项“我了解到周围有许多不同特长的同学选拔入校”，从学生角度评价入校学生的多元化程度。从表 6-11 中可以看出，总体样本的评分均值处于中上等水平，为 3. 53 分。示范高中与非附属高中不管是在评分均值上，还是评分众数上均高于普通高中与附属高中。示范高中与非附属高中的大多数学生在这一项上都给出了“非常同意”的评价。这表明相比普通高中和附属高中，示范高中和非附属高中的生源更多元，招生选拔的覆盖范围更广泛，更有利于学校拔尖创新人才培养工作的开展。

表 6-11　生源多元化统计

问卷类型	指标		示范高中	普通高中	附属高中	非附属高中	全样本
学生问卷	生源多元化	评分均值	3.82	3.32	3.43	3.86	3.53
		评分众数	5	3	3	5	3

(四)选拔指标

部分高中在招生录取阶段会依据各项指标加权后的分数对潜在生源进行排名，其中一项较为特殊的指标是科技创新获奖情况。本研究在学生问卷中设置题项“学校招生除了分数外，也把政府机构组织的科技创新大赛成绩作为入校资格”，以此评价各校招生选拔指标的多样性和创新性。从表 6-12 中可以看出，总体样本及各分类样本对此项的评价均集中在“一般”上，示范高中、普通高中、附属高中和非附属高中的评分均值与总体样本基本一致，未表现出明显的差异。这表明我国高中招生选拔指标的创新性有待提升，科技创新大赛的获奖情况在一定程度上反映了生源的创新潜力，是高中拔尖创新人才选拔的重要参照，这一项的缺失将直接影响学校拔尖创新人才鉴别工作。

表 6-12　获奖指标统计

问卷类型	指标		示范高中	普通高中	附属高中	非附属高中	全样本
学生问卷	选拔指标包含政府机构组织的科技创新大赛获奖	评分均值	3.29	3.26	3.26	3.33	3.27
		评分众数	3	3	3	3	3

二、运行机制

(一)学制形式

从理论上讲，弹性的学制和自由的学习环境能够提高学生的学习效率和

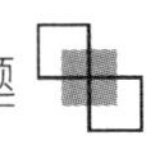

自主性。高中尚处知识积累阶段，高中生对于学习往往存在逃避心理，因此针对学生的学习情况设置合理的学制对于拔尖创新人才培养十分关键。本研究在教师问卷中设置了“我认为当前学校对于创新学生的学制管理是有弹性的”与“在学习过程中对学生管理较为宽松，允许自由学习”两个题项，考察各校的上课时间是否灵活，以及学生是否拥有自由学习的时间和空间。从表 6-13 中可以看出，在“学制管理弹性”上，总体样本的评分均值为 3. 38 分，多数教师对其所在学校的评价为“一般”。分属性来看，非附属高中的评分均值最高，为 3. 51 分，表明该类高中上课时间的灵活性最高，示范高中与普通高中在均值上没有明显差距。在“学生管理宽松自由”上，非附属高中依旧表现最佳，评分均值为 3. 57 分，评分众数为 4 分，高于样本整体水平，而普通高中和附属高中学生学习的自主性最差，评分均值为 3. 09 分，低于样本整体水平。

表 6-13　弹性学制统计

问卷类型	指标		示范高中	普通高中	附属高中	非附属高中	全样本
教师问卷	学制管理弹性	评分均值	3. 38	3. 39	3. 35	3. 51	3. 38
		评分众数	4	3	3	4	3
	学生管理宽松自由	评分均值	3. 19	3. 09	3. 09	3. 57	3. 18
		评分众数	3	3	3	4	3

(二)课程设计

课程设计是拔尖创新人才培养运行机制最核心的部分，应与培养目标保持一致，具体围绕学生知识积累、创新研究、未来规划、德行培育、人格培养、心理健康等方面展开。本研究在学生问卷中设置了选修课程、体育课程、研究性学习课程、生涯规划课程的相关问题，以调查各校课程开设的情况，表 6-14 展示了统计结果。从选修课的开设情况上看，示范高中选修课开设情况的评分均值为 4. 21 分，远高于普通高中的 3. 70 分，显示出示范性高中在选修课开设上的领先地位。从体育课的开设情况上看，各类高中的评分均值都高于 4 分，示范性高中的评分均值最高，为 4.59 分。这表明各类高中体育课程的开设情况都良好，其中示范高中在强健体魄方面最受学生认可。从研究性学习课程的开设情况上看，普通高中的评分均值与评分众数均明显低于示范高中，与样本整体水平相比也有一定差距，多数普通高中教师认为其所在学校开设研究性学习课程的水平一般。从生涯规划课程的开设情况上看，除普通高中外，其他类型高中的评分众数均为“非常同意”。与研究性学习课程相似，普通高中在生涯规划课程的开设上也存在差距，其评分均值远低于示范高中，差距达 0.49 分，同时也低于样本的整体水平。总的来看，我国高中选修课程、体育课程、研究性学习课程和生涯规划课程的开设情况良好，但普通高中在研究性学习课程和生涯规划课程等创新课程上存在明显短板，较当前高中整体发展水平有一定的差距。

表 6-14　课程设计统计

问卷类型	指标		示范高中	普通高中	附属高中	非附属高中	全样本
学生问卷	学校开设选修课	评分均值	4.21	3.70	3.98	3.75	3.92
		评分众数	5	5	5	5	5
	学校开设体育课	评分均值	4.59	4.02	4.21	4.41	4.26
		评分众数	5	5	5	5	5
	学校开设研究性学习课程并配备教师	评分均值	4.11	3.59	3.84	3.70	3.81
		评分众数	5	3	5	5	5
	学校开设生涯规划课	评分均值	4.15	3.66	3.90	3.77	3.87
		评分众数	5	3	5	5	5
教师问卷	课程设置能发挥学生特长	评分均值	3.55	3.41	3.46	3.57	3.48
		评分众数	3	3	3	3	3
	课程设计符合培养目标	评分均值	3.77	3.61	3.65	3.83	3.68
		评分众数	4	3	4	4	4
	生涯规划课程促进学生成长	评分均值	3.66	3.56	3.55	3.85	3.61
		评分众数	4	3	3	4	4

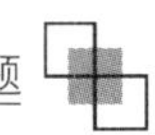

作为课程实施过程中最直接的参与者，教师对于课程设计有着更加直接客观的评价。据此，本研究在教师问卷中设置了“我认为当前的课程设置能使学生的天赋与特长得到充分发挥”“我认为学校目前的课程设计很符合学校的培养目标”以及“我认为当前学校开展的生涯规划课程给学生成长带来了巨大的促进作用”三个题项，收集教师对本校课程设计的评价，表 6-14 展示了统计结果。在“课程设置能发挥学生特长”上，各类样本的评分众数均为 3 分，表明各校课程设计对学生天赋和特长发展的满足度一般。示范高中和非附属高中的评分均值略微高于普通高中和附属高中，普通高中的课程设计在促进学生特长发挥上的表现最差。在“课程设计符合培养目标”上，示范高中和非附属高中的优势较为明显，二者的评分均值高于样本总体水平。与前一项类似，普通高中的课程设计在与培养目标的契合程度上依旧表现最差。在“生涯规划课程促进学生成长”上，非附属高中的评分均值最高，为 3.85 分，普通高中的评分均值和评分众数均低于示范高中。整体上看，示范高中和非附属高中的课程设计在对学生天赋和特长发展的满足度、对培养目标的契合度以及生涯规划课程对学生成长的促进作用上表现良好，教师评分的均值全部高于样本整体水平。不管是与示范高中相比，还是与整体水平相比，普通高中在这三项上均存在差距，需要对课程设计进行优化。

本研究还在学生问卷中设置了非量表题目“你认为学校开设的课程对培养拔尖创新人才有多大作用？（可多选）”，以考察学生群体对学校课程设计的评价，表 6-15 显示了卡方检验结果。可以发现，在学生对本校课程的评价上普通高中与示范高中存在显著差异（$p<0.01$），示范高中学生选择“作用很大”和“作用较大”的比例分别为 29.95%、36.96%，明显高于普通高中的 18.89% 和 31.15%，而普通高中学生选择“作用一般”的比例为 40.05%，明显高于示范高中的 26.24%。

表 6-15 学校课程对拔尖创新人才培养作用大小卡方分析结果

题目	选项	是否为示范高中		总计	χ^2
		普通高中	示范高中		
你认为学校开设的课程对培养拔尖创新人才有多大作用？（可多选）	作用很大	488(18.89%)	581(29.95%)	1 069(23.63%)	148.301**
	作用较大	805(31.15%)	717(36.96%)	1 522(33.64%)	
	作用一般	1 035(40.05%)	509(26.24%)	1 544(34.13%)	
	作用较小	161(6.23%)	66(3.40%)	227(5.02%)	
	毫无作用	95(3.68%)	67(3.45%)	162(3.58%)	
	总计	2 584	1 940	4 524	

注：* $p<0.05$，** $p<0.01$。

（三）授课方式

在开展拔尖创新人才培养工作时，课程设计需要与教师个人的授课方式、教学风格紧密契合，多样化的授课方式可以有效减少学生在学习过程中的枯燥乏味感，沉浸式教学可将学生的思维从课外逐步引入课堂，对不同的学生采用不同的教学方式可以有效提升学习效率。为考察各校教师教学方法和风格的差异，本研究在学生问卷中设置了“课堂上老师除了黑板，还运用多媒体等多种教学手段”以及“课堂上老师运用游戏教学法、情境设计等方式引导学生沉浸式学习”两个题项。从表 6-16 中可以看出，大多数学生非常认同教师在课堂上采用多种教学手段，同时各类学校在此项上获得的评分均值都大于 4 分，这反映出我国高中教师在课堂上普遍开展多样化教学。分属性对比来看，示范高中的评分均值大幅度高于普通高中，而附属高中和非附属高中之间无明显差距。在“教师采用沉浸式教学引导学生”上，除普通高中外，其余各类高中的评分众数均为 5 分，示范高中在该项上的表现最佳，评分均值达到 4 分以上，表明示范高中的教师更能灵活运用活动式教学、情景设计等方法，为学生创设轻松愉悦的学习环境，激发学生学习兴趣，引导

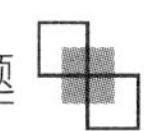

学生沉浸式学习。

表 6-16　授课方式统计

问卷类型	指标		示范高中	普通高中	附属高中	非附属高中	全样本
学生问卷	教师教学手段多样	评分均值	4.54	4.17	4.31	4.39	4.33
		评分众数	5	5	5	5	5
	教师采用沉浸式教学引导学生	评分均值	4.05	3.67	3.83	3.85	3.83
		评分众数	5	3	5	5	5
教师问卷	为不同学生选择合适的教学方式	评分均值	3.87	3.72	3.77	3.89	3.79
		评分众数	4	4	4	4	4

教师问卷中设置了“教学实践中老师能根据不同的学生选择合适的教学方式”一项，考察教师是否具有因材施教的能力，表 6-16 展示了统计结果。可以看出，多数教师基本认同自己有能力为不同的学生选择合适的教学方式，示范高中和非附属高中获得的评分均值明显高于普通高中和附属高中。总的来说，我国高中课堂普遍实现了教学手段的多样化，示范高中教师在多样化教学方式、沉浸式教学风格以及因材施教的教学能力上都比普通高中表现更佳。

学生问卷中设置了题目“课堂上老师的授课方式是怎样的？（多选）”，以从学生角度了解教师的授课方式，表 6-17 显示了卡方分析结果。可以发现，普通高中教师照本宣科的比例要显著高于示范高中，而示范高中教师能够对教材做适当补充、引入新知识以及提出问题启发学生思考的比例明显更高($p<0.01$)。整体上看，示范高中教师的授课方式更符合教育现代化发展的要求，更注重对学生自主性的培养，能够与领域前沿接轨，更有利于拔尖创新人才和创新精神的养成。

表 6-17　课堂上老师授课方式卡方分析结果

问卷类型	指标	选项	是否为示范高中		总计	χ^2
			普通高中	示范高中		
学生问卷	照本宣科	否	1 872(72.45%)	1 631(84.07%)	3 503(77.43%)	85.711**
		是	712(27.55%)	309(15.93%)	1 021(22.57%)	
	会对教材做适当补充	否	606(23.45%)	358(18.45%)	964(21.31%)	16.510**
		是	1 978(76.55%)	1 582(81.55%)	3 560(78.69%)	
	经常引入当前研究中的新知识	否	1 230(47.60%)	675(34.79%)	1 905(42.11%)	74.553**
		是	1 354(52.40%)	1 265(65.21%)	2 619(57.89%)	
	提出问题讨论，启发学生思考	否	860(33.28%)	415(21.39%)	1 275(28.18%)	77.396**
		是	1 724(66.72%)	1 525(78.61%)	3 249(71.82%)	
	其他	否	2 050(79.33%)	1 629(83.97%)	3 679(81.32%)	15.670**
		是	534(20.67%)	311(16.03%)	845(18.68%)	

注：* $p<0.05$，** $p<0.01$。

(四)创新发掘

传统的教学模式缺少课堂互动，课堂氛围沉闷死板，知识传授也仅限于课本上，严重抑制了学生创新思维的发展。创新发掘是拔尖创新人才培养的核心，这一目标的实现有赖于教师在课堂上对学生创新思维的启发、对表达欲望的唤醒以及对探究性学习的引导等。本研究设计了相应题项考察各校教师为创新挖掘作出的努力，即“课堂上老师关注我们的学习状态，注重启发我们的思维，培养我们的能力”“课堂上老师开展小组合作学习，鼓励学生表达观点”以及“课堂上老师引导学生进行探究性学习，提高学生创新能力”。从表 6-18 中可以发现，这三个题项的统计结果基本一致，总体样本的评分均值分别达到了 4.09 分、4.05 分和 4.03 分，评分众数均高至 5 分，即“非常同意”，表明各校教师在课堂教学中基本能够做到关注学生状态、启发学生思

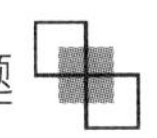

维、培养学生能力，同时开展小组合作、鼓励学生表达观点，引导学生进行探究性学习，从而提高学生创新能力。分属性来看，示范高中在这三项上的评分均值和评分众数均高于普通高中，非附属高中教师的表现优于附属高中。

表 6-18　创新发掘统计

问卷类型	指标		示范高中	普通高中	附属高中	非附属高中	全样本
学生问卷	关注学生学习状态，注重启发学生思维	评分均值	4. 33	3. 91	4. 07	4. 15	4. 09
		评分众数	5	4	5	5	5
	开展小组讨论，鼓励学生表达观点	评分均值	4. 31	3. 85	4. 01	4. 16	4. 05
		评分众数	5	4	5	5	5
	引导学生进行探究性学习	评分均值	4. 28	3. 84	4. 02	4. 07	4. 03
		评分众数	5	4	5	5	5

为考察各校创新发掘的具体情况，学生问卷中设置了三道非量表题目，即“你所在的学校有创新精神教育吗?”“你觉得自己目前具有创新意识吗?”和“你觉得创新精神培养会影响高考成绩吗?”，卡方分析结果如表 6-19 所示。可以看出，在创新精神教育、创新意识的自我认知和创新精神培养对高考成绩的影响上，普通高中与示范高中之间存在显著差异($p<0.005$)。示范高中学生认为学校有很多创新精神教育的比例为 47. 94%，而普通高中仅为 21. 40%；普通高中学生在创新意识的自我认知上选择“有一点但不清晰”的比例为 78. 52%，明显高于示范高中的 68. 35%，示范高中选择“有且非常清晰”的比例为 27. 01%，明显高于普通高中的 14. 47%；普通高中的学生不清楚创新精神的培养是否会影响高考成绩的比例为 32. 16%，显著高于示范高中的 27. 27%。总的来说，示范高中创新精神教育的开展情况要显著优于普通高中，在这个过程中示范高中的学生也对自身的创新能力以及创新精神的价值有更为清晰的认知。

表 6-19　创新精神卡方分析结果

问卷类型	题目	选项	是否为示范高中		总计	χ^2
			普通高中	示范高中		
学生问卷	你所在的学校有创新精神教育吗?	有很多	553(21.40%)	930(47.94%)	1 483(32.78%)	363.483**
		有一些	1 645(63.66%)	854(44.02%)	2 499(55.24%)	
		基本没有	317(12.27%)	115(5.93%)	432(9.55%)	
		完全没有	69(2.67%)	41(2.11%)	110(2.43%)	
		完全没有	181(7.00%)	90(4.64%)	271(5.99%)	
	你觉得自己目前具有创新意识吗?	有一点但不清晰	2 029(78.52%)	1 326(68.35%)	3 355(74.16%)	113.544**
		有且非常清晰	374(14.47%)	524(27.01%)	898(19.85%)	13.876**
	你觉得创新精神培养会影响高考成绩吗?	影响很大	1 105(42.76%)	862(44.43%)	1 967(43.48%)	
		没有影响	648(25.08%)	549(28.30%)	1 197(26.46%)	
		不清楚	831(32.16%)	529(27.27%)	1 360(30.06%)	

注：* $p<0.05$，** $p<0.01$。

(五)课外培养

除了在课堂上对教材知识的积累外，课外实践活动也对拔尖创新人才培养大有裨益，在导师的指导下开展实验设计、参加各类创新大赛、参与社团活动、体验社会实践等能够帮助学生扩大知识面、挖掘创新能力、培养个人兴趣和团队合作能力、增强同社会的衔接度。在学生问卷中，本研究分别针对上述实践活动设计了相关题项，调查各校的实施情况。如表 6-20 所示，题项“学校实行导师制，在导师的指导下开展自主研修、项目设计和专题研究”的统计结果为，总体样本的评分均值和评分众数分别为 3.38 分和 3 分，表明目前我国高中通过导师制开展学生自主研究的比例一般。分类来看，示范高中的评分均值高于普通高中，附属高中的评分均值高于非附属高中。附

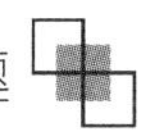

属高中得益于其依托高校办学的性质，具有和大学资源共享的独特优势，更有条件开展导师制培养，为学生个性化、自主化发展奠定基础。题项“学校有不同的社团活动，学生可以根据兴趣参加”的统计结果为，总体样本和各分类样本的评分众数均为5分，表明各校为培养学生兴趣，普遍开展了社团活动。分属性来看，普通高中和非附属高中的评分均值明显低于整体水平，示范高中和附属高中在这一项上的表现更佳；题项“学校有专职的通用技术、信息技术老师指导学生参加青少年科技创新大赛”的统计情况为，普通高中在评分均值和评分众数上均较低，附属高中和非附属高中在该项上的表现无明显差别，示范高中在创新师资的建设上最具优势；题项“学校组织学生到企业、工厂等地加强生涯体验”的统计情况为，总体样本的评分均值达到3分以上，评分众数为5分，也即目前我国高中已逐步重视职业体验活动，为学生的生涯规划提供实践经验。然而，非附属高中开展生涯体验活动的情况堪忧，在此项上的评分均值与附属高中甚至整体水平相比都有较大的差距，评分众数更是低至1分，表明大部分非附属高中的学生都没有前往企业、工厂参与职业体验活动的经历，也从侧面说明非附属高中与社会资源的联系较差，教学资源、教学场所比较单一。题项“学校定期组织了研学旅行、社区服务等校外拓展课程”的统计情况为，示范高中和附属高中的评分均值高于普通高中和非附属高中，总体样本的评分众数为5分，说明校外拓展课程的开展情况良好。题项“我每周都会有时间阅读课外书籍”的统计情况为，普通高中的评分均值和评分众数均低于示范高中，非附属高中在评分均值上与附属高中也有一定的差距，也即示范高中和附属高中的学生在课外阅读上有更大的自主权以及更充分的时间。总的来说，我国高中对课外实践活动的重视程度较高，普遍开展了兴趣社团、生涯体验、研学旅行、社区服务等活动，配备了专职教师指导创新科技大赛，为学生留出充裕的时间阅读课外书籍，但在与高校合作建立导师制上仍需努力。此外，示范高中和附属高中在上述课外实践活动上有绝对的优势，非附属高中在与社会资源衔接、开展职业体验活动上有较大短板。

表 6-20　课外培养统计

问卷类型	指标		示范高中	普通高中	附属高中	非附属高中	全样本
学生问卷	导师制	评分均值	3.47	3.31	3.45	3.17	3.38
		评分众数	5	3	3	5	3
	社团活动	评分均值	4.18	3.92	4.15	3.66	4.03
		评分众数	5	5	5	5	5
	专职老师负责指导创新科技大赛	评分均值	4.22	3.78	3.99	3.9	3.97
		评分众数	5	4	5	5	5
	组织学生到企业工厂参观加强生涯体验	评分均值	3.39	3.63	3.72	2.96	3.53
		评分众数	5	4	5	1	5
	学校定期开展校外社区服务、研学旅行	评分均值	3.70	3.62	3.78	3.27	3.65
		评分众数	5	3	5	5	5
	每周有时间阅读课外书籍	评分均值	3.77	3.36	3.6	3.33	3.53
		评分众数	5	3	5	5	5
教师问卷	学校重视学生兴趣培养	评分均值	3.73	3.51	3.58	3.75	3.61
		评分众数	4	3	3	4	3
	除成绩外兼顾学生爱好	评分均值	3.78	3.65	3.68	3.83	3.71
		评分众数	4	4	4	4	4
	学校有丰富的课外活动	评分均值	3.62	3.44	3.46	3.78	3.52
		评分众数	4	3	3	4	3

从教师的角度上，本研究也设置了相应题目调查学校对学生兴趣爱好的培养以及组织课外活动的情况，包括“我认为学校很重视学生兴趣的培养和动力的激活”“我认为学校教学除了提高学生成绩之外兼顾了学生的兴趣爱好”以及“学校有丰富的课外活动”。从表 6-20 中可以发现，示范高中和非附属高中在这三项上的评分均值和评分众数都明显优于普通高中和附属高中，表明这两类学校在培养学生兴趣爱好、开展课外活动上更受教师认可。

学生问卷中设置了题目“你参加过哪些创新实践活动?”，以了解学生参

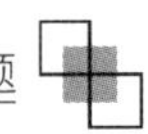

与各项创新实践活动的情况，表 6-21 为卡方检验结果。可以发现，除创新大赛外，示范高中和普通高中在其余各项创新活动的参与率上均存在显著差异($p<0.01$)。具体来看，示范高中在研究性学习、暑期社会实践活动、学科竞赛、STEAM 课程学习上的参与率分别为 60. 21%、54. 69%、23. 87%和 11. 80%，明显高于普通高中的 45. 20%、45. 59%、17. 07%和 9. 71%，表明示范高中更加重视创新实践活动的开展，以多种形式促进学生创新思维和创新能力的发展，鼓励学生通过参与科研活动、社会实践、学科竞赛来锻炼本领、增长才干，聚力培养创新型人才。

表 6-21　学生参加的创新实践活动卡方分析结果

问卷类型	指标	选项	是否为示范高中		总计	χ^2
			普通高中	示范高中		
学生问卷	参加过老师指导的研究性学习	否	1 416(54. 80%)	772(39. 79%)	2 188(48. 36%)	99. 900**
		是	1 168(45. 20%)	1 168(60. 21%)	2 336(51. 64%)	
	参加过暑期社会实践活动	否	1 406(54. 41%)	879(45. 31%)	2 285(50. 51%)	36. 728**
		是	1 178(45. 59%)	1 061(54. 69%)	2 239(49. 49%)	
	参加过创新大赛	否	2 378(92. 03%)	1 779(91. 70%)	4 157(91. 89%)	0. 159
		是	206(7. 97%)	161(8. 30%)	367(8. 11%)	
	参加过相关的学科竞赛	否	2 143(82. 93%)	1 477(76. 13%)	3 620(80. 02%)	32. 039**
		是	441(17. 07%)	463(23. 87%)	904(19. 98%)	
	参加过 STEAM 课程的学习	否	2 333(90. 29%)	1 711(88. 20%)	4 044(89. 39%)	5. 106*
		是	251(9. 71%)	229(11. 80%)	480(10. 61%)	
	其他	否	1 374(53. 17%)	1 193(61. 49%)	2 567(56. 74%)	31. 261**
		是	1 210(46. 83%)	747(38. 51%)	1 957(43. 26%)	

注：* $p<0.05$，** $p<0.01$。

（六）校外合作

校外教育资源是学校教育的重要补充，通过同其他组织合作可以进一步扩大学生的知识面，有效发散学生思维。目前我国高中校外合作的主要做法包括建立与高等教育相衔接的先修课程体系、大学教师进校园定期开展主题教育和知识讲座等。本研究为考察高中校外合作的现状，在学生问卷中设置了题项“学校开设了大学先修课，供学有余力的学生提前学习”以及“学校安排了大学教师或校外兼职导师定期来学校进行讲座或开设选修课”，表 6-22 显示了统计结果。由于附属中学在与高校合作的渠道、资源和难易程度上都有着得天独厚的优势，其在开设大学先修课程和大学教师进校园上的评分均值和评分众数都明显高于非附属中学。与之类似，示范高中在这两项上相对于普通高中也有较大优势。此外，在开设大学先修课程上，总体样本的评分均值为 3. 14 分，评分众数为 3 分，可以推断当前高中教育和大学教育的有效对接还未引起学校的普遍重视。而非附属中学在这一项上更是表现不佳，评分均值低于 3 分的同时评分众数更是仅有 1 分。

表 6-22　校外合作统计

问卷类型	指标		示范高中	普通高中	附属高中	非附属高中	全样本
学生问卷	大学先修课	评分均值	3. 35	2. 98	3. 23	2. 85	3. 14
		评分众数	5	3	3	1	3
	大学教师定期开设讲座选修课	评分均值	3. 78	3. 60	3. 82	3. 23	3. 68
		评分众数	5	3	5	3	5

教师问卷中针对学校与高校合作的主要形式设置了多项选择题，具体包括专题讲座、课题指导、参观、活动、实践以及其他六个选项，表 6-23 显示了各种合作形式的选择比例。可以发现，高中与大学最主要的合作形式为专题讲座，附属高中、非附属高中、示范高中和普通高中分别有 80. 2%、76. 70%、75. 17% 和 83. 00% 的教师勾选了此项。同时，课题指导、参观和活动三种形式也有百分之四五十的教师勾选。不过，从占比上看，各类高中与大学合作开展的实践项目较少，仅有约三分之一的教师选择此项，实践操作机会的缺乏会导致学生困于理论知识的学习，无法提升应用能力，不利于将来对大学实操性课程的学习。

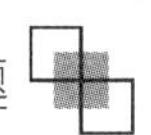

表 6-23　高校合作形式统计

问卷类型	学校类型	指标	专题讲座	课题指导	参观	活动	实践	其他
教师问卷	附属高中	计数	401	225	254	202	137	117
		占比	80. 20%	45. 00%	50. 80%	40. 40%	27. 40%	23. 40%
	非附属高中	计数	92	66	54	57	42	36
		占比	76. 70%	55. 00%	45. 00%	47. 50%	35. 00%	30. 00%
	示范高中	计数	215	133	139	118	86	80
		占比	75. 17%	46. 50%	48. 60%	41. 26%	30. 07%	27. 97%
	普通高中	计数	278	159	169	141	93	73
		占比	83. 00%	47. 50%	50. 40%	42. 10%	27. 80%	21. 80%

教师问卷中还设置了多项选择题“在学生培养过程中与高校有哪些方面合作？(可多选)”，考察高中与大学合作的具体内容，选项设置包括课程、教学、德育、师资、社团以及其他，表 6-24 为各选项的百分比统计结果。可以看出，各类高中与大学合作的内容偏好相似，高中与大学的合作主要集中在课程与教学方面，而社团是最不受重视的合作内容。示范高中、普通高中、附属高中和非附属高中均有百分之五六十的教师勾选“课程”和“教学”两项，而“社团”仅有不到三分之一的教师勾选。此外，还有百分之三四十的教师表示其所在学校与大学有德育和师资方面的合作。

表 6-24　高校合作内容统计

问卷类型	学校类型	指标	课程	教学	德育	师资	社团	其他
教师问卷	示范高中	计数	150	148	109	97	83	104
		占比	52. 45%	51. 75%	38. 11%	33. 92%	29. 02%	36. 36%
	普通高中	计数	190	210	127	161	73	103
		占比	56. 70%	62. 70%	37. 90%	48. 10%	21. 80%	30. 70%
	附属高中	计数	266	284	186	222	121	169
		占比	53. 20%	56. 80%	37. 20%	44. 40%	24. 20%	33. 80%
	非附属高中	计数	73	73	50	36	35	38
		占比	60. 80%	60. 80%	41. 70%	30. 00%	29. 20%	31. 70%

三、保障机制

(一)组织保障

首先，建立专业规范的组织机构是各高中开展拔尖创新人才培养工作的后备保障，本研究在学生问卷和教师问卷中同时设置了题项“学校专门设立了支持、服务创新培养工作的管理机构或组织”，从不同的视角了解我国高中拔尖创新人才培养的组织保障情况。从表6-25中可以看出，学生样本和教师样本的评分均值分别为3.64分和3.37分，评分众数均为3分，可以推测我国高中设立专门组织或机构保障拔尖创新人才培养工作的情况较为一般。此外，教师问卷和学生问卷的统计数据一致表明，示范高中的组织保障水平要优于普通高中。

表6-25　部门保障统计

问卷类型	指标		示范高中	普通高中	附属高中	非附属高中	全样本
学生问卷	学校专门设立了机构	评分均值	3.89	3.46	3.67	3.55	3.64
		评分众数	5	3	3	5	3
教师问卷	学校专门设立了机构	评分均值	3.43	3.32	3.34	3.52	3.37
		评分众数	4	3	3	4	3

(二)硬件保障

若无硬件设施支持，学生的学习与创新终究只是纸上谈兵，无法落到实处。只有提供充分的硬件设施条件，才能让学生在实际动手的过程中发现问题、运用知识解决问题，培养学生的动手能力、思维能力，从而进一步推动拔尖创新人才的培养。作为一所学校必不可少的基础设施，实验室是开展实验活动、验证理论知识、培养学生科研精神、激发学生学习兴趣的主要场所，设备齐全、功能完善更是依托实验室开展实践教学的必备条件。

本研究为了解学校实验室的设施配备以及使用情况，在学生问卷和教师

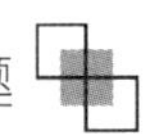

问卷中分别设置了题项“我们实验室的设备非常齐全，能满足我们的学习需要”以及“学校实验室设备齐全，使用频率高”，表 6-26 统计了学生和教师对实验室的评价。从学生的角度看，总体样本的评分均值为 4 分，评分众数为 5 分，表明大多数学生认为学校实验室的设备较为齐全，能够很好地满足其学习需求。附属高中和非附属高中的评分没有明显差别，而示范高中的评分均值和评分众数均高于普通高中，也即示范高中学生对学校实验室的评价更高。从教师的角度看，由于这一群体对实验室的标准和实践课程对硬件的需求更为了解，其对学校实验室硬件配备和使用情况的评价要明显低于学生群体。示范高中实验室得到的教师评价依旧高于普通高中，这与学生问卷的统计结果一致。不同的是，附属高中在这一项上的得分要低于非附属高中，这可能是由于附属高中教师对学校的硬件条件有更高要求，使其给出了更低的分数。

表 6-26　硬件保障统计

问卷类型	指标		示范高中	普通高中	附属高中	非附属高中	全样本
学生问卷	学校实验室设备齐全，满足学习需要	评分均值	4.21	3.84	4.03	3.92	4.00
		评分众数	5	4	5	5	5
教师问卷	学校实验室设备齐全，使用率高	评分均值	3.65	3.46	3.49	3.78	3.55
		评分众数	4	3	3	4	4

（三）家庭保障

家庭教育一直是学校教育的重要补充，在学生的成长中发挥着不可替代的作用。良好的家庭教育离不开学校的助力，家校合作才能更好促进学生学业、品德和素养发展，据此家庭与学校之间的紧密合作与有效互动是学生全面发展的重要保障。本研究聚焦家长与学校教师在学生学习和生活方面的沟通，依据召开家长会的情况观测各校家庭保障水平，涉及的具体题项为“学校会定期召开家长会与家长沟通”，表 6-27 显示了学生问卷和教师问卷的统计结果。具体来看，学生样本和教师样本在这一项上的评分均值分别为 3.91 分和 3.87 分，评分众数分别为 5 分和 4 分，尽管教师评价略低于学生，但总的来说调研学校的家校合作基本上处于一个较高的水平。分属性来看，示范高中的学生评分均值和教师评分均值都比普通高中高 0.3 分左右，而附属高中与非附属高中的差别不大，表明示范高中在家长会召开方面的表现更好，更注重建立稳定的家校沟通渠道。

表 6-27　家庭保障统计

问卷类型	指标		示范高中	普通高中	附属高中	非附属高中	全样本
学生问卷	学校定期召开家长会	评分均值	4.08	3.78	3.94	3.8	3.91
		评分众数	4	3	5	5	5
教师问卷	学校定期召开家长会	评分均值	4.05	3.72	3.82	4.07	3.87
		评分众数	4	4	4	4	4

（四）师资保障

学校教育中教师是学生的引路人，优秀的教师能准确发掘学生的创新潜力，帮助学生实现从创新思维到创新行为的转变，带领学生将创新想法转化为创新成果。正因如此，师资保障是拔尖创新人才培养的必要条件之一，一所学校的师资情况决定了该校的教学质量、校园风气和未来发展。本研究根据年龄结构、职称、学历、知识储备等指标，在教师问卷中设置了“教师队伍中，老中青年龄结构合适”“教师的学历水平普遍较高”“我的知识储备能满足学生的需要”“我认为学校组织的教学培训很好地满足了教学需要”“我们经常同外校教师交流”五个题项，评价各校的师资水平，统计情况如表 6-28 所示。从年龄结构上看，总体样本的评分均值和评分众数分别为 3.58 分和 3 分，表明教师对学校师资年龄结构的评价普遍一般。非附属高中教师队伍的年龄结构比附属高中更为合理，示范高中在该项上的评分均值也略高于普通高中；从学历水平上看，总体样本和各分类样本的评分均值都集中在 3.90 分左右，评分众数都为 4 分，可以推断调研学校的教师学历均处于较高水平；从知识储备上看，教师样本在此项上的评分均值集中在 4 分附近，

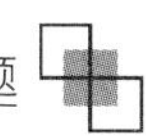

也即大多数教师认为自身的知识储备能够较好地满足学生学习需要；从教学培训上看，各类样本的评分均值和评分众数未显现出明显的差别，与整体评价基本持平，示范高中、普通高中、附属高中和非附属高中的教师大多认同当前学校教师培训的实用性，认为能够满足教学上的需求；从校外交流上看，总体样本的评分均值和评分众数均在 3 分左右，也即高中教师对校外交流的总体满意度一般。相比附属高中，非附属高中在师资交流上更受本校教师认可。综上来看，除年龄结构和校外交流外，各类高中在教师学历水平、知识储备、教学培训等师资保障上的表现均较为良好，且没有明显差距。

表 6-28　师资保障统计

问卷类型	指标		示范高中	普通高中	附属高中	非附属高中	全样本
教师问卷	教师队伍年龄结构合适	评分均值	3.65	3.53	3.57	3.65	3.58
		评分众数	3	3	3	5	3
	教师学历水平高	评分均值	3.90	3.92	3.90	3.97	3.91
		评分众数	4	4	4	4	4
	我的知识储备能满足学生需要	评分均值	3.92	4.03	3.97	4.03	3.98
		评分众数	4	4	4	4	4
	学校组织的教学培训满足教学需要	评分均值	3.63	3.59	3.61	3.63	3.61
		评分众数	4	4	4	4	4
	经常同校外教师交流	评分均值	3.35	3.41	3.32	3.64	3.38
		评分众数	3	3	3	4	3

（五）政府保障

作为学校的直接主管机关，教育行政部门可以通过预算收支、年中检查、年度汇报等方式对学校的行为进行评价或监督，大力支持符合立德树人基本原则、促进学校发展的行为，同时坚决批评并责令整改有损师生利益的行为。教育行政部门出台相应政策支持学校拔尖创新人才培养工作，是各校改革教学制度、更新管理方式、营造创新氛围的关键保障，最终形成“政府支持—学校实施—教师引导—学生发展”的良性互动局面。本研究为了解学校对政府管理的整体评价，在教师问卷中设置了“我认为教育主管部门对学校管得太死”题项。从表6-29中可以看出，总体样本的评分均值和评分众数分别为3.49分和3分，表明多数教师对教育部门的管理持中立态度。分属性来看，普通高中和附属高中相比示范高中和非附属高中对当前政府的管理更加认可。

表6-29 政府保障统计

问卷类型	指标		示范高中	普通高中	附属高中	非附属高中	全样本
教师问卷	教育主管部门对学校管得太死	评分均值	3.71	3.31	3.49	3.50	3.49
		评分众数	5	3	3	5	3

四、评价机制

(一)评价指标

本研究在学生问卷中加入了多选题“你认为高中什么样的学生称得上是拔尖创新人才？(可多选)”，从学生角度了解各校拔尖创新人才评价的指标。该题共设置了“品学兼优、专业课成绩优异、有创新成果、有一技之长、取得专利、大奖赛中获奖、社会实践能力强、发表论文(作品)、学生领袖”九个选项，表6-30显示了统计结果。可以看出，多数学生认为拔尖创新人才应具备品学兼优、有创新成果、有一技之长以及社会实践能力强四个特征，这四项的选择比例均在70%左右。另外，还有54.64%的学生勾选了专业课成绩优异这一项，表明成绩也是不少学生评判创新能力的标准。是否取得专利、是否在大奖赛中获奖、是否发表论文(作品)以及是否为学生领袖并不受学生关注，每一项仅有约30%的学生选择。对于示范高中来说，社会实践能力强是最受学生认可的评价指标，勾选比例为79.33%，其次为有创新成果(75.77%)和品学兼优(75.15%)；而对于普通高中来说，是否有创新成果是学生衡量拔尖创新人才的主要指标(71.01%)，其次为社会实践能力强(70.86%)和品学兼优(70.39%)。

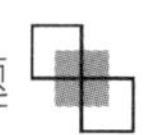

表 6-30　评价指标统计

问卷类型	选项		普通高中	示范高中	总计
学生问卷	品学兼优	否	765(29.61%)	482(24.85%)	1 247(27.56%)
		是	1 819(70.39%)	1 458(75.15%)	3 277(72.44%)
	专业课成绩优异	否	1 247(48.26%)	805(41.49%)	2 052(45.36%)
		是	1 337(51.74%)	1 135(58.51%)	2 472(54.64%)
	有创新成果	否	749(28.99%)	470(24.23%)	1 219(26.95%)
		是	1 835(71.01%)	1 470(75.77%)	3 305(73.05%)
	有一技之长	否	860(33.28%)	520(26.80%)	1 380(30.50%)
		是	1 724(66.72%)	1 420(73.20%)	3 144(69.50%)
	取得专利	否	1 856(71.83%)	1 358(70.00%)	3 214(71.04%)
		是	728(28.17%)	582(30.00%)	1 310(28.96%)
	大奖赛中获奖	否	1 753(67.84%)	1 257(64.79%)	3 010(66.53%)
		是	831(32.16%)	683(35.21%)	1 514(33.47%)
	社会实践能力强	否	753(29.14%)	401(20.67%)	1 154(25.51%)
		是	1 831(70.86%)	1 539(79.33%)	3 370(74.49%)
	发表论文(作品)	否	1 897(73.41%)	1 311(67.58%)	3 208(70.91%)
		是	687(26.59%)	629(32.42%)	1 316(29.09%)
	学生领袖	否	1 922(74.38%)	1 373(70.77%)	3 295(72.83%)
		是	662(25.62%)	567(29.23%)	1 229(27.17%)

(二)评价方式

学生问卷中针对评价方式设计了“你认为什么样的考核方式最能考察学生的创新能力?”一题，表 6-31 为答题情况的统计结果。整体上看，41.49%的学生认为创新类竞赛是考察学生创新能力最好的方式，其次为现场展演(24.27%)以及团队合作(20.36%)。申请专利、开卷考试和撰写论文报告的选择人数最少，勾选比例分别仅为 2.81%、5.26% 和 5.81%。将样本进行分类后，示范高中和普通高中学生的选择情况与总体样本基本一致。

表 6-31 评价方式统计

问卷类型	题目	选项	普通高中	示范高中	总计
学生问卷	你认为什么样的考核方式最能考察学生的创新能力?	撰写论文报告或调研报告	143(5.53%)	120(6.19%)	263(5.81%)
		申请专利	72(2.79%)	55(2.84%)	127(2.81%)
		现场展演(汇报、答辩、辩论等)	636(24.61%)	462(23.81%)	1 098(24.27%)
		创新类活动或竞赛	1 095(42.38%)	782(40.30%)	1 877(41.49%)
		开卷考试	129(4.99%)	109(5.62%)	238(5.26%)
		团队合作	509(19.70%)	412(21.24%)	921(20.36%)
		总计	2 584	1 940	4 524

(三)评价主体

为了解当前各高中拔尖创新人才评价主体的情况，本研究在教师问卷中设置了多选题“目前有哪些群体参与学生考核?(可多选)”，统计结果如表6-32 所示。总的来看，目前学生评价最大的主体依然是教师，此项的被选比例超 90%，其次是学生，占比 84.86%。仅有一半左右的教师认为家长参与到了学生的评价与考核之中，表明在评价机制上家长参与、家校共育的理念还未全面落实，家长在此过程中的重要作用还未得到广泛重视。此外，社会组织或机构对学生评价的参与度远远不足，勾选此项的教师占比不到 30%。示范高中、普通高中教师的选择趋势与总体样本一致，不过普通高中在学生自评与互评、家长评价和社会评价上与示范高中相比还有较大差距。

表 6-32 评价主体统计

问卷类型	选项		普通高中	示范高中	总计
教师问卷	学生(自评与互评)	否	57(17.01%)	37(12.94%)	94(15.14%)
		是	278(82.99%)	249(87.06%)	527(84.86%)
	家长	否	169(50.45%)	138(48.25%)	307(49.44%)
		是	166(49.55%)	148(51.75%)	314(50.56%)

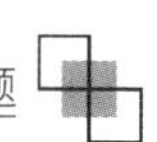

续表

问卷类型	选项		普通高中	示范高中	总计
教师问卷	社会组织或机构	否	246(73.43%)	191(66.78%)	437(70.37%)
		是	89(26.57%)	95(33.22%)	184(29.63%)
	教师	否	29(8.66%)	23(8.04%)	52(8.37%)
		是	306(91.34%)	263(91.96%)	569(91.63%)
	其他	否	288(85.97%)	262(91.61%)	550(88.57%)
		是	47(14.03%)	24(8.39%)	71(11.43%)

第三节　管理机制对高中拔尖创新人才培养质量的影响

上一节从管理机制的各个维度出发对问卷整体答题情况进行了描述，本节进一步针对学生样本分析各项机制对拔尖创新人才培养质量的影响。第三章中已对各机制对应题项的信度进行了检验，在学生问卷中选拔机制、运行机制和保障机制的 Cronbach's alpha 系数均介于 0.7～0.9 之间，整体信度较好，因此本章主要围绕这三类机制进行验证。

一、变量界定与分析方法

(一)变量界定

示范高中以学校理念创新、内涵建设和特色发展为重点，致力于提升人才培养水平和办学品质。本研究根据学校属性将省级示范高中和市级示范高中合并编码为“1=示范高中”，普通高中编码为“0=普通高中”，由此形成一个新的虚拟变量，该变量作为拔尖创新人才培养质量的代理变量，成为后续研究中的因变量。而后对选拔机制、运行机制和保障机制的数据进行因子分析，通过主成分分析法提取因子并进行方差极大旋转后，将各因子的方差贡献率作为权重计算各维度的综合得分，分别作为自变量加入计量模型中。

（二）数据分析方法

鉴于因变量“示范高中”为一个二分虚拟变量，本研究将选用二元 Logit 回归进一步探究选拔机制、运行机制和保障机制对拔尖创新人才培养质量的影响。二元 Logit 回归是一种非线性回归模型，也称二值响应模型。其基本特点是因变量必须为离散虚拟变量，只取两个值，即 1 和 0（1 表示事件发生，0 表示事件未发生），自变量可以为虚拟变量也可以为连续变量。在 Logit 模型中，回归系数 β 表示自变量对因变量所代表事件发生概率的影响。若系数为正，则表示自变量与因变量之间呈正向相关关系，在控制其他因素不变的情况下，自变量每增加一个单位，因变量取值为 1 的概率随之提高 β 个单位；若系数为负，则表示自变量与因变量之间呈负向相关关系，自变量每增加一个单位，因变量取值为 1 的概率随之降低 β 个单位。

本研究为验证选拔机制、运行机制和保障机制对拔尖创新人才培养质量的影响，分别构建了三个 Logit 回归模型，具体表达式如下。其中，P 表示学校为示范高中的概率，x_1 在各个模型中分别表示选拔机制综合得分、运行机制综合得分和保障机制综合得分，x_p 为其他控制变量，β_0 为常数项，β_1 为自变量 x_1 对应的回归系数。

$$\text{logit}(P)=\beta_0+\beta_1x_1+\cdots+\beta_px_p$$

$$P=\frac{\exp(\beta_0+\beta_1x_1+\cdots+\beta_px_p)}{1+\exp(\beta_0+\beta_1x_1+\cdots+\beta_px_p)}$$

二、因子分析

因子分析之前首先进行适用性检验。通常情况下，KMO 值如果高于 0.8，则说明非常适合进行因子分析；如果此值介于 0.7～0.8 之间，则说明比较适合进行因子分析；如果此值介于 0.6～0.7 之间，则说明可以进行因子分析；如果此值小于 0.6，则说明不适合进行因子分析。此外，如果 Bartlett's 球形检验对应 p 值小于 0.05 也说明适合进行因子分析。

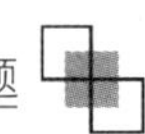

从表 6-33 中可以看出，选拔机制、运行机制和保障机制的 KMO 值分别为 0.740、0.959 和 0.723，均大于 0.6，表明适宜做因子分析。同时，Bartlett's 球形检验对应 p 值均小于 0.05，表明变量间具有相关性，可以进行因子分析。按照方差累计贡献率至少达到 85% 的原则，通过主成分分析法提取因子并进行方差极大旋转，得到多个特征值大于 1 的因子后，将各因子的方差贡献率作为权重，根据公式"综合得分=(因子 1×因子 1 方差贡献率+因子 2×因子 2 方差贡献率+因子 3×因子 3 方差贡献率+…+因子 n×因子 n 方差贡献率)/方差累计贡献率"，计算出各个维度的综合得分。

表 6-33　因子分析结果

KMO 和 Bartlett's 球形检验		选拔机制	运行机制	保障机制
KMO 值		0.740	0.959	0.723
Bartlett's 球形检验	近似卡方	6 012.813	61 883.227	5 045.441
	df	6	136	3
	p 值	0.000	0.000	0.000

三、二元 Logit 回归

选拔机制、运行机制和保障机制的综合得分分别作为自变量，与其他协变量一同加入以"示范高中"为因变量的 Logit 回归模型中，验证上述三个机制是否会影响高中拔尖创新人才培养的质量，结果如表 6-34 所示。可以发现，除选拔机制外，运行机制和保障机制均对学校拔尖创新人才培养质量有显著正向的影响，显著性水平分别为 0.01 和 0.001，系数值分别为 0.067 和 0.102。这表明运行机制和保障机制的综合得分每提高 1 分，学校为"示范高中"的可能性就会提高 6.7% 和 10.2%。若要提高学校拔尖创新人才培养质量，还须从拔尖创新人才培养管理机制入手，在学制形式、课程设计、授课方式、创新发掘、课外培养以及校外合作等方面提升运行机制建设水平，增强组织保障、硬件保障、家庭保障、师资保障和政府保障力度，为高中拔尖创新人才培养工作打好基础，实现高质量发展。

表 6-34　二元 Logit 回归

问卷类型	模型	X → Y	系数	标准误	p 值
学生问卷	M1	选拔机制综合因子 → 示范高中	-0.009	0.018	0.616
	M2	运行机制综合得分 → 示范高中	0.067	0.021	0.002
	M3	保障机制综合得分 → 示范高中	0.102	0.024	0.000

本章小结

基于对调查结果的初步梳理，第一节从学生、教师、管理人员和校友视角总结当前我国高中拔尖创新人才培养普遍存在的问题和亟须改进的方面。从学生的角度上看，拔尖创新人才培养存在的主要问题为教育体制僵化、管理过死约束过多、形式主义严重、教学形式单一和教学方法呆板老套。学校亟须加大力度开展个性化教育，改革教学理念，加强教师队伍建设，完善评价体系，并积极与高校或企业合作。从教师的角度上看，学校应注重对学生兴趣的培养，搭建创新实践平台，开展更多动手实践活动，培养学生学科素养，同时为教师提供更多学习交流平台，重点培养教师的创新意识和专业技能。从管理人员的角度上看，我国高中拔尖创新人才培养工作收效不佳，应试教育痕迹依然严重，课堂教学依然以知识灌输为主，拔尖创新人才培养工作缺乏系统化和常规化项目。据此，学校需要进一步完善人才培养模式，加强与高校和科研机构合作，打造实践活动基地，及早让学生参与创新实践。从校友的角度上看，母校应充分利用校友资源，同高校、企业加强创新合作，丰富课堂教学方式，完善教学基础设施，让学生们走出校园，培养其独立自主的人格和敢于创新的精神。

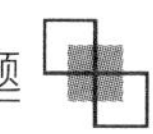

第二节围绕选拔机制、运行机制、保障机制以及评价机制，从学生和教师两个角度探讨高中拔尖创新人才培养的具体做法，并根据学校属性将样本分为示范高中和普通高中、附属高中和非附属高中四类，在分析总体样本的基础上进行两两对比。在选拔机制方面，大多数学校的选拔方式合理、多元，生源覆盖面广，但选拔指标的创新性有待提升。示范高中在选拔方式、招生范围上优于普通高中。相比附属高中，非附属高中的招生工作受到的拘束更少，招生范围更广。在运行机制方面，各高中选修课、体育课、研究性学习课和生涯规划课的开设情况良好，对课外实践活动的重视程度较高，教师在课堂上普遍开展多样化教学，基本能够做到关注学生状态、启发学生思维，同时开展小组合作、鼓励学生表达观点，引导学生进行探究性学习，但在学制管理弹性以及大中衔接上仍需努力。此外，示范高中在课程设计、授课方式、创新发掘、课外培养、校外合作上有绝对的优势。非附属高中在与社会资源衔接、开展职业体验活动、开设大学先修课程上有较大短板，但其课程设计、创新发掘、学制安排的表现比附属高中更佳。在保障机制方面，多数学校的实验室建设情况良好，家校合作处于较高水平，教师队伍学历水平较高、知识储备充分，教学培训实用性强，但设立专门组织或机构保障拔尖创新人才培养工作的比例一般，师资年龄结构存在一定的不合理性，教师对校外交流的满意度不高。示范高中的组织保障、硬件保障、家庭保障水平要优于普通高中。评价机制方面，多数学生将品学兼优、有创新成果、有一技之长以及社会实践能力强作为衡量拔尖创新人才的主要标准，认为创新类竞赛是考察创新能力的最好方式。教师依旧是当前学生评价最大的主体，家长在此过程中的重要地位还未得到广泛重视，社会组织的参与度还远远不足。

第三节首先通过主成分分析法，对选拔机制、运行机制和保障机制的数据进行因子分析，并进行方差极大旋转，得到多个特征值大于 1 的因子后，将各因子的方差贡献率作为权重计算各维度的综合得分。而后分别以选拔机制综合得分、运行机制综合得分和保障机制综合得分为自变量，以虚拟变量“示范高中”为因变量，构建三个二元 Logit 回归模型，验证选拔机制、运行机制和保障机制对拔尖创新人才培养质量的影响。从计量结果可以看出，运行机制和保障机制正向影响学校拔尖创新人才培养质量，运行机制和保障机制的综合得分每提高 1 分，学校为“示范高中”的概率就分别提高 6.7% 和 10.2%，表明提升运行机制建设水平、加大保障力度是实现高中拔尖创新人才培养高质量发展的有效措施。

第七章　华中师范大学第一附属中学拔尖创新人才培养管理机制的个案研究

高中拔尖创新人才培养的实践之路并非一帆风顺，不少高中死守旧制，将提升学生成绩作为教学的主要目的，不敢进行新型尝试，将改革与创新视为阻碍其发展的拦路虎。高中创新教育亟须注入新鲜血液，发挥典范的引领作用，打破固有僵局。华中师范大学第一附属中学（以下简称“华中师大一附中”）作为高中拔尖创新人才培养教育中的佼佼者，其拔尖创新人才培养管理机制值得各高中借鉴学习，总结、推广其优秀做法和成功经验对于我国高中拔尖创新人才培养具有重要意义。

华中师大一附中创建于 1950 年，是新中国成立初期人才培养的摇篮，以争当领头羊的奋发昂扬姿态推进了中国基础教育的发展，在拔尖创新人才的早期发掘与培养方面作出了突出贡献。学校通过不断改革促进教育进步，在育人理念、课程建设、人才培养、教师成长、校园文化等多方面形成一系列可借鉴、可推广的有效经验和成果，以前瞻性和创新性助推学校发展，在推进普通高中育人模式变革、促进学校多样化和特色化发展方面起着引领示范作用。

学校在实践中不断探索育人新模式，在高中拔尖创新人才培养方面倾注心力，以学生为中心，与国际相接轨，站在学生未来发展的视角上，开创性地制定各类举措，在国内高中遥遥领先。在 20 世纪 80 年代，面对恢复高考后各地师生以压缩时间拔高成绩的常态，学校提出“五四零”教学改革方案，倡导“把时间还给学生，把方法教给学生”，注重培养学生的自主能力，于当前而言，相较于国内大多数高中，这一举措仍可称前沿。在国家吹响素质教育的号角之下，学校结合自身实际，率先推出旨在为学生的全面发展提供制度保障的“素质学分制”，引起社会广泛关注。进入 21 世纪，随着新时期普通高中的办学方向向发展学校特色转变，华中师大一附中顺势提出建设“自主创新学习，多元优质发展”特色学校，此后又进一步明确了“创世界一流中学”的办学总目标，对世界一流中学的标准进行系统研究与实践。2014 年，学校率先提出“培养学生关键能力”的教育理念，在教学实践中积极探索和大胆尝试，推动学校跨越式发展。

作为国内卓越的高中学校，湖北省唯一命名的“窗口学校”，华中师大一附中自开创以来，悉心育人，成果丰硕，高考重点率、名校率、高分率与学科竞赛成绩均居湖北省榜首，国际竞赛获奖率名列全国前茅。成绩之外，更重德育，学校心理教育、德育内化教育与社会实践活动等皆为全省乃至全国首创，为国家培养了各类创新型人才，一大批行业领导者由此诞生。

第一节　华中师范大学第一附属中学拔尖创新人才培养管理机制的主要做法

华中师大一附中的成功与其先进的管理机制密不可分，学校在实践中不断探索、积累经验，以学生为中心，以服务为导向，借鉴国内外优秀高中的先进做法，从中发掘高中拔尖创新人才培养的关键理念和方法，与学校实际情况相融合，开辟具有华中师大一附中特色的育人新模式，在课程建设、教学方式、评价机制、激励措施等方面形成一套成熟、完善的方案，为国内高中拔尖创新人才培养模式提供新的借鉴与示范。

一、强调全才培养办学理念

为全面落实立德树人根本任务，探索拔尖创新人才早期培养有效路径，华中师大一附中秉承“办世界一流中学，培养未来世界引领者”的育人目标，

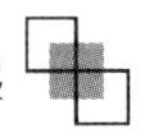

践行“塑造强健身心，涵养卓越品格，培养关键能力”的育人理念，塑造学生适应未来、引领未来的卓越素养，让每一位学子都拥有胸怀天下、洞见未来、敢为人先、坚毅执着的卓越品格，培养学生批判性思维能力、团队领导能力和自我发展能力，增强学生竞争力，助力未来发展。

与此同时，华中师大一附中以培养新时代优秀的社会主义建设者和接班人为己任，全面贯彻党的教育方针，坚持德智体美劳五育并举，促进学生全面发展。“学科状元”并非学校追求的目标，“全才培养”才是其关注的焦点，人才的输送并非只讲数量，质量才是关键。华中师大一附中强调每一个会学习的人首先是拥有健全身心、强魄体格的“完整的人”，致力于为国家输送可持续发展、善于变通的高素质人才。因此，学校注重培养学生的运动习惯和艺术素养，关注学生道德与心理的发展，以实际行动回答“为谁培养人，培养什么人，怎样培养人”的教育之问。

二、构建多通道选拔机制

相较于国内大多数高中实行的凭分数择优录取的选拔方式，华中师大一附中的选拔机制更具灵活性与选择性，以发掘每位学生的闪光点为宗旨，为各类人才提供多种升学通道，并非单纯以分数为标准，更关注学生综合能力的发展。以华中师大一附中招录分配生为例，中考成绩不是其万能的敲门砖，学校在关注成绩的同时，更看重学生的品行以及在校日常表现，综合素质评定等级亦是其选拔的重要标准。针对有意报考的学生，书面申请是第一道程序，后经班级委员会采取无记名投票方式进行民主推荐，确保选拔过程的公平性与公正性，最后由学校对推荐名单上的学生进行统一检测，依据国家学科课程标准自主命题，合理控制试题难度，以选拔人才为主要目的，避免竞赛化倾向。除此之外，针对体育艺术特长生，华中师大一附中设有专门的招生计划，降低对文化课成绩的要求，更为关注其特长，使学生个性得以充分展现。

拔尖创新人才作为稀缺性资源，早期培养是决定其未来成功的关键，高中作为拔尖创新人才早期培养的重要阵地，应予以高度重视。华中师大一附中作为全国精英学校，在拔尖创新人才的发掘上付出了巨大精力。学校与华中科技大学联合成立了学生创新能力开发实验基地，系统、科学地制定拔尖创新人才选拔方针，强调在选拔过程中优先关注学生的创新能力与独立思考能力，重点考察学习品质与学习态度，重视均衡发展，实施精英战略。针对在某个学科领域确有突出天赋的偏才、怪才，学生本人及其家长若明确在该领域重点发展的意愿，学校可忽略该生其他学科的发展状况，经实验基地领导组协商，结合实际情况决定是否确定其为培养对象。对入选实验基地的学生，学校为其配备学业导师以及学术导师，分别负责其高中学科课程与大学先修课程的辅导，根据培养对象的学科发展现状及学习能力，制定合理的个性化培养方案，做好大中学衔接工作，使其尽早适应大学生活。

三、完善系统运行机制

(一)课程体系多样化

课程改革作为学校推进学生综合素质评价的重要环节，在发现和培育学生良好个性、促进学生全面发展中发挥着关键性的推动作用。依据新课程方案对普通高中育人的要求，华中师大一附中基于“塑造强健身心，涵养卓越品格，培养关键能力”的育人理念，将现行课程结构按照德智体美劳五大领域进行梳理和优化，积极构建五育并举的课程体系，进一步丰富拓展校本课程资源，开发更多具有学校特色的校本选修课程，创建具备华中师大一附中特色的课程体系框架，将课程建设立足于培养学生的强健身心、卓越品格和关键能力上，全方位塑造学生综合素养。

具体而言，华中师大一附中的课程体系由国家课程和校本课程两大部分构成。其中，国家课程作为基础课程，涉及语言与文学、数学、人文与社会、科学、技术、艺术、体育与健康以及综合实践活动八大学习领域。除此之外，学校还创设了70多门校本课程，分为公民素养、学术拓展、体艺特长、实践创新、生涯规划和国际视野六大类别。公民素养类课程和体艺特长

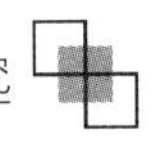

类课程侧重强健身心和卓越品格，其他课程分别对应各项关键能力，如实践创新类和学术拓展类课程侧重批判性思维能力，国际视野类课程侧重团队领导能力，生涯规划类课程侧重自我发展能力，为学生的个性化发展和关键能力的养成提供载体，成为华中师大一附中特色育人体系的有力支撑。丰富的课程选择满足每一位华中师大一附中学子兴趣发展的需要，以极具乐趣的活动与实践课程替代枯燥乏味的传统文理科教材，在解放个性的同时锤炼品格、培养适应未来发展的能力。

华中师大一附中以“培养未来世界引领者”为目标，着力开发精品化校本课程，以压缩必修课，增设选修课，课内课外紧密结合的形式推进课程改革，并取得卓越成效。PBL(Project-Based Learning)课程作为综合实践活动课程的新型探究性学习模式，是华中师大一附中在研究性学习基础上的有效尝试，主张让学生沉浸于完成任务的过程之中，积极自主地进行知识建构，通过“以学生为中心，以问题为导向”的理念优化传统教育中的被动学习模式，激发出学生的创造力和潜能，使学生从被动学习转变为主动学习，在学习知识的过程中促进其关键能力的形成。此外，为开阔学生视野、丰富人生体验，华中师大一附中设有多样性的社会实践课程，让学生在实践活动中培养独立意识、涵养家国情怀、激发使命担当，为社会主义建设添砖加瓦。例如，劳动实践课程旨在指导学生通过多种途径了解课堂外的工作世界，帮助其掌握一定的劳动知识和技能；中华优秀传统文化课程让学生在各类民俗文化中体验传统文化精髓，增强民族自豪感；志愿者服务活动课程鼓励学生参加社区公益劳动和校园服务工作，推动学生志愿服务制度化、日常化、便利化开展。同时，华中师大一附中积极与国际接轨，向全球顶尖教育看齐。随着创客教育的持续升温，学校紧跟形势，陆续开设3D打印、开源硬件、人工智能、Python、无人机等课程，此类课程在基础教育界产生了极大反响，为高中拔尖创新人才培养提供了新思路。

(二)教学方式注重未来发展性

为达到“培养未来世界引领者”的办学目标，华中师大一附中在课堂教

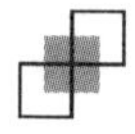

学方式上不断进行变革，转变传统单一教学方式，以学生为中心，因材施教，以培养学生能力、提升素养为出发点，推出育人新举措。

1. 改变课堂教学结构，引导学生自主学习

自主学习是学校培养学生独立人格的关键路径，是落实学生学习主体性的主要方式，作为提升学生素养的前提条件，是当代课堂教学改革的重要方向。华中师大一附中在20世纪80年代创造性地提出“两把”教学观，将自主学习体现得淋漓尽致，其包含的理念与思想沿用至今。“两把”即“把时间还给学生，把方法教给学生”，为学生自主学习既创造了时间条件，又提供了工具方法，是改变教师灌输式教学、学生被动接受知识的有益探索，旨在确立学生学习的主体地位，凸显教师对学生学习的方法引导，尤其是思维方式的引导。此后，学校再次提出将“自主创新学习”作为学校特色，鼓励学生高度参与课堂教学，以教师的“教”点亮学生的“学”，转变师生角色，学生成为课堂的主导者，教师不再受时间与教学进度支配，以学生学情为参考自主制定教学时间，将自主学习培养为学生具备的终身能力。

2. 推广“图式教学”，着力培养高阶思维能力

深度学习是21世纪课堂教学改革的重要追求，目前在西方国家已成为教学的一种常态化现象，它强调教师采取创新的方式将核心学术内容传递给学生，帮助学生了解及掌握学科核心知识，运用所学知识进行批判性思考进而解决复杂问题，在此过程中学生的沟通合作能力、交流表达能力以及自我指导和反馈能力得以提升。华中师大一附中通过“图式教学”落实“把时间还给学生，把方法教给学生”的教学理念，引导学生深度学习，促进学生高阶思维能力的发展。

华中师大一附中积极推行“图式”教学，高度重视学生对于认知结构的掌握，关注培养学生基于认知结构的问题解决能力。“图式教学”要求教师清楚结构的力量，相较于仅仅掌握具体知识，更为关注学生对学科基本结构、分析方法和思维方式的掌握程度，倡导构造互动探究式课堂，积极推行小组协作学习、角色扮演、项目研究、模拟性决策等多种教学新模式，着力

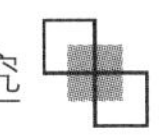

追求学生在分析、评价和创造等高阶思维方面的目标达成，进而实现学生批判性思维等关键能力的培养。

除此之外，华中师大一附中积极探索“可视化教学”，在师生之间建立双向可视化通道，将教师的“教”与学生的“学”在双方间及时传递。教师的“教”清晰地传送给学生，使学生掌握教学规律，逐步成为自身的老师；学生的“学”作为一种信息反馈，以教学成效的形式传递给教师，使其不断改进教学方式，探索最适合学生的教学方案。通过可视化的方式，将以往内隐的东西外显出来，让生长看得见，让观察看得见，让思考看得见。

3. 探索“无边界课堂”，积极开发各类教学资源

培养未来世界的引领者，光靠学校自身的资源和课程是远远不够的。近年来，华中师大一附中努力拓展学生课堂范围，探索“无边界课堂”，突破传统课堂的时空限制，实现学科渗透和融通，进行资源重构和整合，促成思维跨越和创新。以讲桌与黑板为主的常态化课堂已无法满足学生对于知识的渴求，亟待开发新的教学领域，华中师大一附中在此方面进行积极尝试，在各类生活场所、机构组织中发掘教学新方式，进一步创建了以计算机网络为主的虚拟教室，重在关注学生的生活世界，培养其独有的文化素养，努力丰富学生的学习履历，让学习更符合社会、自然、生活的要求，整体提升学生学习品质。

在实际教学中，学校重视各类机构的资源开发，先后与中国科学院武汉分院、中国科学院水生生物研究所等科研机构合作，为学生的大型实验和课题提供操作平台。同时，为响应大中学衔接号召，学校与高校建立密切合作关系，例如与华中科技大学合作共建的“一体化建设试验区”，以智能 AI 机器人实验室为载体，双向发力共同探索拔尖创新人才培养模式。此外，学校还积极利用节假日，组织不同班级到清华大学、北京大学、上海交通大学等名校的国家重点实验室参观，到金融机构观摩、研习，感受知识产生、应用和创新的过程。

4. 创设真实情境，实现跨学科融通教学

华中师大一附中一直致力于培养学生的关键能力，综合发挥课堂教学、课外活动、社会实践、游学考察、网络课堂等学习平台的功能，把学生引入视野无垠、活力无穷的学习、实践、创造中，坚持以问题为导向、以真实场景为核心的教学方式，让学生在真实情境中学习并运用相关知识、技能，培养问题解决思维，丰富学科素养。

学校高度重视问题情境的创设，引导学生开展对真实问题的探究，在问题探求的过程中产生知识的融通、经验的整合以及思维的碰撞，获得对生活和世界的整体认知，实现知识向能力的转化。基于真实情境，实施跨学科主题教学是培养学生批判性思维以及综合分析能力的重要手段，以华中师大一附中某堂数列教学课为例，数学教师和政治教师突破常规教学模式，将授课地点置于武汉汉街某银行，开展数学、政治及综合实践跨学科整合课。学生首先按照数学课本必修 5 数列部分的学习要求，向银行工作人员了解教育储蓄、分期付款、贷款利率等相关知识，从中发现数列的身影，掌握数列知识在实际生活中的应用，而后政治教师继续利用这一场景进行高中政治经济与货币这一主题的讲解，在真实情境中加深学生对知识的掌握程度。课后，学生及时利用所学知识对银行工作人员开展问卷调查和访谈，完成研究性学习。在此过程中，学生的沟通能力、自主学习能力和批判性思维能力得到了有效提升，可谓一举多得。

(三)教学管理民主化

1. 改变管理架构，推行人本化管理

第一，构建“大”字形架构，探索高效管理模式。华中师大一附中利用部属师范大学附属学校的体制优势，充分发挥校长办学自主权，对学校内部一系列制度进行完善，搭建了以决策层和执行层为管理中轴线，以研发中心和保障中心为两翼支撑的扁平化“大”字形管理架构。为提升学校管理效益，采取了“压缩中层，增强保障，强化研究”的策略，确保学校顶层决策与执

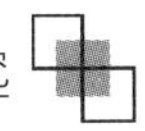

行层无缝对接；适当将管理重心下移，激发年级组、教研组工作的积极性；强化研发中心的力量，确保学校决策的科学性。

第二，推行自主管理、人本管理，凸显学生和教师中心。华中师大一附中倡导学生自主管理，坚持推行学生管理班级、班主任幕后指导、学生会以及校团委深度参与学校常规管理的模式。学校建立素质教育学分制，借助信息化手段将学生日常学习、生活数字化，激励每一位学生实现自主发展，也便于家长与教师及时掌握学生动态。自主管理模式体现在校园生活的方方面面，例如在晚自习中教师被“隔绝”于班级之外，学生拥有充分的学习讨论空间；学生寝室严禁家长进入，消除学生的依赖性与惰性，让其学会自主生活。

学校积极创建优美的物质文化环境，营造文化育人氛围，实行教师民主管理制度，让教师“以校为家，以生为子”，体会创造性工作的乐趣。具体来讲，学校历来推行校务政务公开制度，及时公开党政办公会、校长办公会的各项决议，每年召开教代会、民主党派座谈会，广泛吸纳群众意见，促进学校决策民主化、科学化，使每一位教师充满参与感；关爱教师身心健康，依照国家标准，以教工工资总额的2%足额向工会拨款，保障工会活动的顺利开展，积极建立文体协会，丰富教职工的业余文化生活，为学校教学工作的更好开展打下坚实基础。

2. 以走班制与学分制实现教学管理

2016年，华中师大一附中正式启动走班制课堂教学改革，语文、外语教学不分层，学生无须选课，以行政班形式、按照高考水平组织教学；将数学按照文科、理科以及竞赛班水平分为B1、B2和C三个层次，学生分层选课，按难易程度依次进行教学标高。根据学业水平考试与高考的层次高低，将物理、化学、生物、政治、历史、地理学科分为A和B两个等级，分层次组织教学。技术、研究性学习、心理等作为公共必修课程，教学不分层，学生不选课，以行政班形式，按照国家相关标准组织教学。体、音、美作为全体学生必备的体艺素养，按照“2+1+1”方案，指导学生依据兴趣特长组合选课，分选项走班组织教学。学校“走班制”课堂教学改革有效提高了学校课程的可选择性，在实施差异化教学的同时，为应对新高考积累经验。此外，1996 年华中师大一附中在全国基础教育高中学段率先探索实施素质学分制，将国家和学校对学生的要求转化为相应的学分，学生按规定修满一定的学分才能毕业，这一创新举措与大学教育进行有效衔接，丰富了学生的课程选择，取得显著成效，引起了社会各界的普遍关注，对推进我国高中学分制建设有重要意义。

3. 生涯教育引领学生未来发展

华中师大一附中建立了“以生为本，三位一体”的生涯教育理念。“以生为本”包含三个方面，一是要唤醒学生的自主生涯意识，二是要培养学生学科选择、职业规划以及服务社会的生涯技能，三是要塑造学生积极乐观的生涯信念，这是华中师大一附中生涯教育的总体目标。“三位一体”是指学校、家庭、社会形成合力，共同推进生涯教育的实施和落地。其中，学校作为主导，组织统筹生涯教育资源，通过生涯师资队伍建设、生涯课程体系建设、生涯测评、生涯辅导、生涯科研五大方面来促进学生的生涯意识、生涯技能以及生涯信念的成长；家庭作为重要辅助，通过家长学校、家长生涯导师、家庭个性化生涯教育来达成生涯教育目标；社会方面则是通过校友生涯导师、高校及企业实习基地、大学游历周等生涯实践活动，实现生涯教育目标。

新高考改革背景下，学生拥有了更大的自主权，但同时也面临着学科选择的巨大挑战，学校作为学生生涯规划的指导者，应给予其充分的帮助。因此，华中师大一附中建立学生选科指导教育，不断完善选科指导体系，成立生涯规划指导小组，编制新高考选科指南，从学科能力、学科兴趣、职业倾向 3 个维度指导学生科学选科，确保每位学生做出正确的人生选择。同时，学校为学生提供霍兰德职业兴趣量表、MBTI 职业性格测试量表等心理量表，制定个性化选科报告，开发高端的生涯规划课程，包括院士课程、光谷课程、大学先修课程和 PBL 课程等，帮助学生了解学科前沿知识，立足社会

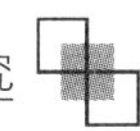

需求，斟酌自身的学科选择和职业规划。

4. 校园文化营造创新氛围

第一，营造“开放、研究、超越”的校园文化。作为高校附属中学，华中师大一附中历来崇尚开放式办学，从“内联外通”到“一主两翼”，学校始终秉持“开放多元，兼容并包”的办学导向，注重整合校友资源，邀请杰出校友回校授课，发挥其榜样作用，激励和启迪在校学生。基于世界各地校友资源，学校打造校友层面的职业生涯规划课程，为在校生的职业规划提供鲜活指导。此外，离退休教师作为学校文化传承的重要资源，是教师队伍建设与学校发展的关键助力，是拔尖创新人才培养的智囊团。学校主张“用大爱办大教育”，将优质资源向教育薄弱地区辐射，帮扶相对薄弱学校，向社会开放丰富的微课资源，公开直播优质课程，增强教师责任感、使命感，深化广大教师对于教育本质的思考和理解。与此同时，学校积极开展国际交流合作，与美国、英国、新加坡等地的知名高中建立伙伴关系，进行拔尖创新人才培育经验交流与借鉴，开阔办学视野。

作为湖北省首批省级示范高中和唯一窗口学校，华中师大一附中以素质教育改革著称，从 20 世纪 80 年代开始，经历了“五四零”方案改革，90 年代素质学分制探索，21 世纪初“自主创新学习，多元优质发展”特色学校建设，“内化自育”德育范式构建，以及“把时间还给学生，把方法教给学生”办学理念革新。学校率先在全国推行年级负责制，成立政教处和心理教研组，推行数字学分制并提出学生关键能力的培养。为全面落实立德树人根本任务，探索拔尖创新人才早期培养有效路径，华中师大一附中顺应世界发展潮流，深刻领会新时代国家人才培养改革要求，发扬学校素质教育优良传统，明确“强健身心、卓越品格、关键能力”三位一体的人才观和质量观，立足于“培养未来世界的引领者”这一理念，深入回答“培养什么人，怎样培养人，为谁培养人”的时代追问，在体制机制、课程、教学及评价等领域进行了顶层设计和系统改革。学校努力为每位学生的全面发展和终身发展奠定坚实基础，并最终为基础教育改革提供“华一智慧”和“华一方案”。

四、构建全方位保障机制

(一)引进来、走出去的师资保障

为强化教师队伍建设，完善教师培养培训体系，促进教师可持续发展，规范教师队伍管理，华中师大一附中制定了完善的优质师资培育体系：在人才引进方面，制定联盟化教师招聘路线，联合分校至全国各大重点高校进行校园宣讲，招纳海内外重点高校优秀毕业生。同时，瞄准教育行业内领军人才，开辟绿色通道，吸纳知名中学骨干教师。在教师培养方面，关注青年教师发展，开展青年教师素质拓展活动，举办青年教师入职培训，实行“老带新”导师制，鼓励青年教师脱颖而出，建立相关的体制机制，为其成长营造良好环境。针对骨干教师，学校每年邀请全国各领域顶尖的专家学者进行学术报告，主题涵盖学校管理、教育改革、德育、体卫艺建设以及跨界领域体验等多个方面，更新教师教学方式，培养现代化教学所需的各项能力，同时利用寒暑假进行继续教育培训，促使其专业成长。此外，华中师大一附中与众多培训部门建立长期合作关系，每年分派教师前往各地进行定制化、专项化教研培训，培训内容紧跟教改步伐，兼具华中师大一附中特色。为加快推进博士化(硕士化)工程，学校鼓励教师以在职或脱产的方式攻读国内外一流教学科研机构的硕博学位，提升学历层次，并为其提供资金与时间支持。

为使师资质量满足学生发展需要，学校落实“三大项目”建设，即“名师项目”“新秀项目”“青蓝项目”，以名师之能助新秀之发展，构建起教师成长共同体，传承和创新学校文化，不断提升教师专业技能，促进学校可持续发展。名师工作室作为华中师大一附中教师成长和发展的代表性平台，旨在充分发挥名师的示范引领作用，加快我校骨干教师队伍建设，让名师成为学科建设的发动机，带动中青年骨干教师快速成长；“新秀项目”与“青蓝项目”作为青年教师培养的关键平台，被学校领导予以重点关注，对于提高青年教师的教育教学水平，增强其教育责任感，促进其专业成长具有重要意义。

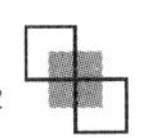

（二）先进的硬件保障

华中师大一附中非常重视学校的教育信息化建设，全面普及无纸化办公系统。校园内部实现无线网络全覆盖，每间教室光纤入室，配有触控一体机。学校建有中心机房、信息技术训练机房以及学生电子阅览室，每所机房配备电脑数百台，面向全校师生开放，为学生查阅信息，开展线上研究提供有力支撑。为开展线上教育，学校建有全自动录播教室以及智慧教室，有力地推动了线上学习体系建设，为2020年疫情期间“停课不停学”的有效开展提供了坚实保障。

随着科技教育在全球的普及，科技拔尖创新人才培养已成为各国关注的焦点。科技教育的开展离不开先进的硬件设施建设，为给学生提供良好的科技活动环境，华中师大一附中在科技教育上投入了巨大的人力和物力，选定一整栋科技楼作为活动基地，先后建立机器人实验室、传感器实验室、生物实验室、环境监测室、自主设计实验室等十多项科技活动室，同时建有科技成果展览室以及大型科普橱窗，用以宣传科普知识，展示科技成果。同时，学校图书馆专门订阅20余种知名科技期刊，坚持每天中午和放学时间对学生开放。除此之外，华中师大一附中用实际行动响应新时代对于教育的号召，紧跟国际前沿，为我国高中信息化教育的发展作出了巨大贡献。2015年，学校投入大量资金陆续建立科技活动空间、3D打印室等，为创客教育的发展奠定了坚实的物质基础；2016年建成综合实践教室，为学生提供优良的综合实践活动场所；2017年完成智创空间建设，该空间以智能开源硬件为核心，融合机器人、无人机、VR等设备，成为学生研究智能控制，人工智能的重要基地；2019年建成无人机实验室和MEV机动电能车活动室。

（三）完善的家校联动保障

为进一步落实立德树人根本任务，响应国家构建学校、家庭、社会“三位一体”教育体系的要求，华中师大一附中于2016年正式开办家长学校，以举办教育讲座和提供家庭教育学习材料的形式，及时向家长宣讲教育新政，帮助家长树立正确的教育理念，培养家长良好的教育素养，提升家庭教育水平，实现家庭教育与学校教育的共融一致，让家长真正参与到学生的学习生活之中，从而促进学生全面发展，让家庭成为学生坚实的后盾。

学校教育与家庭教育关系密切，只有双方教育观念保持高度一致，形成合力，相辅相成，才能共同促进学生成人成才。华中师大一附中从多角度、多层面对家庭教育进行引领，团结全校学生家长，充分发挥家长对学校教育教学工作的参谋、监督、支持作用，把学校教育与家庭教育有机结合起来，营造学生发展的良好环境，发挥家庭教育与社会教育职能，促进学校教育超越发展。在此过程中，学校向家长全面介绍中学生的身心发展特点与教育方法，引导家长树立家校共育意识，提高家庭教育水平，促进学生健康和谐发展。

(四)细致的拔尖创新人才成长保障

鉴于拔尖创新人才培养的特殊性，学校为保障“英才计划”的有效实施，制定了四项保障措施：第一，提供时间保障。通过与班级教师沟通，统筹协调课程安排，为学生留出充裕的时间参加“英才计划”。第二，提供师资保障。学校指定教师专门负责“英才计划”的宣传、组织、招生、培训、考核、联络和管理等工作，同时针对每一学科组建专业的指导教师团队，学生在学习过程中可以随时向教师咨询，获得专业的知识指导，有效解决大中学知识体系衔接问题。第三，提供设施保障。学校为学生提供必需的学习研究设施，物理、化学、生物实验室以及机房、机器人教室等功能场所对“英才计划”学生全面开放，让学生在校内即可完成基础的研究性学习。第四，提供出行保障。华中师大一附中为学生提供出行服务，确保学生安全、免于交通困扰。

五、构建多元师生激励措施

(一)教职工激励

华中师大一附中于20世纪90年代初成立教育奖励基金，旨在鼓励那些

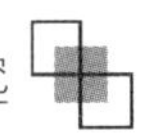

在更新教育观念、深化教学改革、创新教学体系、推进素质教育、提高教育质量等方面有突出贡献的单位与个人，以此激发全校教职员工的教育激情和创新智慧，不断提高办学水平，争创世界一流名校。教育奖励基金以导向性、发展性和辐射性为评审原则，具体分为教学奖、育人奖、科研奖、管理奖和重大成果奖五项，并额外设立教学质量奖，由符合条件的单位或个人自行申报，各级校领导组成评审委员会，依照程序进行评估。结果公示后，对优秀的项目和个人进行表彰并奖励，对成效显著的研究项目进行推广应用，每个奖励的奖金数额由学校视基金具体情况予以确定和调整。

（二）学生激励

华中师大一附中注重学生激励，针对学生群体专门设立了优秀学生奖，在表彰先进、树立榜样、激励全校学生成长进步方面发挥着重要的作用。优秀学生奖的评定标准并非成绩高低，而更强调综合素质的发展，要求参选学生具备适应终身发展与社会发展需要的必备品格与关键能力，在保持学业成绩优良的同时，注重自身品德和身心健康的发展。课堂并非评选的唯一场所，教师亦非评选的唯一主体，学校提倡在实践中选拔优秀，在服务中推选先进，保证每一位参选学生拥有主动服务的意识以及乐于奉献的品格。为使评选更为全面与客观，学校联合学生、家长与社区，共同参与优秀学生的评定，评选内容涵括学生创新思维发展程度、家庭美德以及社会公德同学习成绩的匹配程度、人际交往能力与沟通技能等。优秀学生的评选是学校推进综合素质培养的关键，激励的不仅是获奖学生，更是蓬勃的青春之力。

为全面贯彻党的教育方针，树立典型，提升学生综合素质，华中师大一附中结合学校实际，设立华中师大一附中校长奖学金，简称“校长奖”，是学校最高层次的奖学金，旨在奖励在德智体美劳等方面表现优异，为学校赢得声誉或为国家、社会作出突出贡献的学生。相较于优秀学生奖，校长奖设立的名额更为有限，每年评选人数原则上不超过50名，评选标准更为严苛，参评对象须德智体美劳全面发展，综合素质拔尖，在某一方面具有突出特长或贡献的学生也在参选对象之列，以此展现华中师大一附中学子风采，为华中师大一附中学子树立榜样，弘扬华中师大一附中精神，在校内外产生广泛影响。华中师大一附中校长奖学金的评选以年级、部门推荐为主，学生亦可自行申报，由推荐人或本人自愿提交书面申报材料，校长与基金会办公室主任等组成评审委员会，经由以公平、公正、公开为基本原则的评选程序最终确定获奖名单，颁发证书与奖金。华中师大一附中校长奖学金的资金来源为华中师大一附中教育发展基金专项经费，具体奖励金额由评审委员会确定。

六、强调综合素质评价

学校教育理念的践行离不开配套的评价体系，长期以来，我国考试评价过于关注碎片化知识和孤立技能的习得，强调确定性解题过程和标准答案，评价任务过于抽象，脱离学生生活实际，评价体制的变革迫在眉睫。要解决上述问题，就应从关注碎片化学科知识技能的习得，转变为关注复杂、不确定性现实问题解决；从关注对他人知识的理解或应用，转变为关注学生综合运用和主动思考新问题；从关注学生学到什么，转变为关注其如何学习。华中师大一附中注重对学生强健身心、卓越品格和关键能力的评价，并围绕这三方面开发了相应的评价手段，探索学生评价的校本化路径。为践行科学评价机制，华中师大一附中采取多样化的评价方式，包括正式或非正式观察、对话分析、作业、社会实践、团队任务、探究项目、个人成长档案袋、发展量表等，探索以学生表现为核心的过程性评价，借助学情分析系统，确保证据或资料收集的全面性、学生评价结果的合理性以及后续学情质量反馈的简便性。

综合素质评价是对学生全面发展状况的观察、记录和分析，是发现和培育学生良好个性的重要手段，是深入推进素质教育、深化考试评价改革的一项重要制度。华中师大一附中通过几十年的学生综合素质评价改革，摸索出一套行之有效的评价策略：评价过程中针对学生综合素质发展情况制定科学的量化标准，减少评价的主观因素；评价内容上涉及德智体美劳各个方面，关注学生校内表现的同时，将其参与校外活动的情况作为关键参考，例如志

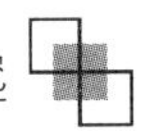

愿者服务、社区服务、公益活动等，促使每位同学的高中生活丰富而有特色；评价主体上多方联动，由学校各部门与家长委员会联合成立综合素质评价小组，对学生综合素质进行全方位评价。其中，学工处及团委负责考察学生在党团社团活动、志愿公益活动、体质体能测试、社会实践活动方面的参与度，科教处负责学分管理以及学生研究性学习与学术活动参与度的评价，年级组对学生的体育锻炼与日常生活进行考核，家长委员会则协助学校确保综合素质评价工作的顺利开展，为学生后续发展和学校未来改进提供针对性意见。

第二节　华中师范大学第一附属中学拔尖创新人才培养管理成效

走在高中拔尖创新人才培养前沿，紧跟教育的时代变迁，华中师大一附中以先进的育人理念为指引，以不断改革的管理机制为驱动，兼顾人才培养的质量与数量，将“华一特色”贯穿学生终身成长。学校自创办以来，成绩斐然，引人注目，是一代高中教育的典范，是湖北引以为荣的教育品牌，为拔尖创新人才的早期培养指明了新方向，部分改革新措在我国高中教育的发展中具有里程碑意义。

一、“五育”并举，助力学生全面发展

华中师大一附中深谙“成绩并非代表一切”的道理，一个完整的人应是德智体美劳全面发展的人，人才的养成并非一育之劳，“短板效应”在教育中仍然适应。为此，学校在立德树人的大背景下，积极探寻人才培养的规律，加快推进“五育”并举育人体系建设。在德育方面，全面加强学校德育体系建设，构建班主任成长共同体，引导广大教师以德立身、以德立学、以德施教，充分发挥师德模范引领作用；在智育方面，以全人教育理念为引领，摆正智育在五育中的位置，着力培养学生的认知能力，促进思维发展，

激发创新意识；在体育方面，华中师大一附中积极开展丰富多彩的体育活动，落实“每位学生三年要学会两项体育特长”的培养目标，校足球队、羽毛球队在各大赛事中屡创佳绩，校园也因体育活动焕发生机；在美育方面，华中师大一附中以培养内心充实、彬彬有礼、情趣高雅的新一代中国青年为宗旨开展美术教育，立足传统文化，建立特色工作室，打造校园人文艺术环境，引领湖北省美术教学改革，多年来学校美育工作成就斐然，连续几届美术特长生一本率达 100%；在劳育方面，学校通过日常家务、手工制作、非遗传承、学工学农、社会实践、志愿服务等多种方式加强劳动教育，以此培养学生崇尚劳动、尊重劳动、热爱劳动、参与劳动的优秀品质与良好习惯。

二、培养创新精神，造就关键能力

2016 年，华中师大一附中进一步深化人才培养理念，将批判性思维能力、有效沟通能力、自主学习能力和自我管理能力界定为中学生必须具备的四大关键能力，并就此开展了一系列教学研究和实践探索活动，形成了具有华中师大一附中特色的课程体系、教学模式和管理机制，在培养学生高阶思维能力的前提下，激发学生学习兴趣，助其提升创新能力、问题解决能力和批判性思维能力。2018 年，学校《关键能力导向的普通高中育人体系改革研究——华中师大一附中素质教育 40 年探索》荣获“国家级教学成果二等奖”，《关键能力导向的创新人才培养实践研究》获武昌区基础教育成果特等奖，《关键能力导向的普通高中育人方式改革研究》勇夺武汉市基础教育成果特等奖。此外，学校全新的育人理念也引起了《中国教育报》《中国教师报》等多家中央级媒体的高度关注。

三、拔尖创新人才培养模式，健全多方联动机制

培养拔尖创新人才重在搭建更广阔的平台、提供更有力的支撑，这需要耗费学校巨大的人力、物力和财力。为此，华中师大一附中成立教育发展基金会，凝聚校友资源，推进与具有社会责任感和教育情怀的行业顶尖企业合

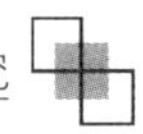

作，共同助力学校拔尖创新人才培养。例如，1986届校友李晓波为母校拔尖创新人才培养事业捐款500万元；多家全国顶尖企业纷纷与华师一附中签订校企合作协议，共同培养国家在关键领域的攻坚人才。此外，学校积极开发利用丰富的社会资源，扩大优质师资范围，开设院士课堂、人文讲坛，如中国科学院席南华、中国火箭运载总设计师龙乐豪、武汉大学张俐娜、中国科学技术大学郭光灿、西安交通大学何雅玲、中国科学院南京天文光学技术研究所崔向群等6位院士以及光谷高新企业的专家们纷纷走进华中师大一附中的课堂，为学生传授人生经验，为拔尖创新人才的发展提供助力。

家庭教育作为拔尖创新人才培养的关键因素，是学校教育的最佳拍档，家校合作可使拔尖创新人才培养达到新高度。华中师大一附中以家校联盟为基地，构建学生、教师、家长三位一体的共育模式，家委会积极协助学校工作，开展家长学校系列教育活动，为家长传授先进教育理论，讲述典型教育案例，切实解决家长在家庭教育方面的实际困惑，让家长们学有所获、学有所用，帮助学校推进拔尖创新人才早期培养工作。

四、完善师资队伍建设，助推教师专业成长

为加强师资队伍建设，华中师大一附中从源头开始执行严格招聘制度，实施人才兴校战略，强化高层次人才引进机制，对清华北大硕士研究生、重点高校博士生实行绿色通道招聘，简化招考程序，确保师资优良化。通过建立名师工作室，培养竞赛教练梯队，为学校文化理念传递搭建高端专业平台，为青年骨干教师培养提供有力支撑，通过教师培训和师徒结对项目，以老带新，共同成长，鼓励教师参加政府组织的集中培训，促进教学经验共享。通过系统化的教师培养工程，学校高水平师资队伍建设成效显著，多名教师荣获国家级奖励或称号，语文教研组、数学教研组被武汉市教育科学研究院评为市优秀教研组，证明了华师一附中教师队伍的质量，增强了拔尖创新人才培养的底气与信心。

五、教学成绩优异，尽显名校综合实力

尽管我国一直在推行素质教育，但升学率、状元数量依然决定着大众对一所高中的评价，高考分数、录取学校仍是贴在学生身上的沉重标签。华中师大一附中秉持“为学生未来负责”的态度，为保证学生在本科起跑线上不落后于人，积极探索如何在提高能力的过程中提高分数，努力让优异成绩成为能力提升的“副产品”。事实证明，素质教育与学生成绩并不矛盾，而是相辅相成、共生共促的关系，关键能力的养成能够使学生从容应对高考出题的不同变化，德体美劳的发展共同促进学生智力的提升。近年来，华中师大一附中每年有 50 余人被清华大学、北京大学录取，高分层人数不断取得新突破，重点率始终保持在99%以上；先后有多名学子在国际中学生奥林匹克竞赛中表现突出，为国争光，学科竞赛获世界金牌的数量倍增，30 枚国际金牌让学校跃居全国首位；学校 8 次代表中国参加国际英特尔科技大奖赛，并有多人获奖。此外，每年有近 500 名学生在各项学科竞赛中获奖，300 余项学生自主发明创造获得专利。

学生后续发展亦引人注目，众多校友在各个领域获得卓越成就，是华中师大一附中行走的招牌和育人理念的传播者，有力论证了学校教育可持续性的特色。例如，1981 届校友张学敏院士带领团队在生命科学基础研究领域取得重要突破，1987 届校友吴庆波研究员主持完成的科研项目荣获 2018 年国家科技进步一等奖，1988 届校友罗曼荣获国务院国资系统“全国劳动模范”荣誉称号，2008 届校友谭隆志荣获 2019 年由《科学》(*Science*) 和瑞典国家分子生物科学中心(SciLifeLab)颁发的青年科学家奖特等奖。

六、加强信息技术保障，构建数字化校园

为全面推进学校信息化建设，适应新形势新任务的要求，华中师大一附中积极完善信息化硬件设施建设，包括实行全校网络改造、开设科技展览室、自主开发博雅湖线上平台、完成 RFID 数字图书馆建设、打造信息学奥

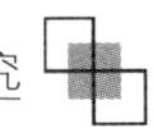

赛专用机房等，以此改善教学环境，简化教学管理，提高学校数字化、信息化水平，为师生提供数字化学习体验，保障拔尖创新人才培养工作的顺利开展。

近年来，随着大数据、人工智能等技术的发展，数据驱动的智能导学技术成为促进个性化学习的最佳选择，代表着未来教育的发展方向。华中师大一附中一直走在教育信息化前沿，充分利用大学部的资源和平台，积极推进智能导学的探索与实践，弥补课堂教学的不足，顺应教育发展趋势和人才培养规律，掌握智能导学的途径与方法，差异化地提升学生学业水平。学校建立大数据分析系统，综合评估学生成绩与试题难度，帮助教师精准掌握学情，制定个性化教学方案，改进教学方法，提高教育质量。此外，学校教师的信息素养能力得到全面提升，信息技术认知能力、信息技术应用能力、信息获取能力和互联网终身学习能力都有显著改善。在 2018 年全国“一师一优课”活动中，华师一附中教师的完成率达到 100%，最终获得 3 个部级优课、1 个省级优课、3 个市级优课和 26 个县级优课的好成绩。此外，学校成立华中师大一附中教师创客联盟，加强创客教育的规范管理与交流合作，创客教育的成果初显，多名学生获国际、国家级奖项。

本章小结

华中师大一附中作为国内卓越的高中学校，是全国高中拔尖创新人才培养教育中的佼佼者，办学成绩斐然，高考重点率、名校率、高分率与学科竞赛成绩均居湖北省榜首，国际竞赛获奖率名列全国前茅，其拔尖创新人才培养管理机制值得各高中借鉴学习。总体上看，华中师大一附中围绕“选拔—运行—保障—激励—评价”五大机制，在拔尖创新人才培养管理方面做出了诸多有益探索，在人才选拔、课程教学、师资保障等方面取得了一定的成效，很好地为全国普通高中拔尖创新人才培养提供了可复制、可推广的模式经验，具体举措包括：成立学生创新能力开发实验基地，系统、科学地制定拔尖创新人才选拔方案；着力推进课程改革，开发 PBL、3D 打印、开源硬件、人工智能、Python、无人机等精品化校本课程；推广“图式教学”，落实“把时间还给学生，把方法教给学生”的教学理念，引导学生深度学习；探索“无边界课堂”，开发各类教育资源，为学生的大型实验和课题提供操作平台；坚持以问题为导向、以真实场景为核心，实施跨学科主题教学，培养学生批判性思维以及综合分析能力；推行自主管理、人本管理，凸显学生和教师的中心地位；建立“以生为本，三位一体”的生涯教育理念，开发高端生涯规划课程；落实“名师项目”“新秀项目”“青蓝项目”建设，以老带新，促进教师队伍的可持续发展；成立教育奖励基金，针对教师设立教学奖、育人奖、科研奖、管理奖和重大成果奖等，针对学生设立优秀学生奖、校长奖等，表彰先进、树立榜样，激励全校师生进步成长。

第八章　研究结论与对策建议

高中作为发展学生创新思维与创新能力的关键时期，是拔尖创新人才早期培养的重要阶段，如何构建一个高效的管理机制成为重中之重。本节按照人才培养的起点、过程及结果划分，对起点阶段的选拔机制，过程阶段的运行机制、保障机制及激励机制，以及结果阶段的评价机制进行分析，构建一个多维度、系统化、科学化的高中拔尖创新人才培养管理机制分析框架，同时基于此框架对我国高中拔尖创新人才培养工作的改进提出对策和建议。

第一节　高中拔尖创新人才培养管理机制分析框架的构建

一、选拔机制

高中拔尖创新人才培养首先要回答“培养谁”“朝什么方向培养”的问题，这就意味着建立一个切实可行的选拔机制是拔尖创新人才培养的前提。作为普通高中拔尖创新人才培养管理机制的构成要素，选拔机制定位于拔尖创新人才培养的起点阶段，直接关乎拔尖创新人才培养整体质量的高低，主要是指在教育行政部门相关规定的指导下，基于公平原则，围绕拔尖创新人才培养理念，采取多元化的形式，考察完成义务教育的学生的基本知识储备、智力水平、思维能力、意识人格等基本素养，从而为学校遴选出符合拔尖创新人才培养要求的学生。选拔机制的构建主要涉及选拔理念、选拔对象、选拔内容和标准、选拔方法和形式四个方面。

（一）选拔理念

在探讨选拔理念之前，首先要明确高中拔尖创新人才培养理念，其主要反映了学校对于拔尖创新人才培养的价值导向，是招生、教学、激励、评价等环节的指导思想和行动准则。首先，拔尖创新人才培养工作必须在素质教育的框架下进行，达到人才培养的一般共性要求，包括培养学生的爱国主义精神、社会主义核心价值观、国际化视野、道德情操和独立自主能力等；其次，高中拔尖创新人才培养理念应以习近平总书记关于做好新时代人才工作的重要思想为指引，强调对学生核心素养、科学精神、创新能力、批判性思维的培养；再次，高中拔尖创新人才培养的目标定位应更多体现创新素养的六个维度，即创新精神的形成、创新意识的萌发、创新人格的塑造、创新思维的培养、创新能力的提升以及创新实践的开展；最后，在人才培养共性的基础上，拔尖创新人才培养还应符合学校的历史底蕴、办学特色、办学理念、办学条件等。

具体到选拔理念上，拔尖创新人才一般具有潜力突出、个性鲜明、求知欲强、具有批判性思维等特质，学校应以发展的眼光看待学生成长，不拘一格，因人而异，不将考试成绩作为唯一的评判标准，更加关注学生在具体情境下的表现，采用多元化的选拔方式和标准，筛选出真正具备创新潜能、与学校育人理念相契合的学生进行创新培养。此外，学校作为教育实施主体，其对拔尖创新人才的选拔必须符合教育行政部门对于人才选拔、人才培养的相关规定，在可控的范围内自由裁量选拔标准和选拔形式。

（二）选拔对象

创新人才培养包括两个方面，一是面向全体学生的创新人才培养，二是面向优秀拔尖人才的拔尖创新人才培养。前者旨在提升全体学生的创新素养，因此选拔对象是完成义务教育的所有学生，不以成绩为唯一标准，更多考察学生的综合素质和关键能力。与此同时，拔尖创新人才培养对象的选拔也应考虑“点面结合”，针对某些智力超常的天才学生，有针对性地开展拔

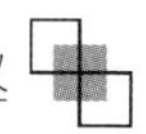

尖人才选拔，通过创新实验班等多种形式，选拔出具备创新意识、创新思维、创新能力的部分学生，从而体现以人为本、因人而异的教育理念。

（三）选拔内容和标准

考试成绩并不能展现学生创新潜能和创新素养的全貌，拔尖创新人才培养的选拔内容应当遵循多元化、多标准的原则，从单一的成绩测验转向对学生智力能力、心理素质、个性品质、成就动机等的综合考察。例如，北京市“翱翔计划”以识别出具有创新潜质的学生为选拔标准，将选拔内容确定为素质积累、创新意识、创新精神和创新能力四个方面。其中，素质积累是指学生在知识、技能、经验等方面的既有积累，是创新的前提和基础；创新意识是学生对创新活动的自觉认识和自主意识，是创新的原动力；创新精神是创造性的个性品质，是创新的有力保障；创新能力是认识事物、解决问题的必要能力，是创新的决定性因素。

（四）选拔方法和形式

基于综合性的选拔内容，应当以尊重学生、公平公正、灵活多样、专家指导为原则，构建多元化的选拔方法和形式予以匹配。选拔方法一般包括推选法、标准化测试和非正式选拔三类，选拔形式则包含自荐或他荐、审核、测评、面试、观察等。在具体操作中，可以通过教师推荐、自我推荐和家长推荐等主观方式，同时配合标准化的基础学力考试、学科知识竞赛、创新能力测验、行为特征测试等客观方式，对学生创新素养、创新潜力等进行综合测评。

二、运行机制

进入人才培养的过程阶段，灵活高效的运行机制是普通高中拔尖创新人才培养的重中之重，是确保学校拔尖创新人才培养目标实现的具体操作机制。对于普通高中而言，拔尖创新人才培养的运行机制应当由课程体系、教学方式、教学管理、生涯教育、文化建设、创新发掘、课外培养、校外合作等多部分构成。

（一）课程体系

课程体系是学校育人的核心载体，是实现拔尖创新人才培养目标的关键支撑。因此，普通高中必须构建灵活多样、可供不同潜质学生选择的现代化课程体系，满足学生创新素养提升的需求，激发其学习兴趣和创新潜能。基于拔尖创新人才培养的内涵，普通高中的课程体系设计应当坚持以下原则：第一，多元性。传统的灌输式教育难以真正激发学生的创新潜能，拔尖创新人才的培养必须尊重个体差异，为不同的学生提供可供选择的多样化课程，充分发挥个体的主观能动性。第二，开放性。课程体系的设计重在拓宽学生视野，锻炼学生的创新思维和创新能力，不拘泥于单一学科的知识灌输，而更应透过课程教学，引导学生发现问题、提出问题和解决问题，激发其探知欲，训练其创新意识，鼓励学生主动质疑。第三，灵活性。伴随着科技的发展和社会的进步，拔尖创新人才培养的课程体系也应与时俱进，基于教育教学情境灵活调整，注重人才的需求差异和个性倾向。

在新课改的背景下，学校拔尖创新人才培养的课程体系首先应开齐开足国家规定课程，在此基础上内化学校拔尖创新人才培养目标，创造性、发展性地推动新课程新教材的整合、改革，聚焦校本课程、选修课程、德育课程、拓展性课程等的优化，力求系统地、全面地激发学生创新潜能，培养学生创新素养。课程体系建设具体可从以下三个方面进行：首先，学校要充分发挥思想政治课程的德育功能，在拔尖创新人才培养过程中帮助学生树立正确的人生观、价值观，陶冶学生的情操和人格，为社会发展和国家建设培养具有良好道德品质和思想认同的新一代人才；其次，编制修订语文、数学、技术、科学、社会、体育、美育等基础学科的校本课程和校本教材，满足学生的基本学习需求，筑牢学科知识储备，同时激发其学习兴趣和探索欲；最后，立足个体差异，打造以开发学生潜能为目的的专项选修课程以及拓展探究式课程，采取课题或项目式教学方法，引导学生主动思考，探索问题解决的方案，从而激发其创新潜能，提升其创新素养。基于上述三类课程的安排，构建学校综合性、多样性、包容性的拔尖创新人才培养课程体系，助力

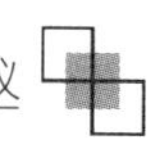

学校培养全面而有个性的拔尖创新人才。

（二）教学方式

拔尖创新人才培养除了要构建多元化的课程体系外，更要创新教学方式，改变传统的灌输式课堂教学，采用沉浸式、启发式、探究式教学方法，推动学科交叉融合，促进学生批判性、发散性思维发展，提升问题解决能力。具体来看，学校应在“三新”背景下，定期组织教师开展针对新高考、新课程和新教材的研讨学习，通过集体备课、教研工作、教学评比等方式主动探索课堂教学新方式，实施基于具体教学情境和问题导向的互动式、启发式、探究式、体验式教学，引导学生深度学习，用科学的逻辑主动思考现实问题，提升其创新素养。同时，学校应积极探索跨学科融合式教学方法，打破学科界限，提升教师的多学科教学能力，引导学生多视角、多维度分析问题和解决问题。此外，教师在拔尖创新人才培养的课堂教学中要做好课堂观察记录，关注课堂氛围、学生专注度和参与度，主动思考改进措施，力求更好地把握教学节奏、提升教学水平，让学生更高效地理解知识、运用知识①。

（三）教学管理

课程体系建设和教学方式变革更多地从知识传授的角度助力学校拔尖创新人才培养，然而情境学习理论强调单纯的知识学习难以培养出拔尖创新人才，需要及时转变学校教育管理理念，进行教学管理创新②。一方面，高中拔尖创新人才培养的目标是发掘学生创新潜能、提升学生创新素养和解决问题的能力，因而不应再以成绩、升学率为导向，采取过度严格的教育管理措施，限制学生主观能动性的发挥和创新能力的发展。在日常教学管理活动中，学校应在遵循教育基本规律的基础上，结合学生的学习需求，为学生释

① 张菊荣．课堂观察的基本理念和初步实践［J］．中国教育学刊，2007(9)：59-62.

② 张笑笑，史亮．创新人才培养模式改革路径研究：以高中阶段为例［J］．延边大学学报(社会科学版)，2019(5)：117-124；144.

放更多创新发展空间。另一方面，为保障学生学习质量，促进其个性和禀赋发展，学校应从以下几个方面进行教学管理方式创新：第一，走班制。区分行政班和教学班，固定各学科教师和教室，学生日常管理和活动在固定的行政班，而上课地点在不同的教学班，且不同教学班的授课内容与难易程度有一定差别。这样的安排允许学生根据自己的兴趣、基础、能力等选择适合自己的选修课程、综合课程、拓展课程等，充分尊重了学生的差异性，促进学生间的交流与合作，有助于激发学生的竞争意识、主动性、自信心和创新潜能。第二，学分制。基于以人为本的教育理念，考虑学生的个体差异，教学组织形式逐渐由学分制代替单一的学年制，通过自主选择课程并制订学习计划，学生们获得了更灵活、宽松、自主的学习空间，满足了不同学生的学习偏好，学生们的兴趣、专长和能力得到了充分尊重。据此评价学生的学习和创新素养提升情况可以更好地促进学生多样化发展，同时推动教师不断改进自身教学水平和方法。第三，导师制。高中生对自身知识结构以及课程内容的了解程度有限，在课程选择上需要教师给予相应的指导。此时，导师制作为一项重要的辅助制度应运而生，成为实施和完善学分制的必要组织保障。学校应依据师生特征、需求及意愿进行指标分配及双向选择，导师基于学生的个体差异对学生课程选择以及生活、实践、发展规划等进行指导，定期了解学生的学习、心理发展情况，增进师生间的交流。第四，小班制。在素质教育的推行下，缩小班级规模、精简学生数量是教学改革的大势所趋。小班化教学更有利于教师掌握学生信息，因材施教，降低管理压力，促进师生交流，也更易于营造活跃的课堂氛围，提升教学效率。不过，拔尖创新人才培养的小班化教学需要满足小组探究式学习对教学空间、设施、环境等的相关要求，具有一定的难度。

(四)生涯教育

生涯教育也是高中拔尖创新人才培养的重要一环，学校需要通过生涯教育课程、社会实践、择业理想教育等多种形式帮助学生更好地认识自我、规划生涯方向，并为之深入地学习、探索。拔尖创新人才培养应当针对不同年

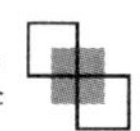

级的学生分阶段开展生涯教育，例如高一开展生涯认知教育，高二开始通过相关课程和实践活动提升学生的生涯探索能力，高三则进一步结合学生未来发展方向进行生涯选择教育。

（五）文化建设

建设以拔尖创新人才培养为己任，尊重人才，鼓励学生勇于批判并积极探索的校园文化和人文环境，是普通高中开展拔尖创新人才培养的必要条件。只有在此种崇尚创新的环境下，学生们的创新意识才能更好地被激发，创新精神和创新人格才能更好地被塑造，创新思维和创新能力才能得到更好的锻炼。与此同时，教师们受到创新文化的熏陶，其创造力得以充分地释放，教学创新能力也能相应提升。

（六）创新发掘

从拔尖创新人才培养的内涵看，培养创新素养需要鼓励和引导学生进行探究性学习，从而发掘其创新潜能。具体而言，学校应基于个人兴趣，开展一系列拓展性课程，并在此基础上指导学生进行相应的课题研究和报告撰写，通过创新实践不断强化学生的创新思维、创新意识和创新能力。

（七）课外培养

对于拔尖创新人才培养而言，传统的课堂知识学习已不足以提升学生的创新素养，必须辅以必要的实践教育。实践教育以提高实践能力为导向，打通课堂学习与课外培养间的阻隔，将学校教育和社会教育、知识学习和社会实践有机结合，通过小组活动、科学探究、生活实践等形式引导学生理解情境、制定方案、动手操作、总结经验，在此过程中不断提升个人的创新意识、创新能力和创新精神①。

（八）校外合作

高中与大学合作培养拔尖创新人才是做好大中衔接、提升人才培养质量

① 李有毅．普通高中创新人才培养的实践与思考：兼谈21世纪普通高中教育的使命与责任［J］．中国教育学刊，2014(8)：54-56.

的重要手段，普通高中应积极寻求与高校、科研院所合作的机会，拓展教育教学资源，聘请专家学者到校对拔尖创新人才培养工作进行指导，并通过讲座、公开课的形式与学生展开交流。与此同时，高中可以通过建立“优秀生源基地”、签署人才培养战略协议等方式与高校对接，实现优质教育资源的共享，推动二者在招生选拔、课程设计、教学方式、教师培训等方面的长期化、规范化、科学化合作。

三、保障机制

普通高中拔尖创新人才培养的管理机制作为一项复杂的系统工程，不仅需要有明确的选拔机制和运行机制来推动学校进行拔尖创新人才培养实践，更需要一个有效的保障机制来应对可能阻碍学校人才培养工作的各种人为或非人为、偶然或非偶然的桎梏，确保教育教学管理体系能够正常运转、行稳致远，从而实现拔尖创新人才培养目标。因此，规范有效的保障机制是普通高中拔尖创新人才培养不可或缺的重要管理机制，需要以此对学校拔尖创新人才培养的实施过程进行科学管控。从高中拔尖创新人才培养的全过程来看，一个完整的高中拔尖创新人才培养保障机制应至少由组织保障、制度保障、师资保障、硬件保障、经费保障以及社会保障几方面构成。

(一)组织保障

普通高中拔尖创新人才培养工作能够顺利落地的重要前提是建立一个完善有序的组织体系，包括领导小组、工作推进小组、教学管理小组、科研小组、资源统筹小组等，分别负责把握学校拔尖创新人才培养方向，及时开展教学方法以及课程体系开发等的创新研究，保障拔尖创新人才培养各项软硬件条件符合创新需求，等等。

(二)制度保障

普通高中拔尖创新人才培养不能只是泛泛之谈，而应落实到学校的相关制度规定中，使学校拔尖创新人才培养的各项实践工作有制度支撑。因此，

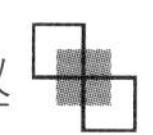

学校应从教学体系、课堂质量评估、听课评课、科研和经费管理、评价激励等方面建立相应的规章制度，并结合拔尖创新人才培养涉及的教育教学内容，形成普通高中拔尖创新人才培养方案，将拔尖创新人才培养过程制度化。

（三）师资保障

高水平教师队伍是普通高中拔尖创新人才培养高质量发展的重要基石和有力保障。首先，学校应将师德建设置于首位，强化教师对学生创新素养培育的使命感和责任感；其次，通过选聘、引进等方式选拔一批具有创新精神、国际化视野以及广博知识储备的高水准教师，并通过集体备课、名师带徒、传帮带等方式形成合力，推动教师队伍整体水平的提升；再次，鼓励教师主动开展教学方法、课程开发等科研创新，以研促教，同时加强师资队伍专业化培训，通过岗位培训、进修培训、教改或课改研究立项等方式不断提高教师质量；最后，完善教师激励体系，积极开展优秀教师、师德标兵、先进集体等的评选活动，强化专业发展激励，鼓励教师主动参加教研活动，促进教师专业成长。

（四）硬件保障

伴随着科学技术的快速发展，教育现代化水平不断提升，为了更好地培养学生创新素养，普通高中的教育教学方式也必须向现代化看齐，加大智慧校园建设力度，基于信息技术的发展，推动教学资源数字化，更新多媒体教育手段，配备多功能智慧教室、电子白板、教学实验室、科技馆、图书阅览室、RFID 数字图书馆、人工智能平台、校园网、OA 办公系统等各类现代化基础设施和教学设备，加快建设创新实践基地，提升学校拔尖创新人才培养的信息化和智能化水平，为拔尖创新人才培养提供扎实的硬件保障。

（五）经费保障

首先，学校的教育经费应逐步向拔尖创新人才培养倾斜，设立人才培养专项经费，建立长效投入机制，确保拔尖创新人才培养资金预算，保障教师权益和待遇落到实处，充分满足学生创新教育需求，必要时可建立资金直达机制；其次，建立健全拔尖创新人才培养经费保障制度，使得各项经费投入有制可依、有规可守；再次，拓宽筹资渠道，提高拔尖创新人才培养研究水平，积极申报相关课题或专项资金项目，同时通过校友捐赠、社会企业捐赠等方式自筹培养经费；最后，为提高拔尖创新人才培养经费的使用效率，应当定期对经费投入进行绩效评估。

（六）社会保障

拔尖创新人才培养是一项系统的社会工程，不能仅仅依靠学校教育，更是整个社会系统共同的责任，需要政府、家庭、企业等的外部支持。因此，构建学校、政府、家庭和企业多主体的协同机制，是推动学校拔尖创新人才培养工作的重要保障之一。在家庭层面，学校应积极开展家校合作活动，发挥好家庭的"第一课堂"作用，让家长通过家委会、教学公开周等多种途径充分参与到学生创新素养的培育中去；在政府层面，学校应主动与政府有关部门沟通、协商，结合实践经验提供可行的决策建议，争取政府部门对学校拔尖创新人才培养的政策以及资金支持；在企业层面，学校拔尖创新人才培养工作可以在人才选拔、课程设计、硬件建设、生涯教育和经费投入等方面与企业进行合作，为人才培养提供创新实践平台，激发学生科研兴趣，拓宽学习视野。

四、激励机制

采取多种方式激励参与拔尖创新人才培养的各个主体，并使之规范化、制度化、常规化，是有效提升学校人才培养整体质量、保障管理机制稳步运行的重要举措。高中拔尖创新人才培养激励机制主要作用于教职工和学生两大主体，教职工按重要性又可分为教师与教学管理人员。

（一）教职工激励

1. 激励机制设计原则

教育部颁发的《普通高中学校办学质量评价指南》中明确指出，要健全

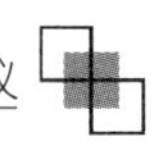

教师激励机制，树立正确激励导向，突出全面育人和教育教学实绩，充分激发教师教书育人的积极性、创造性；完善校内激励体系和绩效工资分配方法，坚持绩效工资分配向班主任、教学一线和教育教学效果突出的教师倾斜。教师与教学管理人员的质量是拔尖创新人才培养成效最直接的影响因素，对育人成绩突出、表现优异、有重要贡献的教职工进行荣誉奖励、岗位晋升奖励、绩效工资奖励、专业发展奖励等，可以有效激发其工作积极性和主动性，提高责任感与成就感。因此，针对学校教师和管理人员构建拔尖创新人才培养激励机制，形成一种促进教职工自我激励、自我管理、自我提升的氛围，是推进高中拔尖创新人才培养工作的重要支撑。结合相关文献，这一机制的设计应考虑以下四个原则：

第一，激励体系应实现精准分类、科学设计。学校应充分考虑教职工的差异化需求，基于学科、教龄、职称、职业发展规划等进行精准分类、合理设计，构建一个分类清晰、整体有序、持续高效、动态调整的激励体系。该体系需要兼顾不同教职工的需求和差异，让不同岗位、不同能力的教职工都能感受到满足感和获得感，实现纵向公平，这是激励机制能否对拔尖创新人才培养产生正向作用的重要前提。

第二，激励目标应坚持个人与组织相统一。教职工个体与学校实际上是拔尖创新人才培养激励机制的“一体两面”，学校是激励机制的实施主体，教职工则是激励对象，学校发展目标必然与教职工个体激励密不可分。因此，学校应依据拔尖创新人才培养目标设置教职工激励标准，将个人发展目标与学校组织目标有机结合，提升教职工参与、服务拔尖创新人才培养的积极性和主动性，充分体现其在学校人才培养大局中的重要地位，实现学校进步与教职工个人成长的同频共振。

第三，激励方式应注重物质与精神相结合。物质激励与精神激励作为激励的两种类型，是相辅相成、缺一不可的。对于教职工来说，工资、奖金、津贴、福利等物质奖励无法长期、持续地产生激励作用，不足以维持教职工队伍的稳定性和高效性①，专业培训、职位晋升、环境改善、组织关怀等非物质层面的精神奖励反而能够给教职工带来更深层次的成就感和满足感。因此，拔尖创新人才培养激励机制需要将物质激励与精神激励有机结合，在保障教职工基本物质需求的基础上，让其感受到更大的发展空间和更舒适的工作环境。

第四，激励过程应确保公平性。公平性是构建高中拔尖创新人才培养激励机制的基本原则。亚当斯的公平理论认为，人的工作积极性不仅与实际报酬的多少有关，更与人们对报酬的分配是否感到公平有关，公平感会直接影响员工的工作动机和行为。只有当教职工认为其在拔尖创新人才培养实践中付出的劳动代价与所得到的报酬相匹配时，激励机制才能真正发挥效用，否则将导致个体产生消极怠工的负面情绪，降低激励成效，甚至影响学校拔尖创新人才培养工作的整体运行。

2. 激励机制设计重点

在制定教职工激励措施时，至少需要考虑以下因素：第一，良性的竞争机制。良性的内部竞争能够从多方面激励教职工投身到拔尖创新人才培养的实践工作中去，从而整体提升学校的人才培养成效。首先，良性竞争能够形成一种你追我赶、互帮互学的工作环境，有助于激发教职工的创新意识、创新能力和工作活力，促进教职工团队的良性发展。其次，在职位晋升、绩效考评、人才选拔等激励举措中贯彻良性竞争机制能够真正地实现选贤举能，打破论资排辈、平衡照顾等传统用人模式，让优秀的教育人才崭露头角，真正做到能人善用、唯才是用，以此让教职工们产生紧迫感，促使其奋发向上，不断提升自身专业素养和育人水平，在个体进步的同时带动学校整体教育教学水平的提升。第二，完善的分配制度。劳动付出与劳动报酬相匹配是教职工在从事拔尖创新人才培养工作时应得到的基本保障，这就要求学校实行公平的分配制度，做到同工同酬、优劳优酬、多劳多得，同时绩效奖励要

① 安雪慧．中小学教师职业生涯发展与教学工作激励：来自中国农村的经验[J]．北京师范大学学报(社会科学版)，2008(3)：117-122.

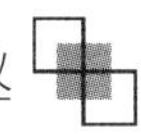

向创新素养培育成效显著的教职工倾斜，鼓励教职工积极投身人才培养事业。第三，科学的考核目标。教职工的激励考核目标应当客观公正地反映其在教育教学活动中的实际成绩、业务水准、道德品格等，克服唯分数、唯升学的顽瘴痼疾，通过建立切实可行、科学合理且具有一定挑战性的动态量化目标体系，公正、公平、公开地对教职工工作情况进行评判，以此作为职务聘任、薪资调整、绩效奖补等的依据，激励教职工达成相应的拔尖创新人才培养目标。第四，必要的专业培训。实施拔尖创新人才培养的教师和教学管理人员不仅要有扎实的专业素养和学识水平，更要在日新月异的科技进步中不断培训，学习最新的理论知识、教学理念和育人方式等，从而提升个人的创新意识和创新能力。因此，学校需要针对教职工培训制定相应的激励措施，对参加培训进修的教职工进行鼓励和支持，从而提升其自主管理意识和责任感①。

(二)学生激励

普通高中阶段是学生身心逐渐成熟、个性特征以及人生观、价值观等形成的重要时间节点。从心理学的角度分析，学生在此阶段自我意识的能力与水平提高，渴望得到更多的尊重和认可，同时在性格上也会更多地表现出对未知事物的好奇与探索欲，更易接受新事物。因此，作为拔尖创新人才培养的对象，高中生创新潜能的激发具备一定的心理诱因，外部激励手段便是调动其学习兴趣和积极性的重要方式，能够在一定程度上刺激其主动提升自己的创新意识和创新精神。为了更好地培育创新素养，有必要在全面把握学生心理需求的基础上，引入多元化的激励机制，坚持共性与个性相统一、精神激励与物质激励相结合的原则，尊重个体差异，调动学生积极性，激发其内在动力，让学生创造性、独立性与自觉性得到提升的同时，也获得相应的成就感。一般而言，针对高中生有以下几种激励方式：

第一，榜样激励。榜样具有很强的激励价值，学校可以通过为学生树立切合实际的拔尖创新人才榜样，宣传国内外知名科学家、先进人物、知名校

① 杜友坚．教师激励机制的构建[J]．教育评论，2003(4)：29-30.

友等的具体创新事迹，引导学生重视创新意识、创新素养的养成，塑造崇高的创新理想，形成自身对创新的见解，并由此进行效仿。第二，目标激励。目标是个体进步的基础动力，学校可以依据学生个体的发展情况和天赋秉性，通过精神和物质奖励来引导学生设置具有预期性和约束性的创新素养提升目标，以此激发其学习兴趣、动力和积极性。值得注意的是，目标的设定应符合学生的实际情况，既有挑战性又有可实现性，依据时间远近和难易程度划分层次感。第三，奖惩激励。奖励与惩罚是最直接的学生激励手段，教师在拔尖创新人才培养的过程中要做到公正合理、奖惩结合、以奖为主。一方面，可以采用口头表扬、光荣榜、荣誉称号等精神奖励以及文具、经典书籍等物质奖励的方式，对学生创新素养的提升表示肯定，鼓励学生再接再厉，并在班级中形成良性的竞争氛围。另一方面，严肃批评、矫正学生们可能存在的消极懈怠行为，让其吸取教训、及时改正。第四，能力激励。针对学生在先天禀赋、兴趣以及潜力上的差异，教师和教学管理人员应当因材施教，充分发挥每个学生的优点和专长，帮助其更清楚地认识自己，发掘在某些方面的创新潜能，以此来激发学生的创新动机。第五，情感激励。高中生的心智尚不成熟，容易产生情绪波动，此时教师可以运用情感的激励作用，在了解学生个性、追求、特长、人生观、家庭构成等基本情况后，把握学生情感基础，加强师生间的心灵交流，以情育人，对学习、生活有困难的同学给予帮助，疏导负面情绪。第六，活动激励。学校可以定期组织有关创新素养提升的竞赛活动、社团活动、专题学习教育活动等，引导学生主动参与，发挥各自的专长，并在活动后进行反思总结，以此激发其创新积极性和潜能。

五、评价机制

（一）评价原则

普通高中拔尖创新人才培养评价机制是指针对普通高中内部制定的一系列与拔尖创新人才培养成效相关的评价制度、评价指标体系、评价方法、评价标准以及评价机构等形成的有机整体。一个完善的评价机制能够监控学校

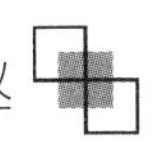

拔尖创新人才培养体系的运行实效，并适时地依据评价结果改进拔尖创新人才培养中遇到的相关问题，推进高中拔尖创新人才培养管理体系的优化。然而，当前人才培养质量的评估仍然以学生成绩、学校升学率等结果性指标为依据，评价的功利化和形式化倾向严重，评价内容偏重学生对课本知识的学习情况而非学生能力培养的进展，与素质教育的培养目标尚难匹配[①]。因此，为了更好地发挥评价机制对于高中拔尖创新人才培养的监控、引导和完善作用，高中拔尖创新人才培养的评价机制应当充分贯彻以下原则：

第一，多元性。首先，评价理念要与拔尖创新人才培养的目标相契合，即注重学生德智体美劳全面发展的同时，尊重学生个性发展，进行特色化培养。在此过程中，学校教学应以学生为主体，兼顾智力与非智力因素，重点关注学生创新思维、创新潜能、创新意识、创新人格以及创新能力的养成或激发；其次，构建多元化的评价指标体系，摒弃过去“唯分选拔、依分评优”的传统观念，从学习进展、探索态度、实践素养等多方面进行综合性评价；再次，要注重评价主体的多元化，除了授课教师及教学管理人员外，学生、家长亦可成为评价主体；最后，在多主体、多维度、多指标的评价构架下，发展学生自评与互评、过程性评价与发展性评价、分项评价与综合评价等多种评价形式。

第二，过程性和发展性。拔尖创新人才培养评价应逐渐由结果性转向过程性和发展性，实现对学生创新素养培育的全过程监控，从人才选拔、课程建设、课堂教学、活动组织等环节入手，让评价机制贯穿于拔尖创新人才培养的各个环节，发挥好评价机制的监督、引导和控制功能，依据评价结果适时调整和改进拔尖创新人才培养管理机制，实现管理机制的动态发展。

第三，长效性。普通高中是拔尖创新人才培养的早期阶段，而非形成阶段，其承担的是激发创新潜能、提升创新素养的责任，短期评价无法判断出此阶段拔尖创新人才培养质量的高低。这就要求评价机制应当目光长远、着眼未来，注重对学生日常表现的观察、记录和评估，并对学生未来发展进行

① 石中英．回归教育本体：当前我国教育评价体系改革刍议[J]．教育研究，2020(9)：4-15.

追踪性研究，通过校友会等渠道收集其离校后的创新表现，据此进一步加强学校创新人才培养的管理。

（二）评价内容

1. 学生创新素养评价

评判高中拔尖创新人才培养管理成效的核心便是学生创新素养是否得到有效提升。由于学生个体在天赋、特长、个性等智力与非智力因素方面的差异性，高中拔尖创新人才培养应当在尊重个体独特性的基础上，着重激发学生的创新能力，改变过去重知识轻能力、重应试轻素养的人才培养倾向，形成多元化、特色化的培养体系。基于此，高中拔尖创新人才培养的评价机制应当将过程性评价与结果性评价有机结合，兼顾知识学习与素养发展，通过书面测验、小组讨论、社会调研、论文撰写、方案设计等多种方式，考察学生理解、运用理论知识以及分析、解决实际问题的能力，并由此形成学生成长档案。值得注意的是，书面测验也要以检验学生综合能力与创新素养为最终目的，尽量避免完全围绕课本内容设计题项。

2. 创新型教师评价

拔尖创新人才培养管理机制的成效很大程度上取决于教师的教学水平与创新能力，创新型教师是拔尖创新人才培养工作的重要支撑。据此，教师评价要发挥反馈和导向作用，将评价结果与绩效考核、岗位聘用、职称评审、薪酬待遇、表彰奖励等挂钩，激发教师工作的主观能动性，鼓励教师在工作和培训中不断总结经验、提升教学质量，助力学校拔尖创新人才培养工作更好开展。

与学生相似的是，教师群体在个性、能力、专长上也有较大差异，因此同样应基于发展性和过程性原则开展多元化评价，评价指标包括教学理念、教学内容、教学方法、教学技术以及师德水平等。其中，教学理念主要考察教师是否尊重学生个体差异，能否调动学生学习积极性和探索欲，能否有效地备课并与时俱进、及时更新教学内容与形式；教学内容考察教师能否在课堂教学中融入鲜活的案例、引入相关经典理论或最新的科研成果；教学方法

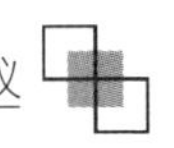

反映教师能否破除传统的“授人以鱼”式教学，通过研讨式、启发式、情境式、问题式、案例式教学方法，培养学生敏锐观察、批判思考、动手实践的能力，真正实现“授人以渔”；教学技术即评判教师的信息化教学水平是否达标，以及能否通过改进教学技术提升学生的学习兴趣和探索欲；师德水平即反映教师是否热爱教育工作并保持较高的积极性，是否对学生负责以及是否履行应尽的责任义务等。

评价形式上可以将教师自评与互评、学生评价以及学校评价有机结合。其中，教师互评不仅可以帮助被评者发现自身的不足、提高教学水平，还有助于促进教师之间的合作与交流；学生作为课堂教学的主体，其对知识的掌握程度、对教学方式与内容的认可程度以及创新素养的发展水平等能够更加真实地反映教师的教学水平与教学成效；学校评价旨在全面考察教师的教育理念、教学成果、专业能力、创新水准、师德师风等。一般来说，学校可以采用问卷调查法实施教师评价，根据评价指标设计一系列问题，通过网络向教师、学生发放，后以赋分制进行等级划分。此外，座谈会也是一种教师评价的辅助方式，由学校管理人员、学生代表与教师进行互动交流，以期全面了解教学质量与效果，发现问题并及时解决，从而提高教学质量。

3. 拔尖创新人才培养组织和管理机制评价

拔尖创新人才培养组织和管理制度评价对于增强组织能动性，推动学校拔尖创新人才培养管理系统高效运转具有重要意义。在对这一部分进行评价时，首先应遵照国家关于拔尖创新人才培养的意见和规定，结合学校教育教学实际，构建评价指标体系。其次，评价内容应包含以下三个方面：①对学校拔尖创新人才培养内部环境的评价。例如，规章制度是否在学校日常活动中得到了有效落实，软硬件配备是否满足了人才培养的需求，相关资金是否有所保障，部门间及各管理要素间的协同效率如何等。②对拔尖创新人才培养管理人员素质、管理队伍稳定性及可持续性的评价。作为教育教学活动的组织者和管理者，管理人员的综合素质、业务水平、工作积极性、责任感，以及管理团队的内部稳定性和可持续成长性都会极大地影响学校拔尖创新人才培养管理体系的运转质量。③对学校拔尖创新人才培养外部环境的评价。

学校拔尖创新人才培养工作需要得到政府、企业、高校等外部组织的支持，因此研判外部环境也是支撑拔尖创新人才管理机制有效运行的重要一环。普通高中拔尖创新人才培养管理机制框架见图 8-1。

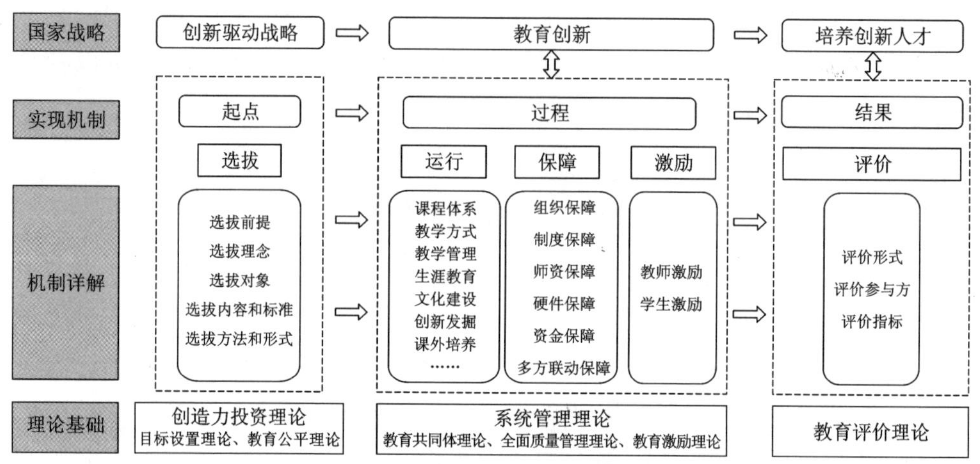

图 8-1　普通高中拔尖创新人才培养管理机制框架

第二节　普通高中拔尖创新人才培养的对策建议

我国高中拔尖创新人才培养在短短几十年内取得了巨大的进步，但目前仍然存在一些问题，拔尖创新人才的潜能未能完全挖掘，因此，探寻我国高中拔尖创新人才培养管理机制的不足与改进对策，对于深化高中育人方式变革、推动我国科技进步和产业发展至关重要。

一、选拔机制

（一）构建关注多维素养的招生制度

我国目前对于拔尖创新人才还缺乏一套完善的鉴别程序与遴选标准，更是缺乏对能够体现不同学科或不同能力的复合标准的运用①。绝大部分高中

① 王亮，熊建辉．拔尖创新人才早期培养的实践探索与深化路径[J]．全球教育展望，2023(4)：46-62.

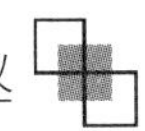

将中考成绩作为招生依据，排名从高到低择优录取，超常班、实验班以及与高校合作的创新班等在选拔上仍以学生的智商测试结果、考试或竞赛成绩为主。这种招生制度将学业成绩优异等同于拔尖创新[1]，忽视了学生综合素养以及多元能力的发展，无法选拔出多样化的创新型人才，也可能会使学校错失某一方面的特殊人才。同时，成绩优秀的学生在步入高中后很有可能出现意志力不坚定、缺乏独立生活能力等问题，难以适应高中生活，出现巨大的心理落差，在之后的学习中一蹶不振，丧失对学习的信心与热情。因此，普通高中要明确拔尖创新人才以及拔尖创新人才在新时代被赋予的意义内涵，纠正招生方向，改变以分数为单一选拔依据的错误观念，构建关注多维素养的招生制度，全面考察学生的品质、人格、特长、能力与潜力等，以发展性眼光选拔和培育拔尖创新人才。在选拔过程中，要避免出现以固定标准评价学生的情况，对于在某一领域展现超常天赋的学生，可酌情为其放宽标准，防止天才被埋没。

例如，北京市第八中学(以下简称“北京八中”)超常教育实验项目以科学性、规范性、适合性为原则，严格按照超常儿童的认知与身心发展规律，通过多种综合思维能力甄别和试读环节，科学系统地选拔真正能够适应超常教育的儿童。选拔流程以“多途径、多方法、综合评价”为指导方针，分为初试、复试、试读三个阶段，从先天素质、学业水平、学习能力、发展潜能等方面进行综合评价和鉴定。初试和复试均为纸笔测验，包含数学、语文和思维三个板块。在数学和语文测试方面，初试和复试的内容分别侧重学生对知识的掌握和灵活运用情况；在思维测试方面，初试采用一般能力测试量表，复试分为神经类型测试、高级能力测试和大脑信息加工速度测试三个方面。试读阶段则采用封闭式夏令营考察方法，通过课堂学习、自学、文体活动、才艺展示等环节，充分了解学生个性发展水平、行为和学习习惯、人际关系、道德观念、适应能力和规则意识等非智力因素。多种测试工具相互比较、相互印证，综合评价，使甄选更加准确。此外，北京八中在拔尖创新人

---

① 滕洋. 我国拔尖创新人才早期培养的实践探索、现实困境与优化策略[J]. 国家教育行政学院学报，2023(11)：20-30.

才的选拔和培养上十分注重家长的参与，从2007年开始便对进入超常教育实验项目复试的学生开展家庭问卷调查，了解家庭教育观念、亲子关系以及家长的人格特征等，为拔尖创新人才的个性化培养提供参考①。

（二）探索强调创新潜能的选拔方式

关注多维素养的招生制度需要多样化的选拔方式和科学有效的评估工具予以支撑。普通高中拔尖创新人才的选拔应包含笔试、面试、实操、推荐等多个环节，将量化测量（智力测验与标准化考试）与主观评价相结合，综合考察智力因素与非智力因素，关注学生身心健康、思想品德、综合素质、创新能力、兴趣志向、科学潜质等多方面的发展。在此过程中，要提高教师、家长的参与度，积极与高校、科研院所合作，确保拔尖创新人才甄选的公平性与实效性。以山东大学附属中学为例，其依托中国科学院心理研究所和北京师范大学的测量工具，运用标准化成就测验、标准化智力测验、标准化心理测试、创新能力测验、特长测试、体能测试、综合活动等多种手段，考察学生的信息提取和应用能力、逻辑思维能力、问题解决能力等智力因素，好奇心、创造力、抗逆性等非智力因素以及传统文化、家教家风和身体素质等综合表现。

此外，我国拔尖创新人才的早期培养在实践过程中探索出了多种评价手段。早在1982年，中国科学技术大学少年班就增设了“现学现考”环节，以测试考生的学习能力，并于1986年将心理发展水平评估加入复试环节中，从而更加系统地考察学生的身心健康、认知能力、逻辑能力和创新能力等②；中国人民大学附属中学超常儿童早期培养实验项目在初筛阶段让考生收看“人大附中早培班公益课”视频，并完成相关练习，了解其是否具有超常儿童的特质；北京市第八中学超常教育实验项目以科学性、规范性和适合性为原则，遵循超常儿童的认知和身心发展规律，通过多种综合思维能力甄别和试读环节，科学地筛选超常儿童；北京市教委实施的“翱翔计划”构建

① 王俊成．前瞻谋创新　科学育英才：北京八中超常教育简介[J]．创新人才教育，2013(2)：32-37.

② 郑永和，杨宣洋，谢涌，等．我国拔尖创新人才的选拔与培养：基于教育实践的多案例循证研究[J]．中国科学院院刊，2022，37(9)：1311-1319.

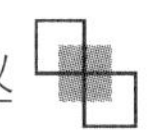

了由发现阶段的推选性评价、培养阶段的过程性评价和结业阶段的发展性评价组成的“三段”评价机制。在发现阶段，推选性评价包含自我发现、学校推荐和专家推选三个部分，全市普通高中均可推选具有创新潜能的高一学生，经过网上申报、学校推荐、区县审查、资格初验、网上评审、专家面试等环节，最终根据《学员推选参考指标》甄选出“翱翔计划”学员。

二、运行机制

（一）坚持以德为先的育人理念

立德树人是我国教育的根本任务。把社会主义核心价值观融入教育全过程，引导学生树立正确的世界观、人生观，促进学生德智体美劳全面发展，是各级各类教育的核心目标，也是新时代拔尖创新人才培养的重要要求，为我国普通高中拔尖创新人才培养指明了方向和路径。德才兼备是拔尖创新人才的必备条件，拔尖创新人才只有在集体、团队乃至社会中以德服人，才能起到引领示范作用。因此，各高中要坚定为党育人、为国育才的办学理念，深入辨析德才培养的关系，筑牢学生理想信念根基，培育学生的家国情怀，将“小我”融入“大我”，明确志向、磨炼意志、涵育人格，增强学生社会责任感，让其肩负起为国家基础学科事业作贡献的使命担当①。加强学校德育课程体系建设、教师队伍建设、教材建设，将德才兼备作为评估人才的基本标准，要求全体教师教书育人、立德树人，在每一堂课中都渗透和贯穿德育内容，引导学生爱国爱党、刻苦学习、求真务实、勇于创新。在德育建设方面，华东师范大学第二附属中学立足“德育营造创新环境，引导创新方向，涵育创新人格”的基本共识，构建了由经典理论学习、领袖能力养成、社会实践研究组成的“三位一体”拔尖创新人才德育体系，形成了“目标融合、途径融合、资源融合”三融合的德才培养模式，旨在帮助学生明确创新志向、磨炼创新意志、涵育创新人格②。

① 苏忱．基础学科拔尖人才早期培养要道法术并重[J]．中国基础教育，2023(10)：45.

② 李志聪．构建基础学科拔尖人才早期培养体系的30年实践[J]．中国基础教育，2023(10)：39-44.

(二)构建多元化的课程体系

我国大部分高中为了迎合高考应试的需求，将教学课程简单地分为文科和理科，让学生做出选择后进行分别教育，课程设置相对单一。学生分科后按照固定的教学计划，被强制规定每一学年学习的课程类别和进度，三年重复的学习仅仅为高考而准备。在此种教学模式下，学生在高中所学的知识会随着升入大学后的专业选择而被抛之脑后。因此，普通高中为实现拔尖创新人才的培养，必须重新构建起符合素质教育要求的新型课程体制，革新课程概念，重塑课程价值。课程设置要以提高学生核心素养为目的，以终身学习为理念，门类多元、形式多样，促进学生知识、能力、态度及情感的和谐发展，为学生步入社会奠定基础。具体来讲，开设各类兴趣选修课程，满足学生的个性化发展；适当开设劳动技能课程，引导学生自主独立；将生涯教育课程纳入每一所高中的课程体系之中，让学生对未来职业发展产生清晰认知。特别地，各高中应着力打造特色校本课程，在开齐开足国家课程和地方课程的基础上，整合各类教育资源，开设研究性、拓展性、实践性校本课程，以促进学生个性化发展和创新思维提升。

除此之外，要避免学科课程的严格区分，设计跨学科课程，跳出学科看教学，注重各学科之间知识体系的连接与交融，防止学生认知学科化，避免学习上的偏狭与思维发展单一化。通过开展项目式教学，推动课程设计从学科知识主导向问题主导或情境主导转变。教师基于特定问题，开展多学科融合教学，为学生提供运用跨学科知识解决问题的机会，促进知识的深度融合，以帮助学生处理现实中复杂的综合问题①。例如，北京大学附属中学依托科学教育中心，组织各学科教师共同研发跨学科学习项目，开设了物理与化学、物理与技术、化学与生物、地理与技术等多门跨学科课程，着力研究学科知识在生活中的综合应用问题。

---

① 杨明全. 核心素养时代的项目式学习：内涵重塑与价值重建[J]. 课程·教材·教法，2021(2)：57-63.

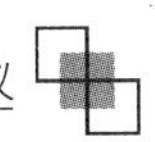

（三）实施多样化的教学方式

受到高考制度的影响，我国高中以传统的灌输式教育为主，教学方式较为单一。在教学任务的驱动下，教师作为课堂的主导者，往往追求在规定的时间内将高强度的学习内容传授给学生。由于学生的领悟能力不一，学生间的等级差异也由此产生，进而区分出了“好生”与“差生”。这种教学方式不仅没有创新性可言，还会抑制学生的长远发展。拔尖创新人才培养的特点要求高中改进教学方式，以培养学生创新思维、引导学生独立思考为目的，激发学习动力，使学生乐学、好学、会学，将学习视为一种兴趣而非任务；鼓励教师自主研修，探索创新多元的教学方式，根据学生身心发展水平因材施教，培养学生的创新思维、团队合作能力、沟通交流能力与问题解决能力等。

要培养出个性鲜明、全面发展的拔尖创新人才，必须坚持因材施教，持续优化教学形式，以强调自主、尊重学生的教学方式引领学校发展理念革新。例如，湖北省武钢三中理科试验班以“全面发展+特长发展”为培育思路，以“分层分组+大小班”为教学组织形式，以“自主培养+名师引领”为学习策略，坚持“因材施教、自主发展、优化个性、发展特长、注重素质、全面提高”的人才培养基本原则，在促进学生全面发展的基础上，针对学生的天赋学科进行个性化教学。为促进学生的个性化发展、培养学生的自主学习能力，武钢三中在分层教学的基础上，依据学生兴趣和特长进行分组，对理科试验班的学生采取从“教师引导为主，个人自学为辅”向“学生自主学习，教师答疑点拨”过渡的教学方式，以学生自修自学取代教师讲授灌输，鼓励学生针对教学内容自主提出问题、在学习小组内质疑讨论，以此种教学方式有意识地培养学生创新能力、探究能力和操作能力等①。

（四）开展系统化的生涯教育

在当前系统推进普通高中育人方式变革的大背景下，开展生涯教育、加强学生指导已成为普通高中高质量发展的重要课题。对于拔尖创新人才的早

① 湖北省武汉市武钢三中项目组，程爱林，张旭东．四位一体自主创新：高中数学拔尖人才培养模式探索[J]．中国基础教育，2023(10)：53-56.

期培养来说，尊重学生兴趣爱好，实施职业生涯规划指导，为学生提供适合的教育，更是促进人才健康持续发展，人尽其才、才尽其用，实现人力资本效用最大化的重要举措。尽管一些高中陆续开设了生涯教育课程、体验式主题活动等，但效果仍不理想，高中生“升学无意识，就业无意识，发展无意识，生涯无规划，学习无动力”的现象依旧普遍存在①。普通高中必须从系统构建生涯教育体系出发，依据学生需求和国家需要、专业知识和办学特色，对目标、内容、实施、评价和保障五个方面进行整体设计②，增强拔尖创新人才的自主规划、选择和决策能力，引导拔尖创新人才提早为大学和职业生涯做准备。

具体来讲，各高中应加强课程管理，构建系统、开放、整合的生涯规划课程，如西南大学附属中学根据各年级学生的身心发展特点，从自我认知、人际交往、规划发展等不同维度，开发了由易到难、由浅入深、由具体到抽象的生涯教育系列课程③；组建多元化的生涯教育专业指导团队，团队成员可以由高校专家、任课教师、心理咨询师、家长、优秀校友以及社会人士组成，专门负责学生的职业规划与生涯指导；丰富教学手段，拓展教学思路，在课程教学的基础上，辅以个别交流、团体辅导、行业讲座、职业体验等多种教学方式，为高中生提供更加充足、多元的信息与资源；推进大中衔接，构建协同育人机制，充分利用高校师资及物质资源，向高中生提供了解大学专业、参与社会实践、体验科研活动的机会，使其明确自身兴趣，了解专业性质，结合自身情况合理规划未来发展道路；聚合社企力量，搭建多元平台，秉承“引进来”“走出去”的原则，通过名人讲座、实习实训、志愿活动等形式，让资源走入校园、学生走进社会；充分运用大数据技术手段，开展霍兰德职业兴趣测试、气质类型测试、MBTI 人格测试等，帮助学生认识自

① 崔海丽，朱红，马莉萍．高中生涯教育对学生未来规划清晰程度的影响：以强基新生为考察对象[J]. 教育发展研究，2022(10)：67-76.

② 索桂芳．普通高中生涯教育体系的构建研究[J]. 课程·教材·教法，2022(11)：98-105.

③ 欧健，付新民，陈辉国，等．西南大学附中：基于综合实践活动实施生涯教育[J]. 人民教育，2020(20)：50-52.

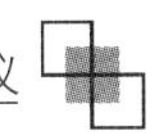

我、学会思考、规划未来；发挥家长对学生职业发展的影响作用，开展针对家长的学生生涯规划指导活动，为家庭教育中的生涯规划指导赋能聚能。

（五）探索贯通式的培养体系

当前，大学、中学、小学教育割裂现象客观存在，“各管一段、各自为政”的教育在一定程度上忽视了拔尖创新人才培养的整体性与连贯性，不利于创新素养的培育和发展。普通高中拔尖创新人才培养必须打破传统的封闭式育人格局，探索大中小贯通式培养体系，以学生全人格培养为目的，打通各学段阻隔，将“各管一段”放在具有连贯性的整体教育中把握，强化本位的同时，既“瞻前”又“顾后”，凸显教育的一致性与连续性，形成纵向联结、横向整合、贯通一体的人才培养机制。大中小一体化培养模式的构建将成为推进我国高中拔尖创新人才培养进一步发展的生长点，是当下教育研究应重点关注的内容之一。总的来看，大中小衔接可以体现在课程建设、教学改革、人员交流、资源使用、质量测评、课题研究等多个方面。例如，美国为满足拔尖学生较高的学习需求，在高中阶段开设大学先修课程，并推行双注册项目（Dual Enrollment），允许学生在高中注册学习的同时选修大学课程并获得相应学分①；华中师范大学第一附属中学开发学段衔接教程，立足核心素养，以物理、数学为试点学科，从知识、方法和能力三个层面总结初高中重点知识，并建立初高中衔接教学对照表，编写衔接教学指导意见②，帮助学生系统地拓展知识、思维和视野，避免出现知识点的遗漏或过度重复；金陵中学与南京大学通过“1+1+N”共建方案开展深度合作，内容包括但不限于双方互派领导到对方单位挂职，定期举行会议评审共建成效，建立专家库开设选修课程和系列讲座，围绕人文、科技、体艺、国际四大主题开展教师培训等③。

---

① 付艳萍．美国高中大学合作培养拔尖创新人才：实践模式与保障机制［J］．人民教育，2023（9）：73-76.

② 周鹏程．培养“未来世界引领者”：高中拔尖创新人才的“一体化培养”［J］．中国基础教育，2023（10）：46-51.

③ 孙夕礼．“高中—高校”贯通培养拔尖创新人才的实践探索［J］．人民教育，2023（1）：49-51.

华中师范大学第一附属中学自2014年起就开展了普通高中拔尖创新人才一体化培养模式的探索与实践，通过目标一体化、课程一体化、学法一体化、理念一体化、资源一体化和环境一体化，创建大中小贯通式培养体系，实现一体化育人的总体目标。在目标一体化上，学校以终身学习为导向，结合学生发展规律，明确小初高在核心素养培育上的异同；在课程一体化上，除上述初高中衔接教学对照表、教学指导意见以及衔接教程外，学校还开设了文学与写作、微积分、物理力学、通用学术英语、微观经济学等大学先修课程，以提升学生的核心素养，为其在大学阶段的学习打下基础；在学法一体化上，学校以“卓越联盟”为依托，通过跨学段学法教研、师生互访、初高中教师结对等多种措施，推进小初高教学一体化实践；在理念一体化上，为落实《家庭教育促进法》，学校定期举办家长课堂，邀请校内外名师及家长代表，开展主题演讲，以推动家庭教育的深入发展；在资源一体化上，学校充分利用社会资源，持续推进与企业、高校的深度合作，探索校企社协同育人模式，如2016年、2019年先后与两家公司成立“长飞班”“长储班”，2021年与西北工业大学合作开发《航空模型制作与试飞》校本教材等；在环境一体化上，学校坚持开展各类社会实践和劳动教育活动，让学生在体验社会生活的过程中磨炼意志、了解民情、培养优秀品质①。

三、保障机制

(一)推进国家层面的制度建设

普通高中拔尖创新人才培养离不开政策支持。在地方层面，我国部分省、市针对拔尖创新人才早期培养出台了相关的政策文件，例如《关于印发〈上海市青年英才开发计划实施意见〉的通知》、《成都市普通高中拔尖创新人才早期培养工作实施方案》、《湖南省普通高中拔尖创新人才早期培养工

① 周鹏程．培养“未来世界引领者”：高中拔尖创新人才的“一体化培养”[J]．中国基础教育，2023(10)：46-51.

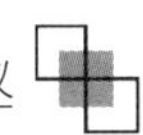

作实施方案》、《关于实施普通高中拔尖创新人才培养工程的指导意见》(常州市教育局发布)等。同时，多省围绕选拔创新人才、激发科学兴趣、提高创新能力，开展了卓有成效的实践探索，如北京市“翱翔计划”，上海市“科学种子计划”“高峰计划”，重庆市“雏鹰计划”，陕西省“春笋计划”，等等。此外，教育部门或组织也陆续实施了一系列行动，如中国科学技术协会和教育部自2013年起共同组织实施的“中学生科技创新后备人才培养计划”(简称“英才计划”)，有针对性地培养高中及大学的拔尖创新后备人才。然而，我国目前在普通高中拔尖创新人才培养上的探索均是地方、组织或学校个体的行为，缺乏国家层面的制度、法律和规定，完善国家制度设计、健全相关机制仍是亟待解决的问题。政府部门可结合我国拔尖创新人才培养的实际情况，确立拔尖创新人才培养的国家战略，做好从基础教育到高等教育的制度设计，统筹制订拔尖创新人才培养计划，从根本上解决拔尖创新人才培养的体制机制问题。

(二)营造多元协同的创新环境

当前我国高中在协同教育建设方面表现不足，拔尖创新人才培养的重担主要压在学校一方，社会资源没有得到最大化地利用，学校、家庭和社会是相互隔离的，甚至部分高中为使学生将全部精力投入知识学习之中，采取封校等方式管理学生，不利于学生与社会的沟通交流，不利于学生的全面成长。因此，我国要加强协同教育建设，采取政府和政策引导相结合的方式，全方位调动社会资源，为高中拔尖创新人才培养保驾护航。学校必须树立系统培养观念，主动、密切联系与学生成长相关的个体、组织和团队，营造全社会协同育人的良好氛围，推进小中大有机衔接，让学校、家庭与社会发挥应有的作用。此外，要加强学校间的合作，鼓励开展经验交流与学习活动，互通教育资源。主动联系企业或科研机构，为拔尖创新人才的培养开拓沃土，形成体系开放、机制灵活、渠道互通、选择多样的人才培养体制。

针对拔尖创新人才的协同培养，我国部分地区开展了一系列有益的试验探索。以工作站为例，上海市教育委员会、上海市科学技术委员会整合利用

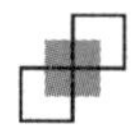

高校、科研院所、社区等多方资源，校内外联合，跨界别联动，自 2016 年起在全市范围内组织实施上海市青少年科学创新实践工作站项目①。该项目秉承“多方参与，协同育人”的理念，架构起科学创新拔尖人才培养三级育人体系，形成了一个以科教融合为核心，多主体共同参与的拔尖人才培养联合体，旨在培育学生创新精神、拓展学生创新思维、夯实学生创新知识、强化学生创新行动。在这一育人体系下，工作站每年招收 3 000 多名具有创新潜力的高一学生，按照“志愿优先、距离优先”的原则匹配到各个实践点，力求为学生打造“家门口”的科学创新探究实践平台，将优质资源惠及全市学生。到目前为止，上海市已设立 37 个工作站，100 多个实践点。除线下学习外，工作站还积极开发线上学习资源库，探究实操性慕课和虚拟仿真实验室等，促进课程体系的多元化，充分满足学生的个性化发展需求。这是我国高中构建拔尖创新人才协同培养机制的伟大探索，是融合多元力量和社会资源助力拔尖人才培养的新高地。

(三)建立资优教师的选育机制

专业化的师资队伍是拔尖创新人才培养的重要保障。系统谋划拔尖教育教师队伍建设，提升教师专业化水平，建立健全拔尖教育教师管理与培养机制，这是提升我国拔尖创新人才培养质量的必要手段。基于此，我国可借鉴他国经验，结合本土拔尖创新人才培养需要，对拔尖教育教师的准入资格及培养路径等进行整体性研究，推出相关政策与举措，以强化人才自主培养能力。从准入资格上看，一些国家或地区对于从事资优教育的教师建立了专业资格认证制度，例如美国纽约州要求资优教育教师参与资优教育内容专业测试，完成 50 个小时的资优教育实习，修满资优教育研究生教育计划中的 12 个选修学分，并获得相应的拓展证书；新加坡的普通教师需要经历申请、面试、课堂观察、评定四个过程，才能完成向资优教师的转任，转任成功后教

① 陆晔，钱群．科学创新实践工作站：拔尖人才培养的“上海案例”[J]．中国基础教育，2023(10)：34-37.

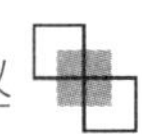

师还需完成资优教育基础课程、资优情意教育和差异性教学三门课程的学习，获得这些学分后才有资格在资优学校任教；以色列教育部资优教育处颁布《资优班教学核心纲要》，要求所有资优教师提前完成240学时的培训课程，获得资优教育资格证书后持证上岗①。

从培养路径上看，美国和澳大利亚通过在高校或学术机构开设本硕博三个层次的资优教育教师课程来推动资优教育师资的培养。例如，澳大利亚新南威尔士大学为本科生、硕士生和在职教师提供本科生资优教育课程、资优教育研究生证书课程、教育学(资优教育)硕士课程和在职资优教育教师培训课程等②。在本科阶段，新南威尔士大学将“回应资优学生”设为教师教育的核心课程之一，主要讨论天赋和才能的本质、天赋的水平和类型、资优生的认知和情感特征、资优生的识别、资优生的社会和情感发展、差异化教学策略与方法等内容，中学教育各专业的本科生都要修读该课程；在研究生阶段，新南威尔士大学通过资优教育研究生证书课程、教育学(资优教育)硕士课程和其他教育硕士项目中的资优课程三个方面为有意专攻资优教育领域的教师提供进修机会。资优教育研究生证书课程和教育学(资优教育)硕士课程重点关注当下与资优生相关的议题，并针对他们的学习需求开发课程和教学策略，二者都可通过一系列灵活的方式完成，如在线学习或混合学习。此外，自1991年起新南威尔士大学便成立了天才研究资源与信息中心(GERRIC)，致力于为资优教师提供有针对性的在职培训课程，形式包括单日课程、短期课程、持续咨询课程和教师工作坊等，对资优教师的培养发挥了积极作用。

从这个角度上看，教育行政部门应当加强与各高校的合作，开设从本科到研究生的资优教育课程，培养具备专业知识和过硬本领的资优教师，同时以终身学习为宗旨，在职后教育阶段依托高校、科研机构开展资优教育师资

① 张佳伟，潘虹，陈霜叶．培养拔尖创新人才的教师如何养成？——资优教育师资培养的国际比较与政策建议[J]．全球教育展望，2023(4)：73-86.

② 蒋洁蕾，施叶磊．培养资优教育师资的高校课程审视：关于新南威尔士大学的个案研究[J]．外国中小学教育，2018(1)：57-63.

培训，积极吸纳各领域专家学者，通过在职课程、工作坊、专家讲座、参观研讨等多种形式，促进资优教师的专业成长，以此保障资优教师的选拔与培养，形成连贯的资优教育师资培育体系。

（四）构建经费投入的长效机制

制定相关法律政策保障资优教育的资金投入，能为创新拔尖人才教育提供资金支持。联邦政府和各州教育部门提供的资金主要用于识别资优生，购买学习资源，开展天才项目，增加弱势群体接受天才教育的机会，解决天才课程资源不足的问题，提高学校天才教育能力等。

我国基础教育阶段拔尖创新人才培养经费一般采用项目投入制，经费投入不具有稳定性，且在地区与学校之间不均衡，无法为普通高中拔尖创新人才培养的日常运转提供保障。据此，首先要在国家层面建立长效机制，通过制定相关政策，将普通高中拔尖创新人才培养经费投入常态化、规范化，在项目经费的基础上，增加用于人才选拔、课程建设、学术研究、平台开发、师资培训等方面的专项经费，保障学校人才培养各环节的有序运行；其次，积极争取企业和社会各界的资金支持，拓宽经费筹措渠道，通过引入社会资本，解决高中拔尖创新人才培养资金短缺的问题。

四、激励机制

（一）构建激发创新潜能的学生激励机制

目前，我国大部分高中的学生激励机制还不成熟，仅将学业成绩作为奖惩依据的现象仍普遍存在。如何在学校层面构建起激励学生发挥创新潜力、促进学生个性化发展的激励机制，对于普通高中拔尖创新人才培养来说至关重要。普通高中可通过设立多元化的奖项以及合理的评选标准，对学生的道德品质、学习能力、创新能力、实践能力、兴趣特长、行为素养等进行全方位的考量①。在激励手段上，应将物质激励与精神激励有机结合、同步实

① 张京京，戴璐，兰慧君，等．我国普通高中建立国家奖学金制度的可行性分析[J]．教育理论与实践，2015，35(5)：18-20.

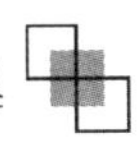

施，在满足学生物质需求的同时，加强其荣誉感与归属感，以此调动学生的学习积极性与能动性。奖学金等经济性奖励应向来自低收入家庭且在某些领域有突出成就的学生倾斜，使家境贫困的学生不因经济条件的限制而失去发展为拔尖人才的机会。此外，学校还应做好后续宣传管理工作，如开展颁奖仪式、弘扬优秀事迹、组织经验交流等，为广大学生树立榜样、设立目标，充分发挥激励机制的引导和督促功能。

在班级层面，教师应积极建立学生档案，着重记录每位学生的家庭背景、生活环境、过往荣誉、学业成绩、激励偏好、行为习惯、性格品质等。这些记录可以帮助教师了解学生的需求层次、学习基础以及敏感因素，进而运用需求层次理论、目标设置理论、双因素理论等，因人而异，对不同的学生采取有针对性的激励措施。在此过程中，教师要注重激励的公平性与适当性，灵活运用同辈竞争、职务任免、情感关怀、民主协商等激励工具，做到因人因时因事、适时适度适量；重视对激励反馈的跟踪与分析，激发学生斗志，提高、增强学生的自主管理能力和意识；积极开展家校合作，充分发挥家庭的激励作用，引导家长为学生树立正确的榜样，多与家长沟通交流，便于双方及时了解学生思想发展动态，把握学生心理特点，明确学生真实需要。

(二)建立提升育人本领的教师激励机制

各普通高中要建立更加科学有效的教师激励机制，将拔尖创新人才培养工作纳入教师综合考核内容，以考核结果为依据，对在拔尖创新人才培养上有突出贡献的教师进行绩效奖励及评优评先，从物质奖励、专业提升、精神表彰等各个方面最大限度地激发普通高中拔尖创新人才培养教师队伍的活力，以完善、健全的激励机制强化普通高中拔尖创新人才早期培养的教师队伍建设，提高教师的育人能力和创新能力，为拔尖创新人才培养提供有力师资支撑，推动拔尖创新人才早期培养取得实效。

在经济激励方面，逐步扩大奖励性绩效工资占比，优化绩效评价指标体系，强化增值评价指标，弱化学生绝对成绩指标，提高学校分配绩效工资的

自主权；在专业激励方面，积极开展优秀教师的选拔、培养和考核工作，着力培养学科领军教师、青年拔尖教师以及教育名家等，鼓励教师在实践中改革创新，研究拔尖创新人才培养的现实问题，形成“研究驱动、竞赛撬动、培训助动、评估推动、咨询互动、先进经验带动”的教师发展体系；在精神激励方面，习近平总书记在第三十九个教师节来临之际，首次提出了教育家精神，即“心有大我、至诚报国的理想信念，言为士则、行为世范的道德情操，启智润心、因材施教的育人智慧，勤学笃行、求是创新的躬耕态度，乐教爱生、甘于奉献的仁爱之心，胸怀天下、以文化人的弘道追求”①，这是新时代我国教师队伍高质量发展的精神引领和根本遵循。在此背景下，普通高中要将激励教师践行教育家精神、争做教育家型教师作为工作重点，引导教师解放思想、求真务实、勇于创新，做教育改革的奋进者、引领者和创新者，提高灵活性和自主性，探索新方法、研究真问题，以良好的精神面貌和专业素养，提升基础教育拔尖创新人才培养质量。具体来讲，学校要完善师德师风考核体系，将师德表现作为教师评优的第一标准，加强对优秀教师的荣誉奖励，广泛宣传先进事迹，发挥典型示范作用，从精神激励的角度让教师在岗位上有幸福感、事业上有成就感、社会上有荣誉感。

五、评价机制

（一）完善学生综合素质评价体系

高中是开发学生创新思维、养成良好习惯、树立正确“三观”的关键阶段。当前，我国高中多将考试成绩作为评价学生的唯一标准，单一的量化评价把学生禁锢在标准化的模板之中。分数成为衡量学生的标准，这种“唯分数论”违背了教育评价的本质，损害了学生的身心健康，是造成广大家长教育焦虑的根本原因。评价目标的偏离导致我国部分高中在教学管理中急于求

① 习近平致信全国优秀教师代表强调 大力弘扬教育家精神 为强国建设民族复兴伟业作出新的更大贡献[EB/OL](2023-09-10)[2024-03-03]. http://jhsjk.people.cn/article/40074132.

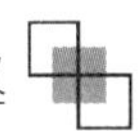

成，为提高升学率忽视教育规律和学生成长规律，极力压缩课外时间，体育、音乐等课程也成为可有可无的存在，严重破坏了我国基础教育生态，与立德树人的教育初衷背道而驰。

随着“三新”改革的逐步推进，转变高中育人方式，扭转不科学的评价导向，破除“唯分数、唯升学”的顽瘴痼疾迫在眉睫。普通高中应将以人为本的教育理念贯穿至学校工作的各个环节，以促进学生综合素养发展为宗旨，采取多元化的评价方式，将学生自评与互评、家长评价、教师评价结合起来，注重过程性评价与发展性评价，通过成长记录、学科测验、平时作业、课堂表现、情景测验、行为观察与实验操作等手段，实现教学评价的科学化，以评促学、以评促教，提升学生的创新能力、问题解决能力以及动手实践能力，使其以饱满的精神面貌、丰富的知识体系、开拓的思维方式以及敢于直面未来的勇气投入现代化建设之中。此外，学校要将过程性评价作为教研工作的主要内容之一，积极探索各类学生评价方案的校本化，不断提升教师的评价素养，促进其对评价工具、评价目标、评价类型与方法以及评价结果的了解，激励教师充分利用信息技术手段开发学生评价新方法。

(二)构建拔尖教育教师评价标准

教师评价作为师资培养体系的重要组成部分，是指明未来专业发展方向、促进教师改变自身行为、提高教学质量的重要手段，是教师培养的“指挥棒”与“晴雨表”，抓住这一“牛鼻子”，才能以评价倒逼拔尖创新人才培养的改进。在当前创新驱动发展的背景下，我国尚未建立起能够体现拔尖创新人才培养特殊性、创造性和重要性的教师评价体系，对待拔尖创新人才师资仍沿用常规化、一般化的评价指标和专业标准，将不利于师资质量的提升以及人才培养模式的优化。

美国资优儿童教育协会和特殊儿童委员会(CEC)分别针对有意成为资优教育教师的职前群体以及有志于寻求进一步发展的资优教育工作者，制定了《资优教育教师准备标准》以及《资优教育教师培训高阶标准》。Henderson 在澳大利亚《教师专业标准》的基础上，结合与资优生相关的重要教学要素，探索了澳大利亚教师专业标准的资优维度，以此支持和评估教师有效教授各种资优生的能力①。表 8-1、表 8-2 和表 8-3 展示了美国及澳大利亚资优教师专业标准的具体内容。英国《教师标准》从教学目标、教学设计、教学方式和教学环境四个方面对资优教师的专业能力提出了要求，强调资优教师应在掌握儿童发展相关知识的基础上，对不同背景、能力、性格的学生采取差异化的教学方式，设置不同的教学目标，并根据学生需求调整教学设计，营造优质、安全的学习环境，从而帮助资优生取得进步与成就。我国应在借鉴国际经验的基础上，尝试构建适于我国人才培养现状的、清晰客观的拔尖创新人才培养教师专业标准体系，明确其结构及要素，为普通高中拔尖创新人才培养教师评价工具的开发奠定基础。

表 8-1 《资优教育教师准备标准》内容

维度	指标
了解学习者的发展与学习差异	• 了解语言、文化、经济状况、家庭背景和残疾领域如何影响资优生的学习； • 尊重个体发展差异，满足具有天赋和才能的个体的需求。
懂得营造合适的学习环境	• 创造安全、包容、文化适应性强的学习环境，让具有天赋和才能的个人参与有意义、严谨的学习活动和社会交往； • 利用沟通、激励和教学干预来促进对学科知识的理解，并教导有天赋和才能的人如何适应不同的环境，培养合乎道德的领导能力； • 根据个人的语言能力以及文化和语言差异调整沟通方式； • 理解各种环境的优缺点，这些环境是为有天赋和才能的个人提供连续服务的一部分。

① HENDERSON L，JARVIS J. The gifted dimension of the australian professional standards for teachers：implications for professional learning[J]. Australian Journal of Teacher Education，2016(8)：60-83.

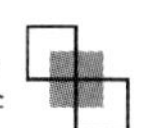

续表

维度	指标
掌握资优教育专业知识	•了解所教内容领域的中心概念、学科结构和探究工具的作用，并利用这些理解来组织知识，整合跨学科技能，并在年级内和年级间制订有意义的学习计划； •为有天赋和才能的个人设计适当的学习和表现改进方案，以提高他们在学科和专业领域的创造力、学习深度； •利用评估来选择、调整和编写教材，使教学策略、普通课程和专门课程有所区别，为具有天赋和才能的个人提供更有挑战性的学习内容； •了解资优生的知识和表现水平，并适当修改普通或专门课程。
能够利用多种评价方法和数据进行教育决策	•知道一些具有天赋和才能的群体在资优教育计划中的典型不足，能够选择和使用技术开展合理的正式和非正式评估，以尽量减少偏差； •利用测量原理和实践知识来进行分类评估并解释结果，以指导资优生的教育决策； •与同事和家庭合作，使用多种类型的评估信息来鉴定学习效果并做出决策，最大限度地减少评估和决策中的偏差； •利用评估结果制定长期和短期的目标，这些目标要考虑到个人的能力和需要、学习环境以及与多样性有关的其他因素； •让资优生参与自己的学习质量和表现评估，并制定未来的目标。
能够利用循证教学策略促进资优生的学习	•了解循证、差异化和加速实践的原则，并掌握一系列教学策略，以提高资优生的批判性、创造性思维和解决问题的能力； •应用适当的技术，对资优生进行教学评估、规划和实施； •与家庭成员、同事和其他教育工作者合作，选择、调整和使用有数据支撑的策略，在普通课程和专门课程中提供具有挑战性的学习机会； •为传授多领域先进的知识和技能，从而使资优生在多元文化社会中从事富有创造性和生产力的职业； •采用科学教学策略，促进资优生的情感发展。

续表

维度	指标
能够基于专业知识、职业道德，在相关标准的指导下开展资优教育实践和专业发展	•利用职业道德和项目标准来指导实践； •掌握基础知识和观点，了解历史和当前问题如何影响教育实践，了解资优生在学校和社会中接受的教育和待遇； •尊重多样性，理解多样性是社会不可分割的一部分，并在资优教育中影响资优生的个人学习； •清楚自己的专业学习需要，了解终身学习的意义； •通过参与宣传和指导等活动推动专业发展。
能够与其他主体展开有效的交流与合作	•应用有效合作的要素； •与同事协作； •在不同的环境中与不同的合作者进行协作，以增进资优生的福祉。

表 8-2 《资优教育教师培训高阶标准》内容

维度	指标
利用有效且可靠的实践来减小评价的偏差	•审查、选择和解释心理测量学上可靠的、无偏差的定性和定量工具，以识别具有天赋和才能的个人，并评估他们的能力、特长和兴趣； •监测资优生在普通课程和专业课程中的进展。
利用资优教育专业知识来改善班级、学校、社区和整个系统层面的资优教育计划、支持与服务	•调整教育标准，提供具有挑战性的课程，以满足资优生的需求； •不断拓宽和深化专业知识，扩展教学技术、课程标准、教学策略和辅助技术方面的专业知识，以获取和学习具有挑战性的内容； •利用对个体学习差异性和多样性的理解，为资优生选择、开发和实施综合课程。

续表

维度	指标
持续改进资优教育计划、支持与服务	●设计并实施评估活动，以改进针对资优生的计划、支持和服务； ●利用对文化、社会和经济多样性以及学习者个体差异的理解，为开发和改进针对资优生的计划、支持和服务提供信息； ●利用理论知识、循证实践、相关法律和政策，倡导为资优生提供计划、支持和持续服务； ●设计和开发系统的计划和课程模式，以在多种环境中加强人才培养； ●评估为资优生提供的计划、服务和支持在实现愿景、使命和目标方面取得的进展。
开展资优教育相关研究与调查	●评估理论、研究和调查，以确定有效的做法； ●利用专业文献知识改进对资优生及其家庭的教育实践； ●根据持续的评估数据，修改教学实践，并参与设计和实施相关研究。
制定目标、提升专业期望、倡导有效政策与循证实践，创造积极且富有成效的工作环境	●对所有资优生寄予厚望，以身作则，尊重他们，并对他们采取合乎道德的做法； ●支持并采纳符合语言和文化习惯的做法； ●创造并维护尊重资优生及其家庭权利的、团结一致的、富有成效的工作环境； ●倡导制定政策和实践方法，以改善针对资优生的计划、服务和成果； ●主张向所有为资优生服务的人员分配适当的资源，以帮助其进行准备和专业发展。

续表

维度	指标
在专业知识、职业道德和相关标准的指导下开展资优教育实践和专业发展实践	• 全面了解资优教育的历史、法律政策、道德标准和新出现的问题，有助于发挥领导作用； • 树立崇高的职业理想和道德修养，创造支持性环境，增加各级资优教育的多样性； • 以身作则，尊重所有个体，促进符合职业道德的教育实践； • 积极参与专业发展和学习共同体活动，以提高专业知识和专业技能； • 规划、介绍和评估专业发展，在组织层面开展有效和符合道德规范的实践活动； • 积极协助和参与未来资优教育工作者的准备和入职培训； • 积极推动资优教育专业发展。
与利益相关者展开合作，改进资优教育项目、服务与成果	• 利用文化响应实践来加强合作； • 应用协作能力，改善针对资优生的计划、服务和成果； • 通力合作，促进理解、解决冲突、达成共识，以改进针对资优生的计划、服务和成果。

表 8-3　澳大利亚资优教师专业标准内容

维度	指标
了解资优生以及他们是如何学习的	• 理解天赋与资优生的特点和发展关键期； • 了解资优生通常能够比同龄人更快、更容易地学习； • 理解资优生的多样化； • 与社区合作，以符合社区价值观和行为习惯的方式培养当地的天才学生； • 因材施教，满足不同能力资优生的特殊学习需求； • 了解资优生的残疾情况，为他们提供相应的支持。

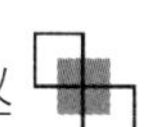

续表

维度	指标
了解课程内容以及教授方法	●对所教学科有深入的了解，具备专业知识和热情； ●计划和组织一系列学习机会，建设性地培养学生的学科知识和技能，为资优生提取和扩展高级学习内容和技能； ●明确资优生应该知道、理解和能够做什么，评估资优生已经掌握的内容； ●鼓励资优生接触先进材料，给予他们练习和提高读写与计算方面能力的机会，继续发展他们在这些领域的词汇和技能； ●熟悉在线学习的机会，指导资优生使用信息和通信技术，以确保他们遵循道德和学科原则。
计划和实施有效的教与学	●建立具有挑战性的学习目标； ●了解所教学科领域“递增的智力需求”和灵活的课程设计，以便为资优生合理规划、组织和安排学习顺序； ●运用教学策略，为资优生提供先进的高阶思维和解题方法、复杂的学习任务和灵活的学习机会； ●利用一系列与学科相关、复杂程度较高的资源，让资优生在有意义和具有适当挑战性的水平上参与学习； ●使用开放式、更高层次的提问，激发资优生的思维； ●反思、评估并利用自己的想法改进教学实践，为学生树立高阶思维和元认知实践的典范，开展行动研究，以进一步发展基于研究的教学实践； ●尊重家长对孩子的了解，并就学习情况与家长进行公开的沟通。
营造并维护具有支持性和安全性的学习环境	●提供一个支持性和包容性的学习环境，使资优生感到被重视，参与学习并建立积极的人际关系； ●采用灵活的分组策略，以实施差异化课程和教学； ●理解并尊重资优生，为其提供适当的具有挑战性的学习机会，营造一个有利于他们学习的环境； ●为资优生提供一个身体、情感和智力方面都安全的学习和成长场所； ●利用信息和传播技术，让资优生参与伦理问题的讨论，以此增加他们的学习深度，进一步发展他们的伦理理解能力。

续表

维度	指标
评估、反馈和报告学生的学习情况	• 对资优生开展诊断性评估、预评估、形成性评估和总结性评估，以确定学习需求，规划适当的具有挑战性的学习单元，并掌握达到计划学习目标的程度； • 对所有形式的评估进行反馈，并就进一步发展的机会提出建设性意见； • 对资优生复杂且具有挑战性的学习任务做出公平、一致、可比的评价； • 了解心理评估或标准化测试成绩所揭示的内容，准确解读信息，并利用连续的数据来指导规划和教学，以确保资优生获得适当的学习机会； • 向家长说明被评估工作的性质及其与学生兴趣、需求和目标的匹配程度，以帮助他们根据实际情况来看待孩子的成绩。
参与专业学习	• 了解专业学习目标； • 利用大学开设的资优教育研究生课程、在线资源、读物和会议等开展专业学习； • 与同事交流并改进实践； • 发展学科领域的专业知识，确保其教学工作与时俱进，并以研究为基础。
与同事、父母/照顾者和社区进行专业交流	• 理解满足所有学习者的需求是教师的职业道德和责任； • 熟悉州和地方各级的资优教育政策，确保他们的做法符合相关政策； • 与家长合作，增进双方对资优生的了解； • 与学校和社区内其他资优教师建立联系，分享想法并合作开发资源。

结　语

21 世纪，拔尖创新人才的培养已成为影响国家发展的重要因素。当前关于拔尖创新人才培育的研究对基础教育阶段的关注明显不足。普通高中作为基础教育的最终阶段，既关系到义务教育质量的高低，又关乎高等教育的顺利推进与发展，具有承上启下的独特作用。高中作为学生心理、生理走向成熟的关键时期，是其树立正确的价值观、人生观、职业观以及系统学习知识、锻造综合能力、磨炼意志品质的重要节点，对学生创新潜能的发挥有决定性影响。拔尖创新人才培养是高中教育必须承担的重要使命，普通高中应更多地发挥创新教育功能，积极培育学生的创新素养。总体而言，本研究主要包含以下几个方面：

第一，明确拔尖创新人才及拔尖创新人才培养管理机制的内涵。本研究认为，拔尖创新人才应是德智体美劳全面发展，并且具有较强创新素养的人才。创新素养是在个体基础素质之上形成的探索新事物、发现新事物、分析新事物、创造新事物的综合素养，体现在创新精神、创新意识、创新人格、创新思维、创新能力和创新实践六个方面。从这个角度上看，拔尖创新人才应是兼具创新精神、创新意识、创新人格、创新思维和创新能力，并能付诸创新实践的人才。而拔尖创新人才培养管理机制则可以理解为以学校为主体的拔尖创新人才培养管理系统及其运行机理，是要在尊重教育规律的基础上，依据拔尖创新人才的培养目标，通过特定的规章制度，采取一定的教育方法，着眼于拔尖创新人才选拔、教育教学改革、软硬件资源保障、学校创新文化和师资队伍建设、教育评价等工作程序，构建一套有效的学校拔尖创新人才培养管理系统，帮助学生习得新知识、锻造新能力，使其创新潜能得以发掘、创新素养不断提升，以期达到拔尖创新人才培养的预期功效。具体而言，普通高中拔尖创新人才培养管理机制涉及管理制度制定、目标设定管理、人才选拔管理、教育教学资源配置管理、保障管理、激励评价管理等多个方面。

第二，基于相关理论基础，构建拔尖创新人才培养管理机制框架并进行实证检验。如何构建一个高效的管理机制是普通高中开展拔尖创新人才培养工作的关键。本研究认为，从人才培养的起点、过程及结果上看，一个有效的高中拔尖创新人才培养管理机制应由选拔机制、运行机制、保障机制、激励机制及评价机制组成。围绕这五大机制，研究力图基于创造力投资理论、系统管理理论以及教育评价理论，构建一个系统科学的普通高中拔尖创新人才培养管理机制分析框架。

选拔机制主要是指在教育主管部门相关规定的指导下，基于公平性原则，对完成义务教育的学生，以多种手段考察其知识储备、智力水平、思维能力、意志品质等，从而为学校遴选出具有创新潜能且符合拔尖创新人才培育理念的学生，是选拔理念、选拔对象、选拔内容和标准、选拔方法及形式等要素的集合。运行机制是普通高中拔尖创新人才培养的重中之重，是确保学校拔尖创新人才培养目标实现的具体操作机制，由课程体系、教学方式、教学管理、生涯教育、文化建设、创新发掘、课外培养等多部分构成。保障机制是普通高中科学管理和控制拔尖创新人才培养实施过程的重要管理机制，应至少由组织保障、制度保障、师资保障、硬件保障、经费保障以及家庭、政府和社会的多方联动保障等构成。激励机制是指通过特定的管理办法对普通高中内部拔尖创新人才培养各参与主体采取多种激励手段，使之具备固定规范，促进被激励对象更好地推动学校整体拔尖创新人才培养效果提升。激励对象包括教职工和学生两大类，教职工按重要性又可分为教师与教学管理人员。评价机制即普通高中基于多元性、过程性、发展性和长效性原则，针对拔尖创新人才培养成效所制定的一系列评估体系，旨在监控学校拔尖创新人才培养质量，并适时地依据评价结果改善拔尖创新人才培养中遇到的相关问题，推进高中拔尖创新人才培养管理机制的系统优化。评价内容应包括学生创新素养培育质量、创新型教师队伍建设水平以及学校内部其他有关拔尖创新人才培养成效的组织和行动等。

此外，本研究对全国多所高中的学生、教师、管理人员及校友四个主体进行问卷调查，细致梳理高中拔尖创新人才培养的资料数据，采用描述性统计、主成分分析、二元 Logit 回归等方法，对普通高中拔尖创新人才培养五大管理机制中的各项关键要素进行实证检验，证明从选拔、运行、保障、激励及评价五个维度构建高中拔尖创新人才培养管理机制具备一定的合理性。

第三，对我国拔尖创新人才培养进行历史回溯，并基于问卷调查的反馈，梳理我国高中拔尖创新人才培养存在的共性问题。我国高中对于拔尖创新人才培养的探索在 20 世纪八九十年代便已开始，至今已为我国经济社会发展输送了大批建设人才。总体上看，可以分为四个阶段：第一阶段为 1999 年以前以超常教育为主的萌芽期，此阶段课程设计由传统走向创新，培养模式由单一走向双元，鉴别机制由教条走向灵活，教学场所由校内走向校外，但同时存在目标扭曲、公平性遭质疑、缺乏长期跟踪研究三大问题；第二阶段为 1999 至 2008 年间的艰难探索期，主要是素质教育下拔尖创新人才培养的借鉴与试错，呈现教学方法由灌输式走向启发式、培养主体由分散式走向联动式、课程设置由常规性转向前瞻性、评价机制由单一化走向多元化四大特征，但也存在对高中阶段拔尖创新人才培养的认识不足、创新课程开发受限、生涯规划指导缺乏、在“西学中用”的借鉴过程中出现方向偏离等问题；第三阶段为 2008 至 2014 年间的快速发展期，本阶段最大的成果在于高中与大学合作培养拔尖创新人才的链条得以连接，使得高中拔尖创新人才培养的课程体系更加优化，教学管理更加灵活，培养力量更加雄厚，保障机制更加完善，但依然存在创新培养与现实高考相矛盾、地域和专业知识不平衡、师资力量不足等问题；第四阶段为 2014 年至今的迈向成熟期，此时高中拔尖创新人才培养的课程体系向专业性延展，培养方向向多角度开展，教育模式向新领域拓展，教育主体向多范畴扩充，但依然存在多方参与育人体系尚未构建、大中衔接在新高考背景下面临挑战、STEM 教育发展受限等问题。

第四，考虑到我国高中拔尖创新人才培养的实践起步较晚，与高水平拔尖创新人才培养发展的国家相比仍存在一定差距，因而对美国、英国、芬兰、新加坡等国家高中拔尖创新人才培养的管理机制进行梳理，汲取经验。研究发现，各国高中拔尖创新人才培养模式各具特色，但亦有共性特征，这是各国拔尖创新人才培养得以成功的基础，主要体现为注重学生全面发展，多维度开展综合素质评价，推崇并实施研究性学习，课程内容丰富多样，选拔方式注重创新与潜能，教育理念以人为本，多方助力予以保障，物质精神双重激励，等等，这为我国高中拔尖创新人才培养管理机制的构建提供了很好的借鉴。基于此，本研究认为我国高中拔尖创新人才培养应从建立强调学生潜能的选拔机制、制定多元化课程体系、实施多样化教学方式、营造协同创新环境、完善学生综合素质评价、健全教师激励机制等方面进行系统优化。

第五，华中师大一附中等国内顶尖高中较早地开展了拔尖创新人才培养实践，培养成效显著，高考重点率、名校率、高分率与学科竞赛成绩均居湖北省榜首，国际竞赛获奖率名列全国前茅。本研究在高中拔尖创新人才培养管理机制的分析框架内，进一步对华中师大一附中目前的拔尖创新人才培养实践进行总结梳理，以期能够与全国其他高中进行一定的经验交流。总体来看，华中师大一附中拔尖创新人才培养取得骄人成绩与其先进的管理机制密不可分，学校在不断地实践探索中，改革创新，累积经验，以学生服务为中心，汲取国内外优秀高中案例，从中发掘高中拔尖创新人才培养的关键，与学校实际情况相融合，强调全才培养的办学目标、多通道的选拔机制、系统的运行机制、全方位的保障机制、多元的师生激励措施以及综合素质评价，开辟具有华中师大一附中特色的育人新模式，为国内高中拔尖创新人才培养模式提供新的借鉴与示范。

本研究还存在以下不足之处：一是对于高中拔尖创新人才培养管理机制的论证有待优化，除教育管理学相关理论外，缺少心理学、社会学视角的跨学科综合论证，对选拔机制、运行机制、保障机制、激励机制以及评价机制具体问题的理解还不够深入，研究的厚度需要加强；二是部分问卷的质量有限，导致本研究关于激励机制的检验难以有效开展，在对高中拔尖创新人才培养管理机制的实证检验上还有可优化的空间。

参 考 文 献

中文文献：

[1] 方中雄. 创新人才基础培养的核心意旨与实现路径[J]. 中国教育学刊，2022(2)：22-27.

[2] 冯增俊. 论教育创新与民族创新精神[J]. 教育研究，2001(11)：24-29.

[3] 钟秉林. 国际视野中的创新型人才培养[J]. 中国高等教育，2007(Z1)：37-40.

[4] 吉尔福特. 创造性才能：它们的性质、用途与培养[M]. 施良方，沈剑平，唐晓杰，译. 北京：人民教育出版社，1991.

[5] 胡卫平. 青少年科学创造力的发展与培养[M]. 北京：北京师范大学出版社，2003.

[6] 斯滕博格. 创造力手册[M]. 施建农，等译. 北京：北京理工大学出版社，2005.

[7] 林崇德，等. 创新人才与教育创新研究[M]. 北京：经济科学出版社，2009.

[8] 董奇. 儿童创造力发展心理[M]. 杭州：浙江教育出版社，1993.

[9] 郭广生. 创新人才培养的内涵、特征、类型及因素[J]. 中国高等教育，2011(5)：12-15.

[10] 乔万敏，邢亮. 开放式教育：创新型人才培养的新视角[J]. 教育研究，2010(10)：86-90；106.

[11] 任飏，陈安. 论创新型人才及其行为特征[J]. 教育研究，2017(1)：

149-153.

[12] 刘彭芝. 关于培养拔尖创新人才的几点思考[J]. 教育研究，2010(7)：104-107.

[13] 冷余生. 论创新人才培养的意义与条件[J]. 高等教育研究，2000(1)：50-55.

[14] 沈蓓绯. 荣誉学院：美国高校本科生“拔尖创新人才”培养模式研究[J]. 高教探索，2010(4)：59-63；91.

[15] 罗洁. 高中阶段创新人才培养模式的探索：北京市“翱翔计划”的思考与实践[J]. 教育研究，2013(7)：54-60.

[16] 沈之菲. 高中生创新能力培养的探索：从上海“创新实验班”看资优学生的创新教育[J]. 教育发展研究，2010(8)：25-29.

[17] 马维林. 基于创新人才培养的美育课程体系构建：以江苏省南菁高级中学为例[J]. 创新人才教育，2015(1)：12-17.

[18] 张咏梅. 以设计思维为导向的创新人才培养模式初探：以上海市同济黄浦设计创意中学为例[J]. 创新人才教育，2018(2)：42-45.

[19] 张震. 高中创新实验班项目与创新人才培养模式研究：以福建省厦门市科技中学为例[J]. 教育理论与实践，2015(23)：16-17.

[20] 王野川. 创新教育：新世纪人才培养的必由之路——中小学创新教育理论与实践研究综述[J]. 现代教育科学，2004(6)：23-25.

[21] 冯志刚. 大学与中学合作视野下的普通高中育人路径探索：以“复旦—上中导师制计划”为例[J]. 教育发展研究，2021(8)：34-40.

[22] 周川，孔晓明. 高中与高校衔接培养创新性人才的策略选择：以苏州中学为案例[J]. 现代教育论丛，2015(2)：8-13.

[23] 孙杨，张红霞，余秀兰，等. 大学—高中协作共同体与基础理科创新人才培养实验研究[J]. 基础教育，2016(5)：34-46；63.

[24] 宋洁. 基于生涯规划的大、中学校衔接创新人才培养策略[J]. 天津市教科院学报，2017(5)：69-70.

[25] 张笑笑，史亮. 创新人才培养模式改革路径研究：以高中阶段为例[J]. 延边大学学报(社会科学版)，2019(5)：117-124；144.

[26] 翟俊卿，陈郁郁. 指向创造性思维：PISA 2021 的启示与借鉴[J]. 教育测量与评价，2021(2)：36-42.

[27] 施建农，徐凡. 我国超常儿童研究的进展及其问题[J]. 心理学报，1998(3)：298-305.

[28] 王俊成，何静. 开发人才中的“富矿”：北京八中 31 年超常教育探索及启示[J]. 中小学管理，2016(9)：28-31.

[29] 朱永新，褚宏启. 发现和培养拔尖创新人才研究[J]. 宁波大学学报(教育科学版)，2021，43(06)：2-7；1.

[30] 孟现志. 关于我国超常教育的若干问题反思[J]. 中国特殊教育，2004(7)：72-75.

[31] 蔡自兴. 少年教育的误区[J]. 团结，1999(5)：24-25；32.

[32] 马可. 为国育英才：拔尖创新人才早期培养的北京探索[J]. 中小学管理，2021(11)：18-21.

[33] 李骐. 美国 AP 课程对我国高考改革的启示：兼谈建立衔接大学与高中教育的大学先修课程体系[J]. 教育探索，2014(12)：145-147.

[34] 黄四林，张叶，莫雷，等. 核心素养框架下创新素养的关键指标[J]. 北京师范大学学报(社会科学版)，2021(2)：27-36.

[35] 郑若玲，刘盾，谭蔚. 大中学衔接培养创新人才的探索与成效：以厦门大学附属科技中学为个案[J]. 湖南师范大学教育科学学报，2016(2)：56-63.

[36] 沈祖芸，臧莺. 上海探索创新人才培养多元模式四所高中“实验班”观察报告[J]. 上海教育，2009(10)：21-26.

[37] 尹达，田建荣. 自主招生新规背景下的高中创新人才培养体系的构建[J]. 教育理论与实践，2015(32)：12-14.

[38] 赵慧臣，陆晓婷. 开展 STEAM 教育，提高学生创新能力：访美国

STEAM 教育知名学者格雷特·亚克门教授[J]. 开放教育研究，2016(5)：4-10.
[39] 吴松强. 创新人才培养的文献综述及理论阐释[J]. 现代教育管理，2010(4)：68-70.
[40] 顾秀林，丁念金. 核心素养导向的课程改革：新加坡基础教育课程改革刍议[J]. 外国中小学教育，2017(4)：68-75.
[41] 王旭卿. 面向 STEM 教育的创客教育模式研究[J]. 中国电化教育，2015(8)：36-41.
[42] 崔允漷，冯生尧. 普通高中课程改革：世界性的课题与经验[J]. 全球教育展望，2018(10)：29-38.
[43] 屠莉娅，吕梦园. 芬兰普通高中职业生涯教育的经验及其启示[J]. 教学与管理，2021(4)：81-84.
[44] 张晓露. 英国教育部改革基础教育阶段学生评价模式[J]. 课程·教材·教法，2014(5)：77.
[45] 董奕君，王湖滨. 国外普通高中走班制背景下的学生评价及其对我国的启示[J]. 上海教育科研，2021(9)：28-33.
[46] 陈艳萍，洪明. 美国联邦政府基础教育改革的重大调整：《不让一个孩子落伍法》之豁免政策探析[J]. 外国中小学教育，2014(4)：26-32.
[47] 李斌，肖新军，A. M. 哈利德，等. 协同创新视角下英国科技教育的产学研合作机制研究[J]. 科技管理研究，2016(18)：13-16.
[48] 张景焕. 创造力的投资理论及其对创造性教学的启示[J]. 教育研究，1998(1)：54-57.
[49] 孙维君. 斯腾伯格创造力理论述评[J]. 自然辩证法通讯，2000(1)：29-37；46.
[50] 龚孝华. 重新理解发展性教育评价：基于生存论视阈[J]. 课程·教材·教法，2009(3)：16-19.
[51] 李有毅. 普通高中创新人才培养的实践与思考：兼谈 21 世纪普通高中

教育的使命与责任[J]. 中国教育学刊，2014(8)：54-56.
[52] 石中英. 回归教育本体：当前我国教育评价体系改革刍议[J]. 教育研究，2020(9)：4-15.
[53] 王亮，熊建辉. 拔尖创新人才早期培养的实践探索与深化路径[J]. 全球教育展望，2023(4)：46-62.
[54] 滕洋. 我国拔尖创新人才早期培养的实践探索、现实困境与优化策略[J]. 国家教育行政学院学报，2023(11)：20-30.
[55] 李志聪. 构建基础学科拔尖人才早期培养体系的30年实践[J]. 中国基础教育，2023(10)：39-44.
[56] 杨明全. 核心素养时代的项目式学习：内涵重塑与价值重建[J]. 课程·教材·教法，2021(2)：57-63.
[57] 崔海丽，朱红，马莉萍. 高中生涯教育对学生未来规划清晰程度的影响：以强基新生为考察对象[J]. 教育发展研究，2022(10)：67-76.
[58] 欧健，付新民，陈辉国，等. 西南大学附中：基于综合实践活动实施生涯教育[J]. 人民教育，2020(20)：50-52.
[59] 付艳萍. 美国高中大学合作培养拔尖创新人才：实践模式与保障机制[J]. 人民教育，2023(9)：73-76.
[60] 周鹏程. 培养“未来世界引领者”：高中拔尖创新人才的“一体化培养”[J]. 中国基础教育，2023(10)：46-51.
[61] 孙夕礼. “高中—高校”贯通培养拔尖创新人才的实践探索[J]. 人民教育，2023(1)：49-51.
[62] 卢柳柳，刘颖，郭秀丽，等. 天才教育和人才支持多样化体系构建：德国天才儿童教育研究[J]. 基础教育参考，2023(2)：49-58.
[63] 陆晔，钱群. 科学创新实践工作站：拔尖人才培养的“上海案例”[J]. 中国基础教育，2023(10)：34-37.
[64] 张佳伟，潘虹，陈霜叶. 培养拔尖创新人才的教师如何养成？——资优教育师资培养的国际比较与政策建议[J]. 全球教育展望，2023(4)：

73-86.

[65] 蒋洁蕾，施叶磊. 培养资优教育师资的高校课程审视：关于新南威尔士大学的个案研究[J]. 外国中小学教育，2018(1)：57-63.

[66] 陆一，马莹. 天赋、教育与国家：美国英才教育正当性争议[J]. 高等教育研究，2022(11)：69-86.

[67] 唐璇. 现代美国天才教育发展的保障与困惑[J]. 现代教育论丛，2010(2)：51-54；58.

[68] 高露，李彬. 美国伊利诺伊州全面取向的天才教育政策与实践路径[J]. 中国人民大学教育学刊，2020(1)：102-117.

[69] 游旭群. 新时代教育家精神的本真意蕴[J]. 中国基础教育，2023(10)：12-14.

外文文献：

[70] ENOS J L. Invention and innovation in the petroleum refining industry[M]. New York: National Bureau of Economic Research, Inc., 1962.

[71] GUILFORDJ P. Some theoretical views of creativity. In H. Helson & W. Bevan (eds). Contemporary approaches to psychology[M]. Princeton NJ: Van Nostrand, 1967.

[72] ROBINSONA, KOLLOFF P. Preparing teachers to work with high-ability youth at the secondary level[M]. Texas: Prufrock Press Inc, 2015.

[73] DFES. Effective provision for gifted and talented students in secondary education[M]. Nottingham: DfES Publications, 2007.

[74] AUSUBED, NOVAK J, HANESIAN H. Educational psychology: a cognitive view[M]. 2nd Ed. New York: Holt, Rinehart & Winston, 1978.

附　　录

附表1　普通高中拔尖创新人才培养研究调查问卷——学生问卷

亲爱的同学：

你好！我们是湖北省武汉市"普通高中拔尖创新人才培养研究"课题组成员。为了解各地高中拔尖创新人才培养现状，我们设计了这份问卷，问卷中所有信息只做统计研究之用，严格保密不做其他用途。问卷填写不必署名，请填写你的真实想法。感谢你的合作！

基本情况了解(请将符合你的选项序号填写在括号内)

1. 你的性别(　　)

A. 男　　　　B. 女

2. 你所在的年级(　　)

A. 高一　　　　B. 高二　　　　C. 高三

3. 你所在的学校属于(　　)

A. 省级示范高中　B. 市级示范高中　C. 普通高中

4. 你所在的学校是否为高校附属中学(　　)

A. 是　　　　B. 否

5. 你的户籍所在地(　　)

A. 农村　　B. 城市

6. 你父亲的最高学历(　　)

A. 小学　　B. 初中　　C. 高中　　D. 专科

E. 本科　　F. 硕士研究生及以上

7. 你父亲从事的职业(　　)

A. 公务员　　B. 事业单位工作人员

C. 企业工作人员　　D. 自由职业者

8. 你母亲的最高学历(　　)

A. 小学　　B. 初中　　C. 高中　　D. 专科

E. 本科　　F. 硕士研究生及以上

9. 你母亲从事的职业(　　)

A. 公务员　　B. 事业单位工作人员

C. 企业工作人员　　D. 自由职业者

10. 你的家庭年收入(　　)

A. 10 万元及以下　　B. 11 万～30 万元

C. 31 万～50 万元　　D. 51 万元及以上

一、请你根据自己的认识对下面问题实际情况做出判断，并在每一问题后面的括号中填写数字，其中，1 代表非常不同意，2 代表不同意，3 代表中立，4 代表同意，5 代表非常同意。

非常不同意	不同意	中立	同意	非常同意
1	2	3	4	5

1. 我了解到周围有许多不同特长的同学选拔入校。(　　)

2. 学校招生除了分数外，也把政府机构组织的科技创新大赛成绩作为入校资格。(　　)

3. 学校组织了无领导座谈的分组讨论，测试学生的表达能力和思维水平。(　　)

4. 入校选拔时，学校进行了实验操作等动手实验测试。(　　)

5. 学校的班会课安排了符合实际的主题，老师认真组织班会课。(　　)

6. 学校开设了选修课，学生可以根据兴趣选择。(　　)

7. 学校实行导师制，在导师的指导下开展自主研修、项目设计和专题研究。(　　)

8. 学校安排了体育、艺术等课程，让我们锻炼身体，陶冶身心。(　　)

9. 学校有不同的社团活动，学生可以根据兴趣参加。(　　)

10. 学校有专职的通用技术、信息技术老师指导学生参加青少年科技创新大赛。(　　)

11. 学校开设研究性学习课程，并且有专门的教师任教。(　　)

12. 学校开设生涯规划课程，发现自身优势、发掘自身潜力。(　　)

13. 学校组织学生到企业、工厂等地加强生涯体验。(　　)

14. 学校开了大学先修课，供学有余力的学生提前学习。(　　)

15. 学校安排了大学教师或校外兼职导师定期来学校进行讲座或开设选修课。(　　)

16. 学校组织“家长讲师团”，邀请不同行业的家长来校讲座。(　　)

17. 学校的教学以考试目标为主。(　　)

18. 课堂上老师关注我们的学习状态，注重启发我们的思维，培养我们的能力。(　　)

19. 课堂上老师开展小组合作学习，鼓励学生表达观点。(　　)

20. 课堂上老师引导学生进行探究性学习，提高学生创新能力。(　　)

21. 课堂上老师除了黑板，还运用多媒体等多种教学手段。(　　)

22. 课堂上老师运用游戏教学法、情境设计等方式引导学生沉浸式学习。(　　)

23. 学校定期组织了研学旅行、社区服务等校外拓展课程。(　　)

24. 学校会定期召开家长会交流沟通。(　　)

25. 我们实验室的设备非常齐全，能满足我们的学习需要。(　　)

26. 我每周都会有时间阅读课外书籍。(　　)

27. 学校除了期中期末考试外，还建立个人成长档案袋，记录学习、实践等过程。(　　)

28. 学校专门设立了支持、服务创新培养工作的管理机构或组织。(　　)

29. 学校的评价除了考试评价外，还有同学互评、社会影响力评价。(　　)

二、请你根据实际情况将符合条件的选项填入括号。

30. 我在入校选拔时，除了考试，学校还对我进行了面试考核。(　　)

A. 是　　　　B. 否

31. 你认为目前中考的招生制度是否有利于高中拔尖创新人才选拔？(　　)

A. 不利于　　　　B. 有利于　　　　C. 不清楚

32. 课堂上老师的授课方式是怎样的？(多选)(　　)

A. 照本宣科

B. 会对教材做适当补充

C. 经常引入当前研究中的新知识

D. 提出问题讨论，启发学生思考

E. 其他

33. 你所在的学校有创新精神教育吗？(　　)

A. 有很多　　　　B. 有一些　　　　C. 基本没有　　　　D. 完全没有

34. 你觉得自己目前具有创新意识吗？(　　)

A. 完全没有　　　　B. 有一点点，但不清晰

C. 有，非常清晰

35. 你认为学校开设的课程对培养拔尖创新人才有多大作用？(　　)

A. 作用很大　　　　B. 作用较大　　　　C. 作用一般　　　　D. 作用较小

E. 毫无作用

36. 你认为高中什么样的学生称得上是拔尖创新人才？(可多选)(　　)

A. 品学兼优　　B. 专业课成绩优异
C. 有创新成果　　D. 有一技之长
E. 取得专利　　F. 大奖赛中获奖
G. 社会实践能力强　　H. 发表论文(作品)
I. 学生领袖

37. 你觉得创新精神培养会影响高考成绩吗?(　　)
A. 影响很大　　B. 没有影响　　C. 不清楚

38. 拔尖创新人才培养与学校师资有没有关系?(　　)
A. 有　　B. 没有　　C. 不清楚

39. 拔尖创新人才培养与学生生源和学生素质有没有关系?(　　)
A. 有　　B. 没有　　C. 不清楚

40. 你参加过哪些创新实践活动?(　　)
A. 参加过老师指导的研究性学习
B. 参加过暑期社会实践活动
C. 参加过"明天小小科学家"等创新大赛
D. 参加过相关的学科竞赛
E. 参加过 STEAM 课程的学习
F. 其他

41. 你认为中学拔尖创新人才培养过程中有哪些方面需要加强?(多选)(　　)
A. 改革教学理念　　B. 加强教师队伍建设
C. 完善评价体系　　D. 同高校合作
E. 同企业和国家项目合作　　F. 开展个性化教育
G. 其他

42. 你认为在拔尖创新人才培养方面,学校目前最需要做什么工作?(最多选四项)(　　)
A. 重视对学生创新能力的培养
B. 改善学校硬件措施

C. 创新教育模式

D. 致力于从“分数至上”到“能力至上”的转变

E. 加强学校师资队伍建设

F. 加强同社区或企业的紧密联系与合作，开放办学

G. 给学生独立发展的空间

43. 你认为目前我国高中在拔尖创新人才培养方面存在的主要问题是？(可多选)(　　)

A. 教育体制僵化　　B. 管理过死，约束过多

C. 教学内容陈旧　　D. 教学方法呆板老套

E. 教学形式单一　　F. 形式主义严重

G. 考评制度不合理　　H. 过分强调全面发展

I. 高水平教师的作用发挥不够　　J. 课程设置不合理

44. 你认为什么样的考核方式最能考察学生的创新能力？(　　)

A. 撰写论文或调研报告　　B. 申请专利

C. 现场展演(汇报、答辩、辩论等)　　D. 创新类活动或竞赛

E. 开卷考试　　F. 团队合作

45. 你认为中学在拔尖创新人才培养过程中有什么难题？(多选)(　　)

A. 中学教育模式与社会需求脱节，跟不上社会发展

B. 中学教育理念落后，主要抓学生的学习成绩

C. 家长和社会不需要中学进行拔尖创新人才的培养

D. 学生年龄太小不适合进行拔尖创新人才培养

E. 盲目性地模仿其他学校的方法和模式，不考虑本校自身条件及因素

F 其他

46. 你认为在可行性的基础上学校可以实施何种措施和方法来培养拔尖创新人才？

再一次感谢你填写本问卷！祝你学习进步！

附表 2　普通高中拔尖创新人才培养研究调查问卷——教师问卷

尊敬的老师：

您好！我们是湖北省武汉市“普通高中拔尖创新人才培养研究”课题组成员。为了解各地高中拔尖创新人才培养现状，我们设计了这份问卷，问卷所有信息只做统计研究之用，严格保密不做其他用途。问卷填写不必署名，请填写您的真实想法。感谢您的合作！

基本情况了解(请将符合您的选项序号填写在括号内)

1. 您的性别(　　)

A. 男　　B. 女

2. 您的年龄(　　)

A. 30 岁及以下　　B. 31～40 岁　　C. 41 岁及以上

3. 您的最高学历(　　)

A. 专科　　B. 本科　　C. 硕士研究生及以上

4. 您的教龄(　　)

A. 3 年以下　　B. 3～5 年　　C. 5 年以上

5. 您的职称(　　)

A. 初级教师　　B. 中级教师　　C. 高级教师

6. 您的学校所在地(　　)

A. 农村　　B. 城市

一、请您根据自己的认识对下面问题实际情况作出判断，并在每一问题后面的括号中填写数字，其中，1 代表非常不同意，2 代表不同意，3 代表中立，4 代表同意，5 代表非常同意。

非常不同意	不同意	中立	同意	非常同意
1	2	3	4	5

1. 我认为学校在选拔学生过程中使用的方式非常合理。(　　)
2. 我认为学校的选拔是面向所有具有潜力和特质的学生。(　　)
3. 我认为学校的选拔方式很多元化。(　　)
4. 我认为学校在选拔中不完全注重学习成绩。(　　)
5. 我认为教育主管部门对学校管得太死。(　　)
6. 我认为高考和拔尖创新人才培养是相互矛盾的。(　　)
7. 我认为学校很重视学生兴趣的培养和动力的激活。(　　)
8. 我认为当前教学培养目标是以培养全能型学生为主。(　　)
9. 我认为学校教学除了提高学生成绩之外兼顾了学生的兴趣爱好。(　　)
10. 我认为当前的课程设置能使学生的天赋与特长得到充分发挥。(　　)
11. 我认为当前学校对于创新学生的学制管理是有弹性的。(　　)
12. 我认为当前课程的设置是科学、系统、开放、灵活兼具的。(　　)
13. 我认为学校目前的课程设计很符合学校的培养目标。(　　)
14. 教学实践中老师能根据不同的学生选择合适的教学方式。(　　)
15. 学生有更加高效的学习方式。(　　)
16. 教师队伍中，老中青年龄结构合适。(　　)
17. 教师的学历水平普遍较高。(　　)
18. 我的知识储备能满足学生的需要。(　　)
19. 我认为学校组织的教学培训很好地满足了教学需要。(　　)
20. 当前课程能衔接上大学课程。(　　)

21. 我们经常同外校教师交流。(　　)

22. 我们同国外院校有学习交流机会。(　　)

23. 在学习过程中对学生管理较为宽松，允许自由学习。(　　)

24. 学校有丰富的课外活动。(　　)

25. 学校实验室设备齐全，使用频率高。(　　)

26. 学校专门设立了支持、服务创新培养工作的管理机构或组织。(　　)

27. 学校会定期召开家长会与家长沟通。(　　)

28. 对于学生的考核是贯穿整个学习过程的，而不仅仅是一次考试。(　　)

29. 我认为当前学校开展的生涯规划课程给学生成长带来了巨大的促进作用。(　　)

30. 我认为学校不应以升学率、升学人数、名校入学人数作为教学目标。(　　)

二、请您根据实际情况将符合条件的选项填入括号。

31. 您是否有与大学教师一起做研究的经历？(　　)

A. 是______(次数)　　　　B. 否

32. 您在校期间是否接受了高校的专业化培训？(　　)

A. 是　　　　B. 否

33. 大学教师是否经常与您沟通为您提供“跟踪式”服务？(　　)

A. 是　　　　B. 否

34. 您是否在职称评定方面存在阻碍？(　　)

A. 是，晋升通道存在不合理性，影响了教学积极性

B. 否，学校设置了完备科学的晋升通道

35. 目前有哪些群体参与学生考核？(可多选)(　　)

A. 学生(自评与互评)　　　　B. 教师

C. 家长　　　　D. 社会组织或机构

F. 其他

36. 学校与高校合作的主要形式？(可多选)(　　)

A. 专题讲座　　B. 课题指导　　C. 参观　　D. 活动

E. 实践　　F. 其他________

37. 在学生培养过程中与高校有哪些方面合作？(可多选)(　　)

A. 课程　　B. 教学　　C. 德育　　D. 师资

E. 社团　　F. 其他________

38. 您对与高校合作是否满意？(　　)

A. 非常满意　　B. 满意　　C. 比较满意　　D. 不满意

E. 说不准

三、请按照以下各项目要求进行填写。

39. 您通过哪些途径了解学科的发展前沿？

____

____

____

____

40. 您认为，对于当前的教学模式与社会的衔接，应该如何进行评价？

____

____

____

____

41. 从您自身的角度来看，您对学校开展拔尖创新人才培养有什么建设性的意见？

____

42. 开展拔尖创新人才培养对您日常教学是否产生了影响？若有，可否简要说明？

43. 您在学校开展拔尖创新人才培养过程中是否有注意到在校学生在学习、生活上有显著的改变？若有，可否简单举例？

44. 请您结合学校教学思想为以下排序(升学　素质教育　创新能力培养　个性与天赋培育)

再一次感谢您填写本问卷！祝您工作顺利，生活愉快！

附表3　毕业生问卷

尊敬的校友：

您好！我们是湖北省武汉市“普通高中拔尖创新人才培养研究”课题组成员。为了解各地高中拔尖创新人才培养现状，我们设计了这份问卷，问卷所有信息只做统计研究之用，严格保密不做其他用途。问卷填写不必署名，请填写您的真实想法。感谢您的合作！

1. 您是否参加过学校的各类科技活动(　　)

A. 是　　B. 否

2. 您在大学的专业类型(　　)

A. 人文社科　　B. 理工类

3. 您觉得当前大学所学专业与您在高中学习参加的各项科技活动、特色课程(　　)

A. 有很高的相关度　　B. 有部分相关度

C. 没有相关度

4. 您认为在学校的学习经历给您带来的最大收获是(　　)

A. 思维方式的转变　　B. 人生定位的明确

C. 知识能力的获取　　D. 视野的开阔

5. 学校哪些学习经历让您产生或对未来发展的思考(可多选)(　　)

A. 日常学习中　　B. 生涯规划课程

C. 讲座讲坛　　D. 课外探究性活动

6. 您认为学校的特色课程建设应该遵循的原则是(　　)

A. 学校特色定位　　B. 学生发展兴趣

C. 完备知识体系　　D. 现实资源条件

7. 您认为学校开展探究性活动主要意义在于(　　)

A. 彰显学校特色　　B. 深化课程教学效果

C. 丰富教学与学习形式　　D. 激发学生兴趣

8. 您认为学校的科技教育对学生的影响是(可多选)(　　)

A. 理性的思维方式　　B. 崇尚科学的精神

C. 探索创新的意识　　D. 科技知识与常识

9. 您认为学校的科技教育校园文化氛围(　　)

A. 已成为学校特色　　B. 逐渐形成主流

C. 正在被了解接受　　D. 尚不显著

10. 您认为您母校学生身上最显著的精神品质是(可多选)(　　)

A. 求真求实　　B. 大气卓越

C. 社会担当　　D. 感恩责任

E. 创新探究

11. 在学校的学习经历对后来发展的意义是(　　)

A. 至关重要　　B. 重要的

C. 有用的　　D. 不确定

12. 您对学校进一步开展拔尖创新人才培养有什么建议?

____

____

____

再一次感谢您填写本问卷！祝您工作顺利，生活愉快！

附表 4　访谈提纲(学校负责人)

1. 请问贵校学生培养目标是什么?

2. 您认为高中与大学合作培养拔尖创新人才的实际价值在哪里?

3. 您认为当前高中拔尖创新人才培养还存在哪些问题?应如何解决?

4. 结合贵校的教育实践，您对拔尖创新人才培养有何建议?

5. 学校在提高合作培养的积极性有什么保障举措，是否对参与合作培养的学校提供一定的资金支持?

6. 与兄弟院校、高校、科研所以及其他社会组织的合作情况如何?

7. 学生的户口情况(农村和城市)以及地域分布情况如何?

8. 贵校在拔尖人才培养方面做了什么改革?

9. 贵校在促进创新方面有何激励措施?

10. 贵校在学生性格、道德培养方面有哪些举措?

11. 学校对老师和学生有没有奖励机制?相应的覆盖比率如何?

12. 以往学生的高校入学情况以及入学的加分情况如何?

13. 贵校各项竞赛人才的培育经验有哪些?

14. 在拔尖创新人才培养方面，相关政府部门是否给予了贵校充足的资金支持?

再一次感谢您填写本问卷!祝您工作顺利，生活愉快!